U1019317

中国传媒大学“十二五”规划教材编委会

主任：　苏志武　胡正荣

编委：（以姓氏笔画为序）

王永滨　刘剑波　关　玲　许一新　李　伟

李怀亮　张树庭　姜秀华　高晓虹　黄升民

黄心渊　鲁景超　廖祥忠

广播电视编导（文艺编导方向）专业“十二五”规划教材编委会

主编：　关　玲　郑　月

编委：　胡　恩　张晓海　苗　棣

李献文　关　玲　郑　月

广播电视编导（文艺编导方向）专业“十二五”规划教材

电视节目导播（第二版）

郑 月 著

中国传媒大学出版社
·北京·

图书在版编目(CIP)数据

电视节目导播 / 郑月著.--2版. --北京:中国传媒大学出版社，2018.2(2022.11重印)
广播电视编导(文艺编导方向)“十二五”规划教材
ISBN 978-7-5657-2188-5

Ⅰ. ①电… Ⅱ. ①郑… Ⅲ. ①电视工作—高等学校—教材
Ⅳ. ①G222

中国版本图书馆 CIP 数据核字(2017)第 327768 号

电视节目导播(第二版)
DIANSHI JIEMU DAOBO(DI-ERBAN)

著　　者　郑　月
策划编辑　程　平
责任编辑　蒋　倩
装帧设计　刘　鑫　伍玺臻
设计总监　杨　蕾
责任印制　李志鹏

出版发行　中国传媒大学出版社
社　　址　北京市朝阳区定福庄东街 1 号　　邮　　编　100024
电　　话　86-10-65450528　65450532　　传　　真　65779405
网　　址　http://cucp.cuc.edu.cn
经　　销　全国新华书店

印　　刷　唐山玺诚印务有限公司
开　　本　787mm×1092mm　1/16
印　　张　黑白 16　彩插 1
字　　数　352 千字
版　　次　2018 年 2 月第 2 版
印　　次　2022 年11月第 7 次印刷

书　　号　ISBN 978-7-5657-2188-5/G·2188　　定　　价　55.00 元

本社法律顾问：北京嘉润律师事务所　郭建平
版权所有　翻印必究　印装错误　负责调换

目 录

前 言

2007年12月,《电视节目导播》作为“21世纪电视文艺编导专业系列教材”之一由中国传媒大学出版社出版,成为全国第一本正式出版的电视导播课程专用教材,弥补了广播电视艺术和电视制作教学领域中的一项空白。教材意在培养当今电视制作机构广泛需要的、适应多讯道节目制作方式、具备较强导播实践操作能力、拥有现代导播观念和创新潜力的电视专门人才。

至今,第一版教材已经印刷12次,发行量6万余册,成为全国高校广播电视编导专业相关课程的专用教材,并广泛应用于国内电视制作业界,成为多讯道电视节目制作中的导播工作实务参照。该教材于2008年荣获中国大学出版社协会颁发的“第八届全国高校出版社优秀畅销书”一等奖,2009年荣获“中国大学出版社图书奖首届优秀教材奖”一等奖。

此次,针对电视导播专业领域的发展变化,结合业界学界对第一版教材的使用反馈,并在北京市精品教材建设项目和中国传媒大学“十二五”规划教材建设项目的编写规范要求之下,特对第一版《电视节目导播》教材进行了修订再版。

本教材的书写体例与章节划分因循该课程教学实践与业界导播实践所需,并在理论层面强调基础、凸显原创、引发思考,因此可成为相关教师课堂理论教学与实践训练环节的参照蓝本,同时也可成为一本一线导播实践工作的实用手册。

本教材具备如下几方面特点:

一、界定电视导播基础概念

教材的概论部分以“导播”的概念界定作为入口,明确导播在多讯道电视节目制作中的岗位、职能及权限,讲解导播相关工作伙伴的构成与所司职能。

二、描述多讯道的电视制作方式

导播岗位存在于多讯道现场制作的电视制作平台中,因此对多讯道电视制作技术系统的描述是本教材的重要基础,而对最新相关技术设备和手段的引介则是启发建立现代导播观念的必备。由于技术性的精确要求,教材中配有相关技术系统的专业图纸、图表和数据。

三、明晰系统工作的复杂流程

导播工作既是一项电视呈现的艺术工作，也是一项复杂的系统性技术工作。教材详细阐述了导播工作的具体流程，并将其具象化、图表化，提供了已被大量实践检验的科学高效的导播工作方法。

四、解析典型鲜活的导播案例

采用多讯道电视制作的不同类型节目需要不同的技术系统保障，也需要不同的导播工作技艺。教材精选了类型节目的典型案例，并推演了导播方案的具体制定。

五、培养电视导播的思维观念

存在于导播头脑中的思维方式决定了其工作组织方法与具体落实手段，甚至形成了其导播风格。教材中以问题探讨的方式涉及了导播艺术、导播观念的范畴。

六、规范实践训练的方法步骤

实践训练是导播课程的重要部分，也是教学成果的最终体现。本教材规范了导播实践训练的任务目的、组织形式和方法步骤，使其能够成为教师、学生在该课程实践教学阶段的参照。

在新版教材问世之时，还是和九年前一样，我想坦诚地说，一本讲授导播工作实务的专业书籍并不能使谁真正成为一名合格的、优秀的导播。这也是我从事电视节目导播工作和教授该课程二十年来越发深切的体会。然而，面对一个复杂有序、艺技结合、丰富多变并需要理性感性同时调动，通常又难以重复的、富于挑战、充满魅力的电视工作，我依然想和广大学生和业内同行分享认识它、接近它、理解它、驾驭它的一些方法。

第一章　电视节目导播概述

“电视节目导播”课程的主要目的是讨论电视节目制作中一个非常重要的环节——导播。

对于“导播”这个名称，普通的电视观众或许并不陌生；而学习广播电视相关专业的学生则更是对导播工作有一些直观的了解和认识。但是，究竟什么是“导播”呢？

在开始进入这门课程之初，我们首先要澄清“什么是导播”，才可能进一步探讨涉及电视节目导播的若干问题，诸如：导播是干什么的？他的工作有何特殊性？他要怎样开展工作？怎么才能做好一个导播？

第一节　电视节目导播的概念

关键术语

电视节目导播是多讯道电视节目制作中一个工种和岗位的名称，业内也称从事导播工作的人为“导播”。

关于“电视节目导播”，要从两个不同的角度来界定它。

一、导播是一个工种、岗位的名称

就像当我们提到导演、摄影、灯光、化妆、制片等等一样，这些都是一个个工种的名称。那么，导播也一样，它是一个工种、岗位。但是，对于这个工种岗位，必须要有一个严格的限定。也就是说，它是在什么样的节目制作方式中存在的工种、岗位呢？是所有的电视节目制作方式中都有导播岗位吗？

例如新闻片、专题片的制作，它们通常要经过前期拍摄到后期编辑成片的过程。在前期拍摄的时候，我们往往在一个拍摄现场使用一台摄像机进行拍摄、获取素材，或者使用几台摄像机在一个拍摄现场的不同位置、不同角度进行拍摄；或者几台摄像机分别在多个不同的拍摄现场进行拍摄、获取素材。前期拍摄之后，还要通过电子编辑系统或非线性编辑系统将素材剪辑成片。这种制作方式叫作ENG（Electronic News Gathering，即“电子新闻采集”）。在这种电视节目制作方式中，有编导、摄像师、编辑人员等，不需要导播这样的岗位。

那么，究竟什么样的制作方式中才会有导播这个岗位呢？前文给出的定义中明确提到了“多讯道电视节目制作方式”;也就是说,只有涉及多讯道电视节目制作时才会有导播这个工种、岗位。

(一)什么是多讯道电视节目制作方式

我们往往容易将“多讯道节目制作方式”与“多机拍摄”相混淆,其实,这两种制作方式存在着本质上的区别。

1. 多机拍摄

在一个拍摄现场,如果有两台或两台以上摄像机同时进行拍摄,分别获取素材以备后期编辑阶段进行使用,我们就说这是一个多机拍摄、后期剪辑的制作方式。

例如影视剧中类似洪水、爆炸、战争大场面等耗资巨大又难于重复的场景往往会采用多机拍摄的方式。多台提前布置好的摄像机(摄影机)从不同的位置角度,按照不同的景别、摄法,关注不同的表现重点,这样就可以获得更多的拍摄素材,为后期剪辑提供便利,大大节省人力物力。

2. 多讯道制作

所谓“多讯道”,实际上指的是多个视频讯号的来源通道。这个通道可以被非常形象地理解为我们在演播室看到的各个摄像机与导播间的切换系统连通的多芯电缆线(见图1-1),也就是摄像机后面长长的“尾巴”,这是一个视频讯号的通道。通过讯道摄像机传输适配器上多芯电缆线的连接,我们才能在导播间里即时看到在演播现场各个摄像机拍摄的画面。但这只是一个非常狭义的理解,因为由演播现场的多个讯道摄像机采集的多个画面只是视频讯号来源的一个方面。

小型多讯道演播室　　便携式讯道摄像机　　传输适配器与多芯电缆线

图 1-1　演播室、摄像机、适配器和多芯电缆线

视频讯号往往还包括提前制作好的插播片、计算机播放的各种视频图形图表、来自于网络的实时视频,还有通过卫星与微波通信技术传送回来的在远离演播现场的地点摄录的画面信号。这些共同构成了多讯道的信号来源。例如,节目的主演区是电视台的演播室，这里有六台讯道摄像机（Camera），另有两路供插播的放像机（VCR）；而节目在台外还有三个远距离的拍摄现场，分别由三个 ENG 单机进行拍摄，它们与发射装置、传送系统连接，分别将摄取的信号直接发送回电视台，通过电视台的微波机房接收，再传输到导播间的切换系统，于是就有了三路讯号来源。如此，在导播间切换系统中接收到的就会有六路演播室摄像机的信号、两路插播信号、三路 ENG 信号（见图 1-2）。所以，在这个多讯道的信号中画面的来源是多样的。

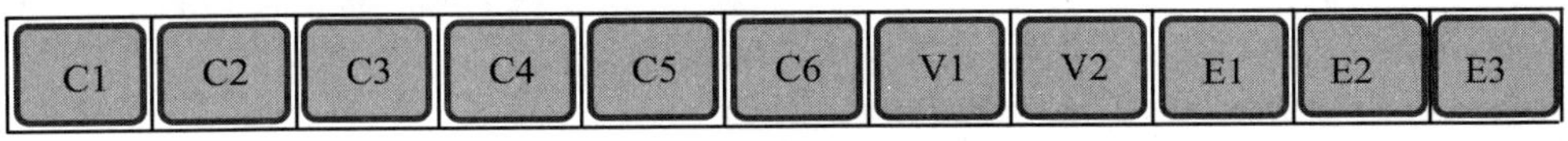

图 1-2 多讯道画面来源示意图

多讯道制作与多机拍摄制作的区别不仅限于画面来源的复杂性，更在于多讯道制作方式的核心是它必须有一个切换系统，通过视讯切换器（切换台）将多个讯号来源随时进行选切并输出一路信号供直播或录制用，而导播的岗位就承担了多讯道画面的调度选切工作。因此，导播就存在于这种特定的节目制作方式之中。但这个集结、选择、再输出的过程是多机拍摄制作方式所没有的，所以多机拍摄制作方式中没有导播这一岗位。

（二）多讯道电视节目制作方式的种类

多讯道电视节目制作方式包括 ESP（Electronic Studio Production，电子演播室制作）、EFP（Electronic Field Production，电子场地制作），以及融合了 ESP/EFP/ENG 多种形式的综合制作方式。

这些制作方式的名称经常会在一些专业书籍、电视台的节目转播方案、拍摄方案中出现，大家也经常会看到这些制作方式的英文缩写，所以一定要明确它们的所指。就像前面已经谈到的，ENG 指电子新闻采集，但它不仅存在于新闻的拍摄当中，它代表的是一种单机拍摄的制作方式，适用于很多种类的节目的制作。

1. ESP 方式

ESP 指通常在电视台的演播室中进行录制的方式。首先，大家会有一个感性的认识，就是有一个演播室，演播室当中有若干台讯道摄像机。在演播室的旁边或楼上套着导播间，导播间里有监视系统、切换系统、灯光音响控制系统、录制系统等。演播室内多个讯道摄像机的信号必须通过多芯电缆线连接到导播间的切换系统中（见图 1-3）。

如大家非常熟悉的中央电视台春节晚会近年来大多是在中央电视台一号演播大厅及其连通的导播间，通过 ESP 的制作方式进行现场直播的。

三讯道演播室

导播控制室

监视系统与音视频控制系统

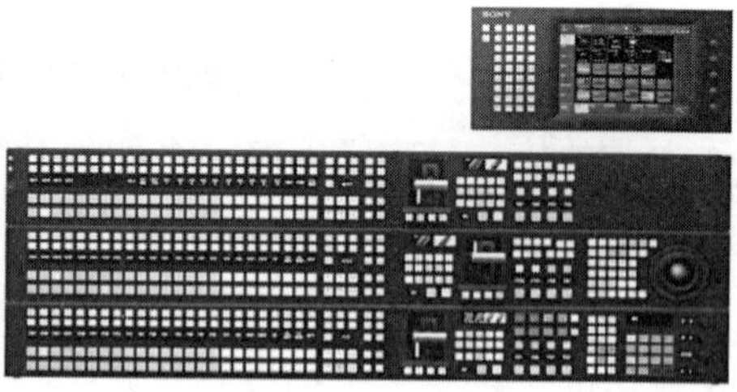

视讯切换器

图 1-3　演播室和导播间里的监视、切换与录制系统

2. EFP 方式

EFP 是对一整套适用于电视台以外的现场进行即时摄制作业的电视设备的统称,它包括两台以上的摄像机、一套完整的视讯切换系统、一套完整的音频操作系统以及其他相关的辅助设备,可以对事件发生的现场或节目进行现场直播或现场录制。

比如我们要在学校操场上录制一台校庆晚会,或者我们要到人民大会堂转播一个重要的会议,这时我们采用的就一定是 EFP 这种制作方式了。也就是说,要在现场完成摄录、制作,就要在这个现场连通一套转播系统。可以有两种做法:一是把一辆有固定讯道容量的转播车开到制作现场进行录制或直播工作;另一种是用设备车将相关机器设备运送到现场,在现场连通视频与音频系统并搭建一个临时的录制工作间(从业人员常将此俗称为“地摊”)。

每台转播车的多讯道容量是在该车制造出厂时就已经设计完成的,比如有四讯道转播车、六讯道转播车、八讯道转播车、十二讯道转播车,等等,现在的高清转播车最高容量可达二十几个讯道。另外,还可以通过姊妹车来完成讯道负载量的扩充,即有两辆转播车:一辆主车、一辆副车,两车同时作业,将副车的信号发射到主车上,以便同时获取更多的视讯来源。不同的电视台或电视制作机构往往根据自己的不同制作需求和经济保障条件来选择不同配置的转播车(见图 1-4)。

转播车外观　　转播车内景

图 1-4　高清转播车

可以看出，电子场地制作与电子演播室制作的技术原理是一样的，只不过一个适用于台外作业，一个适用于台内作业。

3. 复合 ESP/EFP/ENG 多种形式的综合制作方式

随着节目创意与制作技术水平的双重提高，在现今的电视节目制作中我们获得了更多的可能性。体现在多讯道的节目制作方式中，制作手段便往往不是 ESP 或 EFP 的单一方式了。

案例精选

中央电视台"2001 年度中国电视体育奖颁奖盛典"直播，在颁奖晚会开始之前的评委投票过程，节目组就综合利用了 ESP/EFP 两种制作方式进行现场直播。在中央电视台的中心演播室，主持人介绍投票程序、评选规则、评委情况，这里采用 ESP 的制作方式；而评委投票的现场在距离中央电视台 18 公里的京瑞大厦，这里采用 EFP 的制作方式。EFP 导播的切出信号通过微波传送回电视台，再送至中心演播室的导播间，以备 ESP 总导播选用（见图 1-5）。这样，两个相距遥远的演播现场的情况就被同步表现了出来，从而增强了事件"正在发生"的纪实性和获奖谜底的悬念感。

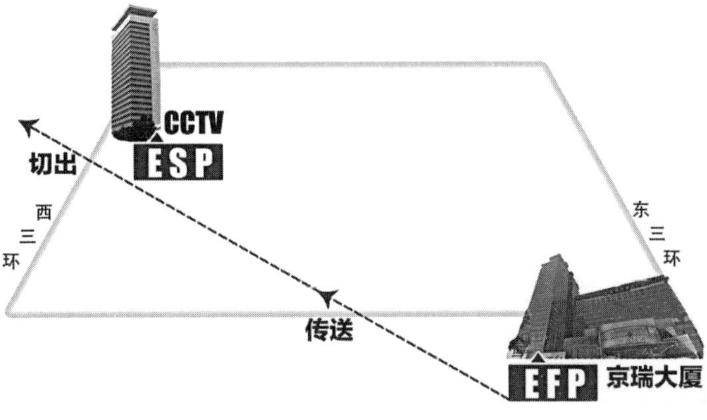

图 1-5　EFP/ESP 复合的多讯道制作方式示意

案例精选

2009年10月1日中央电视台“首都各界庆祝中华人民共和国成立60周年大会”。

这次活动的电视直播采用全高清制作和播出,向全世界、全国各视听媒体、网络媒体提供公用信号(包括播出信号和全景机位信号)。这次转播即采用了复合ESP/EFP/ENG的综合制作方式。

首先,在天安门广场区域设置三套EFP系统对庆祝活动的盛况进行转播,它们是分别设在金水桥区的A系统(13讯道)、天安门城楼的B系统(8讯道)、广场区及礼炮阵地的C系统(12讯道),每个转播点的导播都会随时切出一路信号并通过“光缆主、微波备”的方式将信号实时传送回电视台的总导播室。

此外,设在长安街阅兵沿线的D系统由14路ENG单机构成;E系统由8路制高点ENG单机组成,分别设置在人民大会堂楼顶、天安门城楼上(与A系统共用)、毛主席纪念堂楼顶、国家博物馆楼顶、中山公园高机位、金水桥北(与A系统共用),以及飞猫和直升机特种设备各一路;F系统由4路景观机位构成,是分别位于国贸三期楼顶西南角、中化大厦楼顶东北角、永定门城楼上北侧、景山山顶南侧的4路微波无线ENG单机,用以展现国庆当日北京城东西南北的景观。D、E、F系统的这些信号有的通过光缆、有的通过微波无线、有的借助转播车的有线讯道实时传送回电视台总导播室。

也就是说,在电视台总导播室里的总导播最终要将上述6个系统的信号进行选切(见图1-6)。这样,转播组通过ESP/EFP/ENG的综合制作方式以及两级切换的手段,完成了多个转播点、57台摄像机对这个重大国家庆典的直播。

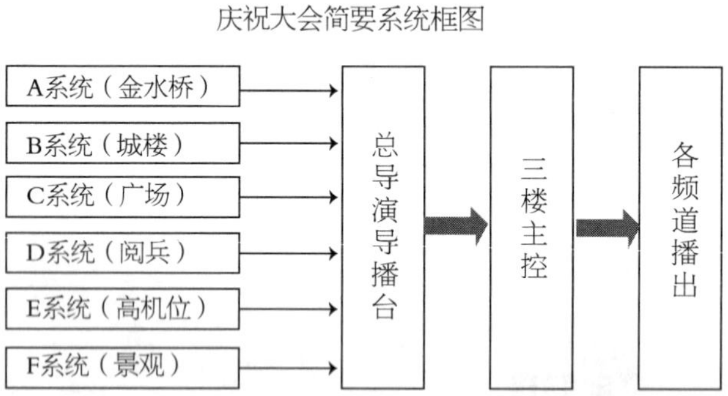

图1-6 中华人民共和国成立60周年国庆庆祝活动电视直播简要系统框图

复合的多讯道节目制作方式现在越来越多地出现在电视节目制作中。尤其是对大型活动、仪式庆典类节目的转播,这种综合的多讯道制作方式可以最大限度地帮助转播者完成对事件的还原,并能极大地丰富节目的外在形态。

小结

多讯道的制作方式既可以是 ESP 或 EFP 的方式，也可以是 ESP、EFP、ENG 这三种方式中任何两种的结合，还可以是复合了 ESP/EFP/ENG 多种形式的综合制作方式。无论采用哪种方式，只要是多讯道的节目制作，就一定会有一个或多个导播岗位。反过来说，不属于多讯道制作方式的节目就不需要导播这个工种、岗位。

二、导播是一个具有独特工作性质的人

换一个角度，我们将从一个具体的人的角度来理解“导播”这个概念。

当提到“导演”的时候，我们的脑子里会浮现出许多具体的个人，张艺谋、陈凯歌、奥利弗·斯通、斯皮尔伯格……我们会把“导演”的名称自然地与某个人联系到一起；说起“导播”，则也会对具体的某个人产生联想。

比如我们现在要做一个多讯道制作的节目，就必须要有导播，他可能会是谁呢？第一种情况，节目的导演自己来承担导播岗位的工作，这就要求他不仅能从整体上把握节目的内容，还要对画面表现方式与转播录制技术了如指掌；第二种情况，节目组约请一名导播，由导播按照导演的意图来完成电视转播录制，同时导播也可以根据节目的内容与形式，提供一些自己的思路和想法来丰富导演现场调度与画面表现的方式；第三种情况，节目导演自身完全没有电视制作的从业经验，在这种情况下，制片方会约请一位电视转播导演甚至一个完整的多讯道电视节目制作团队(来自电视台或制作公司)来完成节目的电视录制工作，此时，这个导播的工作性质是相对独立和自主的。

无论是哪种情况，节目组在约请导播的时候，总会在一些备选者中进行比较、衡量，在制片方的脑子里会有一个候选人名单——“最好是张××，因为他经验丰富，水准一流。”“他不行就刘×，她也不错，反应很快，手法灵活，薪水要求也比较低。”“她不行就只能是小王了，虽然是新手，不过基础扎实，人又勤恳。”……一连串的导播形象就会浮现出来。

那么，导播是一个怎样的人呢？

(一)导播是一个需要深入了解节目内容的人

什么是深入了解节目的内容？拿着一个节目单，知道第一个节目是什么、第二个节目是什么，从头到尾节目顺序都清楚了，就可以去做导播了，行吗？当然不行！知道节目顺序只是如同看见了一个封皮而已，还算不上“知道”节目的内容，更不要说“深入了解”了。但在现实工作中这样工作的导播却不乏其人。

那么，看过节目的台本，看过节目的彩排，知道了每一个节目的内容、表现形态以及它们的串联方式，甚至还做了案头工作，制定了导播工作台本，总可以去现场导播了吧？这样的导播虽然在实际工作中可以归入敬业的行列，但也只能算做到了“了解”节

目内容的程度,依然不能说“深入了解”。

我们所说的深入了解节目的内容,其实涉及一个专业认识的问题,实质上就是我们要准确认领表现对象的性质。

一谈到深入理解一个事物,我们总离不开一种习惯,就是会谈及主题思想、价值意义之类。但这往往会导致我们忽视具有普遍读解意义的物质本性,我们叫它“性质”。因为,思想和价值的认定存在于限定的语境之中,并非放之四海而皆准的通行概念,但事物的基础性质可以不受语境的限制,具有稳定不变的特征,这需要我们去认识,之后才能更准确地表现它。

比如转播舞蹈,首先你对舞蹈有没有理解?如果你今天要转播杨丽萍的孔雀舞,你的了解有多少?或者你今天要转播迈克尔·弗莱利(Michael Flatley)的踢踏舞,你的理解又有多深?它们都是舞蹈,但又是截然不同的,自然需要不同的画面表现思路。首先,你要知道什么是舞蹈。舞蹈是一种通过肢体语言表达情绪与情感的艺术形式;再进一步区分,你面对的是什么品种、什么风格的舞蹈;更具体到是哪个人的舞蹈,这个人是个怎样的人,他(她)与他(她)的舞蹈的关系是什么;此外,今天的舞蹈又是在一个怎样的演出环境中演绎。这些都是在转播某个舞蹈时需要调用的一系列必备的专业知识。你是不是具备呢?所谓深入的了解,指的就是这样的一种了解方式,更是指必要的相关专业储备。

再比如说国际上一些高水平的体育赛事转播,其比赛电视公用信号的提供者都是由某个专业的转播组织担任的,这样的转播组织通常只从事某一项或者某一种类型体育赛事的转播,最有代表性的就是NBA。NBA有自己的电视台,这个电视台只转播NBA的赛事。转播者了解篮球的性质、比赛的形态、NBA的赛制、NBA每个球员的特点、各个球队的常用战术,能够预判甲队跟乙队交锋时可能出现的情况、某队在主场的表现怎样、在客场又会怎样……这些都是对转播准确性、精彩程度至关重要的对象性质。只有将这些性质准确地呈现出来,才有可能完成所谓的主题思想、价值意义——NBA的精神。这就要求导播以及整个转播团队对NBA有一个长时间的全面深入的了解。

所以,我们说导播是一个需要深入了解节目内容的人,就是在提倡做一个专业化的导播,做一个专门从事某种类型节目转播的导播,而不提倡一个导播今天去转播拳击比赛,明天去录制情境剧,后天去转播文艺节目,大后天又去录制谈话节目。

(二)导播是一个能够全面控制多讯道拍摄现场的人

导播是一个要全面控制拍摄现场的人,而这个拍摄现场前面需要加一个界定,就是“多讯道”的拍摄现场。因为无论是录制还是直播,在多讯道的节目制作中,其工作现场的复杂程度都要远远地高于单机拍摄。

比如说我们在单机拍摄电视剧的时候,导演看着监视器,一个摄影师根据导演所定的机位、景别、运动调度来完成单镜头的拍摄。如果演员的表演、摄影辅助器材的运用、录音或灯光等等出现了问题，可以重新再拍一遍，甚至重拍几条，直到导演觉得满意为止。也就是说，这个过程可以重复，也可以中途暂停。在拍摄纪录片或新闻片的时候，虽然事发现场通常不可以重复，但制作团队往往采用单机拍摄，工作人员构成也相对简单，可能就是一个编导、一个摄影师、一个录音师、一两个助理。当摄制人员构成简单，拍摄现场的对象、任务、行动也都相对简单的时候，拍摄现场就比较容易控制。

多讯道的拍摄现场的复杂程度取决于三个方面：

第一，多讯道拍摄现场的工种岗位繁多（后文详述），导播要对更多的技术环节有所了解。各工种人员之间的实际工作距离较远（有时还会身处不同的场景空间或不同的城市），但他们又需要密切配合，因此导播作为录制工作的核心，要将他们协调一致进行作业。

第二，直播节目的不可重复性，造成拍摄现场即使出现任何问题也不可能中途停下节目而先去解决问题，也就是说这个制作过程是一次性的。录播的节目虽然可以一段一段地录制，也可以对有问题的部分进行重录或补拍，但毕竟不能一个镜头一个镜头地拍摄，整个段落要力求连贯。因此，这个拍摄现场的所有节目程序与制作环节也应该是能够连续实施的。

第三，大场面、多场面增加了多讯道制作的难度。如果在一个节目中涉及多个演播现场，又是一个 ESP/EFP/ENG 联合作业的方式，那么这次制作中的各种技术设备、工种人员和节目进行中发生意外状况的数量和复杂程度就会成倍增加。因此，越是复杂的制作现场，就越需要导播具有更强的全面协调控制多讯道拍摄现场的能力。

总之，无论是直播还是录播，无论拍摄现场是一个小型的三讯道、五讯道演播室，还是涉及几十个讯道的、多演播现场的、复合制作的节目，导播都必须把所有的节目实施细节考虑周全，尽量通过各种技术手段将现场的实施工作纳入自己的视野范围之内，并且要高效地协调少则十几个多则几百个工种人员，合理分配自己的注意力，以全面控制现场。

（三）导播是一个精确掌握节目时间的人

1. 直播中的导播

对于常年做直播的导播来讲，“时间”是一个非常敏感的词。

大家也许还会记得，上世纪 90 年代中央电视台有一档非常著名的综艺栏目——《综艺大观》。在它播出的 14 年当中，它始终坚持直播的播出方式，因此这个栏目的导演群体对直播有着非常丰富的经验。也由于长年的直播工作，他们对节目时间的精确熟练把握度甚至超过了对众口难调的节目内容的追求。

《综艺大观》栏目的办公室里曾经有一副对联，上联是“时间在拖沓中度过”，就是说在节目制作的过程中,前期的筹备阶段往往由于各种原因而浪费了时间,工作通宵达旦虽是家常便饭,但工作的效率未必很高。几个字道出了电视节目制作者常处的工作状态。下联是“节目在衰减中产生”。大家在做节目时可能也会有相同的感受,录制结束的时候往往会留下永远的遗憾。虽然我们强调要控制制作现场,但依然会有非常多你不希望的情况发生,你总会觉得有很多想法没有实现,因此“衰减”似乎成了从节目创意到制作成片的必然经历。但这几字又毫不虚伪地道出了实情。而在“时间在拖沓中度过”“节目在衰减中产生”的状况下,直播节目的导演们依然恪守的是什么呢?他们的横批是“准时播出”。在他们看来,如果时间的拖沓和节目的衰减都难以避免,那么做直播至少要达标的是“准时”。

什么是精确掌握节目时间?就是在节目直播中争取达到正负0秒的误差。什么叫正负0秒?比如说节目的直播时段是20:05:00到20:55:00的50分钟,那么零误差就是要在20:05:00的时候准时开始切出节目片头的第一帧,到20:55:00的时候片尾字幕上滚完且最后一屏已滞留5秒被切出,这就叫正负误差0秒。

2.录播中的导播

有人也许会想,录播的节目反正要进行后期编辑,现场录制的时间控制就不那么重要了。但我们在这里要强调,对于录播的节目,导播在录制过程中相对精确地掌握节目时间同等重要。原因有三个:

第一,精确掌握录制时间可以控制节目的制作成本。

比如,现在要做一个完成片为60分钟的节目,采用多讯道录制的方式。那么,导播对录制时间的长短有没有充分考虑过呢?是预计录90分钟还是120分钟?还是录180分钟?还是根本没有计划,现场录着再看?其实,录制时间的长短首先会影响一个节目的制作成本。

每使用一天演播室或转播车的费用是一定的,那么,在一天的工作时间里录制两期节目还是三期节目,还是只能录制一期节目,节目制作成本在这一项上就会有很大的差异。无论是电视台还是电视制作公司制作的多讯道节目,都会有一个成本核算的问题。导播作为节目录制的负责人,除了负责节目录制的水准和质量,他还要对制片方的成本控制负责。

那么,究竟如何掌握录制时间呢?答案是保证录制效果的最短时长。千万不要以为录制的时间越长就会显得越敬业,有时那也是极大的浪费。实际上,节目录制是否能保证有效的最短时长,取决于前期的筹备、彩排的精细度以及导播在录制与成片之间的片比经验。包括播放插播片这样的段落,都要在现场录制中真实地实施,这样才能准确地控制节目的片长,不要以为有些段落可以后期编辑进来在录制现场就不必走这些环节。如果导播的工作台本写得细致规范(后文详述),再通过彩排一遍一遍地磨合每个段落的进程和时间,到录制的时候就基本可以拿出准直播的状态来实施了。

通过精确掌握录制时间来提高录制的工作效率和成片比例，自然能最大限度地节约制作成本。

第二，精确掌握录制时间可以在现场录制与后期制作中节省精力。

首先，从现场录制方面来看。如果为完成一个60分钟的节目，现场录制了240分钟，那会是什么情况？4个小时！对于现场所有工种的人员来说，这肯定是一个非常疲劳痛苦的过程。就拿在演播现场工作的摄像师为例，一般情况下他们要在录制中全程站立工作，特殊机位的摄影师可能还要有额外的体力负担，而且工作环境中持续的高分贝声音与随时间而升高的温度很容易使人疲劳，4个小时对于他们的体力消耗可想而知。同时，体力下降会进而使人情绪烦躁，直接影响他们的工作状态，从而使他们对导播口令的敏感度、操机拍摄手感的准确性随之衰减。而同样是这个节目，如果能把录制的时间控制在90分钟之内呢？大家在觉得余兴未消的时候就已经完成了工作，这应该是一种幸福吧。

其次，从后期制作的方面来看。曾经有一个制作公司的年轻导播录制了一期节目，成片的片长是50分钟，他一共录了270分钟。中间停顿换场的时候，有人问他“为什么录这么多?”他说：“我怕后期编的时候素材不够，反正现在多录点儿没害处。”旁边的导演助理偷偷地讲：“只要是他录的节目，做后期都非常费劲，需要大量删减拼贴，在工作站上一干就是六天六夜，编辑都熬得眼发直。”多么浪费！如果需要这么大的编辑量，现场录制还有什么意义呢？节目台本设计的内容肯定超量了，彩排的时候也肯定超长了，现场再全部录下来，后期编辑时肯定要大量删减。导播为求心里踏实，浪费了工作伙伴多少精力。如果每一期节目都这样制作，势必会导致节目整体运营成本失控。

第三，精确掌握录制时间可以最大限度地还原现场气氛，保证多讯道录制的意义。

需要特别指出的是，不掌握节目的录制时间，会严重破坏多讯道节目录制的优势与意义。现今的电视制作，多讯道录制的节目越来越多。为什么要用多讯道的方式来录制节目呢？它有什么优势？我们常说，现场直播是电视作为一种优势媒体的最佳体现。这首先是由于现场直播与事件（或演出）的发生同步进行，能让观众真正感受到“此时此刻”的观看魅力；另外，多讯道的表现方式可以最大限度地还原现场感，能让电视观众从多个角度全方位地观察这个现场、感受这个现场。录播的节目虽然不具有同时性，但它可以最大限度地还原现场感的优势依然存在。

然而，270分钟的录制素材带和一个60分钟的完成片，这样的片比直接带来的是什么？就是节目内容要被严重缩减，导播在录制中的画面切换处理要被改变，现场原有的气氛也要被打得支离破碎，以致多讯道制作的优势与意义荡然无存。多讯道制作为什么要现场切换，而不是每台摄像机都挂带获取素材，之后再反复琢磨慢慢剪辑？现场切换是导播在现场做出的取舍，是导播在感受现场气氛下的选择。如果节目全部由后期剪辑完成，哪怕同样是这位导播去做剪辑师，他的画面选择、画面节奏、画面剪辑点都会与他在现场时的切换处理有所不同；更何况由从未到过现场的后期剪辑人员来完成，他就更难免会处于旁观式取舍素材的状态中。在现场录制时，画面的切换处理与导播临场感受到的气氛是密不可分的。进一步讲，它是现场（事件或演出）的发生、摄影师第一观看摄取、导播第二观看选择，三者同步交互作用的一个过程。在这个过程当中产生的一个相对完整的画面序列是后期编辑不可替代的。也许，后期编辑能使画面的衔接在技术上更加精准，但它毕竟不是在现场发生当中的第一反应。

因此，精确掌握节目录制时间可以避免在后期制作中大量删减、挪用、拼贴素材，对于录播的节目来讲，这也是保证多讯道制作方式的意义的一种必然要求。

(四)导播是一个随时掌握成片面貌的人

为什么说导播是一个随时掌握成片面貌的人呢？导播坐在导播台前发出“五、四、三、二、一、零”的倒计时指令之前，所有的节目面貌都只停留在台本的规划中、大家的想象里。虽然台本反复修改过、节目彩排过，或许为直播还录制过备播带，但这些依然不能等同于直播的节目面貌。所以对于直播的节目而言，观众看到的是它在进行过程中随时随刻积累形成的内容，它不可能遮盖临场发生的任何失误，也不可能因为出问题而暂停、重来。也就是说，在直播时，任何情况下导播都不可能停下来再想想，更没有机会说“不行！再来！”。

直播节目的最终面貌是随时随刻建立起来的，每时每刻，导播手指按下的那个键，就决定了观众此刻看到的画面，导播在节目进行过程中的这种无数次选择就积累成最终的节目面貌。因此，直播的导播必须随时掌握、控制成片的面貌。在直播之前，导播就要让这个节目完整地呈现在自己的脑海里，既要能够完整地想象节目的内容和节奏、场面调度与舞美灯光、音乐音响的实施效果以及所预期的现场情绪气氛，还要能具体地设想电视画面的影像风格以及出现在画面中的所有细节。由于这个成片不是在后期编辑平台上完成的，不可以搜看素材，不可以预演编辑方案，而是在每时每刻按下键的一刹那完成的，因此导播的随时掌控力非常重要。

录播节目的成片面貌最终在后期剪辑阶段形成，因此，导播往往容易忽视在录制现场随时掌握成片面貌这一问题。但由于多讯道节目制作的性质，录制过程中所记录下来的节目已经大体决定了它的成片面貌。因此，在录制中随时掌握成片面貌也应该是录播节目导播的一种必备素质。

最后，归纳一下：导播是一个具有独特工作性质的人，意味着他是一个必须深入了解节目内容、全面控制多讯道拍摄现场、精确掌握节目时间、随时掌握成片面貌的录制工作的核心人物。

小结

在本节中，我们从两大方面解释了“导播”的概念，这是我们学习后续课程的基础。在这里提示一下，当所有课程结束的时候，大家有必要回过头来再次理解这个概念，那样才可能会对“导播是一个怎样的人”“导播是一个什么性质的工种岗位”有更深的体会。

第二节　导播与工作伙伴

现在的电视节目制作更多的时候是一项庞大的集体作业，各种人员既需要发挥各自的专业技能，又需要相互配合协作。这种分工协作的方式也一直是电视节目制作的特点。事实证明，好的节目创意和构想只有通过各制作部门人员同心协力地加以实施，才能够制作出精良的节目。身处各个制作环节的工作人员都应该有此认知，竭尽所能，以使节目的品质得到更好的保障。

本节以“导播与工作伙伴”为题，一方面讲解多讯道电视节目制作中相关工种的人员构成以及各工种岗位的主要职责；另一方面意在明确导播是集体制作中的一员，虽然他是制作中的关键人物，但他与其他人员之间更多的是密切的伙伴关系。

一、导播团队

随着电视技术的发展与电视制作水平的提高，电视制作的方式越来越复杂。多讯道的节目制作由原来几个讯道组成的 ESP、EFP 工作方式，逐渐演变为讯道数目繁多、辅助设备复杂或多种多讯道制作方式复合的现状。面对复杂的制作流程和高标准的制作要求，每个工作岗位都更需要职能细化、分工明确。传统意义上，导播岗位上通常有一个导播或两个导播（调机与切换）人员；而现在，在由专业的转播组织完成复杂的转播任务时，导播岗位已经发展为多人协同作业的导播工作团队，由总导播、助理导播、场地导播、慢动作导播、字幕导播、切换导播（视频切换员）这六个职能岗位来共同完成导播工作，这已经成为专业化导播团队建制的一种趋势。

（一）总导播

总导播（Director，缩写为 DIR）必须深入了解节目或转播对象的性质、内容，熟悉节目的流程与实施细节，详细考察录制现场，制定导播工作台本，布局摄像机位，监督美术、灯光、录音、视频等技术部门的设计与实施工作。在直播或录制中，总导播负责指挥各个摄像机位，把握慢动作重放顺序与时机，整合图表字幕信息，监听所有与画面相关的音频信号。可以说，在录制前后，所有节目制作及技术保障部门的工种岗位都要和总导播沟通,向他汇报,接受总导播的指挥控制,因为他是对录制最终负责的人。

(二)助理导播

助理导播(Director's Assistant,缩写为 DA)可以说既是总导播的贴身助理,也是总导播的"备份"。他必须了解总导播对节目实施的整体构想以及对录制环节、细节的所有要求,熟悉导播工作台本,彩排与演练阶段必须随时跟随总导播并牢记他对各工种岗位的每个要求以及每次细小的方案调整。在直播或录制中,助理导播手持工作台本,帮助总导播控制节目流程与时间,及时发现并提示可能出现的问题,详细记录需要重录或补拍的段落等。

(三)场地导播

场地导播(Field Director,缩写为 FD)也称"现场导演",是总导播在演播现场的代言人。在录制之前,他往往要按照工作台本的要求负责舞美、灯光、音乐音响与节目配合在一起的连排。在直播或录制中,他要随时将总导播的指令传达给现场未配备通话设备的演出人员和工作人员,并随时将现场的有效信息反馈给总导播,有时还要帮助协调摄像机位的工作区域及其与场面调度的配合。

(四)慢动作导播

慢动作导播(Assistant Producer,缩写为 AP)主要协助总导播完成慢动作画面的播放工作。他可能亲自操作,也可能负责指挥慢动作操作员选择慢动作回放画面,并负责控制回放的速度、契机以及夹带的特效等。

(五)字幕导播

字幕导播(Font Coordinator,缩写为 FONT CRD)要在录制之前监督所有图表字幕的制作完成,并进行全面仔细的核查。在直播或录制中,他要按照总导播的指令,亲自操作字幕机或指挥字幕操作员完成上下各种图表、字幕的工作,掌握好与画面的配合以及图文字幕的播放时机与停留时间。

(六)切换导播

切换导播(Video Mixer,缩写为 VM)也称"切换员",在导播分工细化的制作团队中,他被形象地比作总导播的手指。实际上,他的工作依然随时需要构思与决断。在直播或录制中,切换导播负责掌控视讯切换器(切换台),依照总导播的指令切换画面,包括切换方式的选择、特技的使用、图文字幕插入与慢动作画面播放的契机等都由他来掌握。

小结

如此细化的分工模式是导播工作高度专业化的体现。由于各司其职，每个岗位的工作任务更加具体明确，任何一个环节出现的问题更加一目了然，因而更有利于及时修正和弥补。但这种分工模式的难度要求导播团队中的每个导播岗位都能相对固定，形成稳定的合作关系。这样才能在制作过程中默契配合，高质量、高效率地完成任务。

二、多讯道节目制作团队的主要工种人员

多讯道节目制作所涉及的工种岗位繁多，导播必须了解制作团队的构成，熟知所有工作伙伴的工作性质。需要说明的是，对多讯道节目制作人员的分类会因制作单位的工作习惯与部门划定情况不同而有所不同。在这里，我们按照工作性质的不同将多讯道节目制作的主要工种人员分为制作执行人员、创意设计人员、工程技术人员与创作制作辅助人员几大类型。除了前文所述导播团队之外，下面将逐一介绍这些主要工种人员的岗位职责。

(一)制作执行人员

制作执行人员包括监制、制片人、执行制片人等。

监制与制片人不常出现在节目录制的现场，而执行制片人则必须时时刻刻参与节目的创作与录制工作。

1. 监制

一般情况下，节目的监制(Supervisor)或总监制都由电视台、电视制作公司或其他出品单位的最高领导人来担任，有时也可以由节目部门的主管来担任。其主要职责是宏观监督、指导节目的制作与制作人员，包括所有节目的基础定位、经费预算、运营推广、节目品质及节目重要岗位人员的委任等。可以说，监制是整个节目制作经营及管理中最重要的决策者。

一个好的监制应该在国家政策、法律法规、传播理论、市场需求、企业管理与产品运营等方面都具备丰富的实践经验及深厚的理论知识。只有如此，他才能指导节目走向正确的方向。如果监制除具上述素质又曾有过电视节目制作一线工作的经历，是一位精通专业的领导，那他就更容易与下属沟通，得到大家的信任和尊重了。

但一般的监制由于工作繁忙，并同时监管多个节目和其他行政事务，所以往往无法对某一具体节目的制作从头到尾地进行监督，往往是在节目策划阶段对节目方案进

行审查指导,在节目摄制完成后对节目成品进行审查指导。

2. 制片人

制片人(Producer)是某个特定节目的总负责人。

由于制片人是具体负责整个节目制作的领导,他要面临并解决制作过程中出现的各种专业问题和意外的事务性问题,因此只有具备充足制作经验和领导才能的人才能胜任此项工作。监制会根据不同节目的性质指派在不同方面具有优势的制片人。

制片人必须依照具体的节目性质、预算与进度,组建配置合理的节目组工作人员,把握节目创意与编排,协调摄制场地的设施及器材,推动节目制作的各项工作。具体来讲,从节目最初的策划创意、实施方案、经费预算与筹措,到脚本的编写、人员的确定、拍摄现场及相关设备保障的落实,再到正式录制播出以及在整个过程中对经费与制作周期的控制等,这些都是制片人的责任。

无论是电视台还是电视制作公司都会有许多专职制片人或特约制片人,他们负责一个个具体节目的制作与经营。也有些电视台采用外制外包的形式将一些节目交由台外的制作公司制作,或者采用内制内包的形式由台内的节目组制作,自负盈亏。

合格的制片人必须对其所负责的节目从经营管理到风格定位与制作流程了如指掌。更由于他是推动整个节目制作的核心人物,因此他必须拥有极为丰富的电视制作专业知识、独到的节目策划与创意能力、良好的领导才能、丰富的行政管理经验,这样才能使工作顺利进行。

3. 执行制片人

执行制片人(Executive Producer)的主要工作是协助制片人完成节目制作任务,传达制片人的指令,并尽力严格执行节目组一切与制作工作相关的决议。执行制片人的工作往往十分忙碌,他要向各部门发放日程安排通知单,协调各部门录制前的准备工作,约请嘉宾演员,安排录制现场,整理日常资料,管理财务,发放薪金,甚至落实交通餐饮等后勤保障工作。

执行制片人的工作看起来有点像"打杂的",尤其是越小的制作公司,其执行制片人要做的事就越多。对节目的行政管理、各种人员的联系接洽、制作的流程环节、随时出现的问题与难处等最为了解,并且从头到尾都在第一线工作的,就属执行制片人了。

另外,正是由于执行制片人承担起了处理各种烦琐杂事的责任,制片人才能腾出精力去考虑整个节目的走向与定位、经营管理与精进发展,从而更好地控制全局。

需要说明的是,在实际工作中,不同制作组的制片人与执行制片人会根据具体情况对各自的工作范畴加以划分。也有的制作组没有执行制片人,而是由制片人一人全面负责这些工作。

(二)创意设计人员

创意设计人员主要包括文案设计(或称撰稿人)、导演、美术设计、音乐音响设计人员等。

1.撰稿人

撰稿人(Copywriter)通常受制片人或导演的聘请,负责电视节目脚本的写作。

但在有些节目制作组,撰稿或文案写作人员往往不受重视,临时聘请或给付较低薪金的情况时有发生,他们反而毫不吝啬地将大笔经费用在场面和大牌明星身上。而临时聘请的撰稿人员则可能由于对节目的初始创意、风格定位了解不深,或者因为时间仓促,写出的脚本考虑不周。案头工作的欠缺有时直至彩排或录制时才逐渐暴露出来,不仅白白浪费其他工作人员的精力、时间,更可能延误节目进度,浪费财力、物力,甚至造成无法弥补的损失。其实,良好的脚本是拍摄制作出优秀节目的基础。可以说,撰写节目脚本是最重要的前期准备环节,规范严谨的节目脚本也是成熟的制作集体的一个标志。

电视节目的撰稿人不同于一般的文学作者,他不仅要具备一般作家在文学、艺术上的修养和丰富的写作技巧与经验,更要对电视节目的传播特性、制作方式和表现手法以及当前观众的欣赏习惯、收视期待有所了解和研究,从而写作出符合电视特性的节目脚本,形成独特的"讲述"风格。情境化、视觉化的节目脚本可以给导演、导播、美术设计部门与演出人员提供良好的工作基础。

2.导演

首先要对"导演"(Director)这个称谓做一个说明。对于多讯道制作的电视节目而言,并非所有类型的节目都需要"导演"这个岗位,比如体育赛事的转播、新闻事件的转播等;而把谈话节目、文艺晚会编导这样的岗位称为"导演",也有借用戏剧、电影"导演"习惯称谓的原因。所以在国内的电视制作机构当中,"导演"其实已经成为一种泛指,大家约定俗成地将对节目的艺术质量负责的人称为"导演"。

导演是将节目脚本转化为电视节目的创作制作核心人物。在任何一个制作团队中,导演总是最先被制片人确定下来的人。因为,他是节目内容的把握者、声音与画面最重要的创造者,是在前期筹备、现场录制与后期制作各环节中对节目质量负责的总指挥官。因此,导演的专业权威必须得到制片人的信任和全体工作人员的共同尊重。

一个节目的内容、影像与声音都必须由导演做出完整的构想。从节目创意策划到节目脚本的研究制定,再到舞美设计、灯光效果、服装化妆、道具的整体风格与表现方法,镜头的运用与画面的组接、音乐音响的设计等,所有这些因素都应在导演的思考范围之内。因此,导演会在节目制作的前期筹备过程中主持各种工作会议,其中,他要在所有工种部门一起参加的协调会上做总的导演阐述,说明节目的整体创意与实施要求;在针对不同工种特别召开的工作会上,他要明确传达自己对此方面工作的要求与设想,听取工作伙伴对实施可能性的反馈,搜集具体的建设性意见,逐渐清晰完善对此方面工作的设想与实施计划。当然,除此之外,导演还会随时就个别问题和细节与专门负责的人员进行沟通。

在节目正式录制时,导演应是全场工作人员的核心。当然,前文已述,有时这个录制环节由专门的导播来执掌,导演只需进行整体把握;有时则由导演自己一并承担导播的工作,对节目品质与录制品质负双重责任。无论是哪种情况,导演都要把握整体的舞美及灯光效果,指导演出人员的调度走位和表演细节,调度各摄像机位与其配合,掌握声音拾取还原的准确性,确定重录或补录的段落等。在需要后期编辑的录播节目中,导演还需要检查最后的节目成片,确认画面合成与声音合成的最终效果。

电视节目导演必须掌握电视制作各方面的专业知识,并具有丰富的实践经验,具备广博的艺术修养与良好的个人修养。此外,特殊的工作性质要求他必须具有优秀的领导能力和敏捷果敢处理事务的能力,这样他才能有效地团结自己的工作团队,及时应对制作中的任何突发问题。一个优秀的导演对于节目的成功往往具有强烈的责任心,因此,他会不断充实自己,吸取新的创意思想、制作技术与方法,发现、更新有才能的工作伙伴,不断求新求精,以期创作出更出色的节目。

3. 美术设计

美术设计(Set Designer)受制片人和导演的指派,负责电视节目中的场景设计、道具设计、人物造型设计,以及节目中所使用的各类实物或视频图板、图片的设计等。总之,有关美术效果的部分都是美术设计应该负责的范围。美术设计是美术部门的负责人,通常负责创意和实施的指导工作,美术部门另有专门的置景人员、道具人员、服装师和化妆师等等,所以美术设计也可以称为美术指导。

一个优质的电视节目要想取得优秀的视觉效果,在通过镜头表现之前,关键是整个演播现场被直接观看的视觉效果;同时,这个肉眼观看的视觉效果还必须符合电视观看的需要,也就是要利于镜头表现。因此,电视的美术设计不同于通常意义上的舞台美术设计,他除了要具备本身的专业技巧、经验之外,还要对演播室或其他演播现场的实地情况、转播录制设备器材和各种灯光器材的品种特性,以及各种舞美材料在电视照明与摄像机镜头中的视觉效果有清晰的认识。我们要特别指出的是,美术设计师要与灯光师密切配合,以使场景、服装、道具、演员妆面的形、色、质都能在精心设计和准确还原的灯光效果下最终在电视画面里得到最好的呈现。节目给观众的直观视觉印象,是唯美精致还是粗制滥造,美术部门所涉及的方方面面至关重要。

美术设计和相关人员应具备专业的美术基础、敏锐的观察力、丰富的想象力,对于节目脚本要有相当深入的了解与研究,能够根据导演的要求做出最符合节目内容的设计,并能对节目在视觉呈现的意向上有所贡献。对于音乐、舞蹈类型的节目,舞美设计在内容上可以不受写实的拘束，尽可以发挥想象，做出风格化、抽象化的场景氛围，创造独特的视觉识别奇观。

4. 音乐编辑

音乐编辑(Musical Editor)是受节目制片人或导演的委任，负责设计并监督完成节目中所有音乐性段落的人。他一般会在节目脚本完成后进入制作团队开始工作，有时也会提早参与节目的策划阶段，导演需要他的建议来丰富自己对音乐方面的想象力，将音乐元素直接纳入节目创意的思路。

在前期准备阶段，音乐编辑要按照脚本的规定和导演的要求负责指派专业人员创作音乐(或歌曲)，编配已有的音乐(或歌曲)，还要搜集各种音乐素材以供不同节目之需。之后，他要对所有创作和重新编配的音乐(或歌曲)进行验收、把关并交由导演确定，还要负责约请歌曲演员、演奏演员或团队。

当准备工作就绪后，音乐编辑还要负责监督音乐或音乐性节目的提前录音工作。在音乐的录音过程中，虽然有专门的音乐录音师，但音乐编辑必须始终在场，此时他就是导演的代言人，他要把握每段音乐(或歌曲)录制合成的表现效果，并在必要时及时做出调整安排。

在节目现场录制阶段，虽然音乐编辑的工作已经基本完成，但他往往还需要待在现场录音师的旁边，以便提示所有音乐段落的声音还原与现场处理。有时直至后期制作，他还要负责监督音乐部分的编辑合成。

可见，音乐编辑就是负责节目音乐方面的导演。优秀的音乐编辑不仅具备良好的专业基础，更能体会节目的主旨和导演的需要，从而做出具体的判断，在音乐的选取与演绎风格的把握上提供最能直接作用于叙事表意和情绪气氛的作品。

(三)技术工程人员

技术工程人员是电视制作最直接的参与人员，如切换师、摄影师、灯光师、录音师、视频工程师、电视编辑人员等。他们在节目录制过程中由导播指挥，负责视频讯号与音频讯号的处理。从现场录制直到后期制作阶段，工程人员都是十分重要的保障。

1. 切换师

切换师(Video Mixer/Technical Director)是在节目录制现场的导播室内负责操作控制视讯切换器(切换台，Video Switcher)以及特殊效果产生器(特技台，Special Effects Generator)的制作人员，中国内地的电视台和制作单位中常把他们称为“切换师”(俗称“切换”)，在港台地区则称为“技术指导”或“司钮”。

在节目的录制过程中，导播通常戴着耳机坐在切换师的旁边，通过耳机通话对在现场工作的现场导演和多位摄像师下达口令，通过监视器监看每台摄像机拍摄的和来自其他视频信号的各个画面，适时指挥切换师选择画面。当然，画面的选择、切换的时机以及组接的方法、特技效果的选择一般都由切换师来负责。所以,在紧张的节目录制现场,特别是在现场直播中,导播是否有一位技术精湛且沉着冷静的切换师配合至关重要。

切换师必须对导播室录制系统中相关视讯切换器材的使用方法了如指掌,避免因操作失误而影响导播意图的实现,丧失不可重复获得的画面。失误一旦产生,切换师应立刻发现并找到合适的方法加以弥补。他应该非常清楚节目的流程,并于录制开始之前将此熟记在心;他还应该相当熟悉和适应导播的口令,在执行时可快速且正确地操控每个按钮。所以,如果导播与切换师是长期配合的搭档,两人就更容易达成默契。

需要说明的是,有的电视台或制作单位在制作中小型节目时,为了节省人力,也有由导播本人兼任切换工作的情况;另外,有的导播试图亲自掌握画面的切换方式与节奏,且他又能同时胜任切换师的工作,此时则可由他一人来承担导播和切换的工作。也就是说,无论是前面谈及的高度专业化的导播分工模式,还是现在所说的导播与切换分工的模式,或是只有一位导播承担调机切换工作,甚至导演与导播合一的模式,都是不同节目、不同制作习惯、不同的制作难度与水准之下的不同选择。

2. 摄像师

摄像师(Cameraman)是在节目录制过程中操作控制摄像机的人员。在一个多讯道节目的录制现场往往有几位到十几位甚至几十位摄像师,他们各自执掌一台摄像机,随时根据自己的位置分工并遵照导播的调机口令拍摄画面。

摄像师应该对所使用的摄影器材的功能与调整方法有非常清楚的认识并能非常熟练地操作它们。用最准确的角度、景别和最佳的构图、最适当的运动形式及时地捕捉导播所需要的画面,是讯道摄像师最重要的工作。

多讯道节目制作中的摄像师应该具有单机拍摄的经历与经验。但多讯道节目的拍摄在概念上与单机拍摄有很大的差异,它是多台摄像机在同一时间、从不同角度相互配合完成的一项拍摄工作。所以,在一个录制现场,多个讯道的摄像师之间是一种紧密合作的关系,他们虽然各司其职,但又非常清楚其他工作伙伴的拍摄对象与任务。也就是说,作为多讯道的摄像师,他不仅要把握自己机位摄取的画面,也要能充分想象和判断其他摄像师此时此刻可能摄取的镜头,对现场具有全方位的整体认识。

由于多讯道拍摄对摄像师的特殊要求,就需要这些摄像师是一个长期合作的小组,并有着相对固定的位置分工。他们彼此熟悉,在突发情况下善于相互补台,而临时拼凑的摄像人员往往无法保障多讯道的拍摄安全和质量。

在演播室的棚内拍摄虽然不受天气和环境的影响,但有时由于工作繁重,也常有摄像师一天十几个小时站立工作的情形;在户外作业时,则会遇到各种恶劣环境和天气,所以摄像师一定要有强壮的身体、充沛的精力,才足以胜任此岗位的需要。

3. 灯光师

负责节目灯光效果的设计以及灯光设备的搭设、调整与控制的人员称为灯光师

(Lighting Designer)。灯光师通常按照导演的要求并配合美术部门，在研究节目脚本和场景设计图后做出灯光设计方案，标明每个场景或每个节目段落的基础照明、特殊光线效果与气氛营造的需要，并详尽说明相应实施所需的各种灯光器材的性质、型号、要求以及灯光设备的具体位置。

在节目录制之前，灯光师要指挥若干位灯光助理按照提前制订的灯光设计方案架设、调试灯光器材。在台外作业时，灯光组的工作非常繁重，包括确认可能使用的发电车的功率与位置、各种灯具的调用与运输到场、灯架的搭建与线路隐藏等，这些都是灯光设计必须涵盖的工作。在演播室棚内拍摄时，灯光师可以依据棚内现有的灯光设备选择所需的灯具，加装 LED 等特效灯光设备，经过灯具吊挂和角度调整之后，再利用灯光调节控制器(Dimmer)逐一进行每个节目或段落的灯光操控编程，以控制场景灯光的色彩、色调、明暗、造型以及变化的方式节奏等。在节目彩排时，灯光师再根据每个节目的灯光实施情况检验原先的设想，调整、确定最终的方案。

现在的灯光工作仅靠师徒传承的方式已无法满足新技术发展的需要了。灯光师不仅要在灯光器材的种类、用法、电学、光学、色彩学以及摄影方面具备专业的知识，精通摄像机的光学特性及各种物料材质在灯光下的不同表现效果，还要掌握计算机灯光控制技术，具有不断跟踪新技术的能力，能够适应现代制作手段的不断更新。

可以说，灯光师的工作要与美术部门和摄像部门相互配合，才能使场景气氛得到最佳的视觉表现。尤其在现今的电视节目演播现场中，场景空间的美术效果往往是通过灯光造型的配合来最终完成的，因此灯光造型在场景舞美的实施工作中发挥着越来越重要的作用。所以在现在的多讯道节目制作中，灯光设计和美术设计是非常密切的两个部门，它们要互相交流，商讨创意与实施技术，从而制订出一个整体的视觉方案。

4. 录音师

一台节目的总录音师(Audio Engineer/Audio Director)负责领导录音组的所有工作人员各司其职，并且通常由他在节目直播或录制中负责操作成音控制台(调音台，Audio Console)，拾取现场声音，还原提前备好的声音素材，掌握各种声音讯号的选择以及音质与音量的控制。录音师必须熟悉录音棚、导播室和后期制作机房中各种音频制作机器设备的功能及操控方法。

另外，录音组还有专门负责音响发生和拾取的音响师，负责各种麦克风设备的安置、佩戴或上下场工作的麦克风操作员，有时这些工作也可以由录音助理来完成。

现今节目制作中的录音师往往是来源于两方面的人才，他们或出身于音乐领域的相关专业，或出身于录音工程专业。其实，实际的工作正需要录音师具备这两方面的综合素质，因为录音工程的技术质量是声音呈现的基础，而优秀的录音师往往需要具备良好的音乐素养，毕竟音乐几乎是每一个节目都不可缺少的元素。在大型的电视台和制作公司，音乐录音师是一个专门的工种岗位，他的工作环节处于上文谈及的前期音乐录音阶段,之后他们将录制的音乐成品或半成品交由节目录制现场的总录音师进行还原。

良好的声音效果可以有效地将电视节目的气氛烘托出来,吸引观众,引发共鸣。虽然声音和画面对于电视这一视听综合媒体同等重要,但在实际工作中,人们对声音重视度不够的现象屡有发生,对于“看不见、摸不着”的东西,录音师个人的要求和努力有时显得孤掌难鸣。

5. 视频工程师

电视节目视频工程师(Video Engineer)的主要工作是在录制工作中保障演播室、转播车或其他录制系统中各种视频设备技术指标符合正常准确,在平时维修保养各种视频器材。由于视频部门的工作技术复杂、环节繁多,所以一个节目录制的视频技术保障工作往往也由一组人员来负责,人数的多少取决于制作规模与制作方式的复杂程度。

在节目录制之前,视频工程师要负责按照导播制定的机位图及其机位具体要求架设各个讯道的摄像机,并将其与切换系统进行连通,检查摄像机控制器 CCU(Camera Control Unit)、示波器和切出显示 Tally 系统,检验视频讯号的稳定性,调整摄像机的色温,检查焦距与光圈,检查录像设备及录像用磁带、硬盘,以避免录制时可能出现的各种技术问题。在录制过程中,视频工程师中要有人始终负责操控摄像机控制器,有人负责监控录像的技术指标,有人机动处理讯道摄像机的技术故障或讯号传输问题等。在录制结束后,视频工程师还要负责各种设备的检查、关闭与整理工作,往往是最后离开现场的人。

由于视频器材都非常复杂且昂贵,因此视频工程师必须具备相当专业的技术知识,必须精通各种视频器材及电视原理与工程,这样才能胜任此项工作。

7. 剪辑师/电视编辑

“剪辑师”(Editor)源自电影制作中的岗位名称,在电视节目制作中也常使用这个习惯性的称呼,但更多的是称为“电视编辑”。现在由于其所涉工作范围的扩大,剪辑师有时也被更广义地称为“视频制作人员”。

对于一个多讯道现场制作的节目,电视编辑的工作涉及前期、后期两个环节。首先,为了丰富节目的内容,加大节目的信息量,提高可视性,视频制作人员往往需要在现场录制之前对提前拍摄的外景素材、人物采访或搜集来的有关资料素材等进行编辑整理,完成在节目中插播的一个个短片。其次,由于 LED 屏、彩幕、投影等显示介质已经大量参与演播现场的场景美术构成,因此,视频制作人员要制作大量对位的视频影像供其播映,以完成对场景舞美的共塑。在录制之后,电视编辑需要对现场录制的节目进一步缩减、精编、配音配乐、包装合成,使完成片成为一个更完善精致的作品。需要说明的是,即使是现场直播的节目也需要对播出母带进行必要的修改,以便在重播时提供一个更好的节目版本。

电视编辑应该能熟练操作各种视频编辑、合成设备，而对视听语言规律的掌握和剪辑技巧的灵活运用能力则至关重要。优秀的电视编辑不仅可以将素材组接成片，保证技术质量，还可以经过巧妙的剪辑及特效合成，将原本平淡散乱的镜头画面创造出意想不到的效果，在叙事方式、影像风格、视觉节奏与整体情绪气氛的把握上做出贡献。

（四）制作辅助人员

制作辅助人员的主要职责是辅助制片人、导演、导播等重要岗位的人员的工作，但他们往往也直接参与节目的录制，参与协调各项行政事务，因此制作辅助人员的工作与整个节目的成败也有着非常直接的关系。

由于制作辅助人员的工作性质不需要特别专门的工程技术，所以其中的一些岗位可以由新入行的人员来担任。由此，制作辅助人员也是一个能在各方面学习到很多技巧和经验的职位。

1.现场导演

现场导演（Floor Director）的主要任务是在录制现场传达导演（或导播）的意图，可以说他是导演（或导播）在现场的代言人。

在正式录制之前，现场导演要密切联络各部门的工作人员，安排各节目的排练时间、地点，对布景、道具、服装、灯光进行全面检查，指挥节目与舞美、灯光、音响部门的合成排练，协助导演、导播完成录制前的各项准备工作。在录制时，导播在导播室内通过与现场导演和摄像师的讯道通话系统传达指令，而对现场其他人员的指令要求则需传达给现场导演，现场导演再通过各种口令或手势调度演出人员，指挥现场工作人员。在节目录制完毕后，现场导演还应检查现场的各项收尾工作，他往往也是录制现场最后离开的人之一。

现场导演必须十分细心，具有敏锐的观察能力和良好的沟通技巧，善于解决节目现场各实施部门之间可能出现的矛盾。现场导演必须熟悉导播口令，掌握现场工作手势，将导播的指令及时、准确地传达到现场的每个岗位。

虽然现场导演的工作不需要特别专门的技术，也基本不和机器设备打交道，但是很多节目却往往聘用经验丰富且富有人格魅力的老手来担任现场导演。这是因为对现场的控制不是一件易事，而有效地控制现场则是保证节目顺利进行、提高工作效率、保持演出人员及工作人员热情的基础。

2.副导演和导播助理

在这里，我们可以按照导演和导播分工的模式来理解副导演和导播助理（Director's Assistant）：副导演是导演的助手，导播助理是导播的助手。

在电视节目制作中，副导演的工作职责往往比较模糊。在前期准备阶段，他要负责联系并落实演员、嘉宾与观众，负责将节目脚本送达节目主持人和所有相关工作人员,有时在彩排中甚至要帮助主持人、演员、嘉宾走位、对词等。此外,如果节目录制之前需要有提前单机拍摄的内容,则他还要联系拍摄场地并带领摄制小组前往拍摄。在现场录制时,副导演一般负责维护后台秩序,组织群众演员与现场观众,提醒、催促演员候场、上场,等等。总之,导演要求他做的事他都要一一完成。

导播助理负责协助导播进行有关节目直播或录制的工作。除了上文所述在导播分工细化的模式中导播助理的若干任务之外,在普遍的实际工作中,导播助理往往还要负责搜集文字资料,整理插播片,有时甚至还兼任副切换和录像的工作。另外,导播助理也会承担联络、通告、记录、存档之类的行政工作,在节目组的转播团队中负担起提醒与协助的工作。

3. 制片或剧务

制片或剧务(Production Assitant)主要协助制片人的工作,是制片人的副手。他们遵从制片人的指示与安排,完成跑腿或联络的工作。此外,一个节目组有众多的工作人员及外请演员、嘉宾和现场观众,他们的餐饮、交通、住宿等都是制片和剧务具体负责的事务。他们的工作繁多琐碎,是节目制作中重要的后勤保障。

为了使大家对多讯道制作集体的面貌有更加清晰的认识,下面按照一般电视台多讯道制作的节目所采用的片尾字幕顺序,将上述各工种岗位列举出来,以供参考:

【工作人员表范例】

工作人员表:
总策划
撰稿
总导演
导演组
导播
切换
摄像
美术设计
灯光设计
音乐编辑
音乐录音
灯光
视频技术
录音

电子编辑
图文字幕
副导演
导演助理
化妆
服装
置景
道具
播出协调
剧务
制片主任
制片人
监制
总监制

三、导播与讯道摄像师

虽然前文已经介绍了讯道摄像师的工作职责，但由于在多讯道电视节目制作中导播与讯道摄像师的工作关系最为密切，因此有必要将他们配合工作的性质与方法加以重点阐述。

（一）导播与讯道摄像师的沟通与协作

讯道摄像师既是讯道摄像机的直接操控者，也是导播所调度切换画面的提供者，因此导播与讯道摄像师之间的配合尤为重要。这种配合关系不仅存在于节目的现场录制过程中，更贯穿于导播工作实务的全流程。

在节目的前期准备阶段，导播需组织讯道摄像团队或摄像组长一同考察拍摄现场，相互交换彼此对演播环境的直观认识，为机位的架设与画面的视觉呈现提供直接依据。其后，导播在谋划机位布局与录制技术清单时也要和讯道摄像师充分沟通，听取其意见与建议，尊重其工作习惯，尤其是对一些需要摄影辅助设备给予支撑配合的机位，来自讯道摄像师的使用经验与器材选配建议就显得更为重要，因为设备性能的优劣会直接影响讯道摄像师的操作手感与画面呈现。在制定工作台本与镜头组合链条时，导播也要随时征询讯道摄像师对一些角度较为特殊或运镜较为复杂的镜头设计的意见与想法，以判断其未来实施的可能性与精度，以提高镜头切换链条完成的可行性与流畅度。在录制前的“说镜头会”上，导播要召集所有的讯道摄像师，全面阐述机位布局与镜头设计，并分解、分配各机位的任务，还要重点强调重点段落，以确保每一位讯道摄像师既能够在宏观上正确认识机位布局与演播空间之间的关系，在逻辑上清晰镜头切换链条的秩序，又能在微观上准确认领各自的拍摄任务。

在节目彩排阶段，讯道摄像师要配合导播逐一检查各机位的架设情况与摄像机的工作性能，对于无法达到录制要求的镜头、脚架、寻像器、摄影平台等硬件设施，要及时请视频工程师进行修正或更换。在带机彩排中，导播要调度各讯道摄像师按照前期沟通的方案与任务进行预录制，逐条核查镜头切换链条的可行性与完成度，并在调机口令与切换时机的配合上进行磨合。在带机彩排结束后，导播要带领全体讯道摄像师反复观看彩排录像，总结录制中出现的问题，调整、完善工作台本，固化镜头切换链条，强化重点任务的拍摄手法。

在节目录制过程中，讯道摄像师要明确自身的任务，听从导播调度，理解导播意图，在保质保量完成本机位基础任务的前提下多看切出信号的返送画面，以便积极补位，力求创造性地完成工作。同时，讯道摄像师还要充当导播观察、考量拍摄现场的眼睛，对于一些突发情况的识别要机警果断，争取第一时间用镜头提示导播，以免遗漏重要信息或暴露现场失误。导播则要以镜头切换链条为基础进行画面的调度与切换工作，实时与讯道摄像师进行沟通，对于重点、难点段落要提前提示拍摄任务，做到口令准确、调度得当、态度平和。

在节目录制结束后,导播与讯道摄像师要就录制情况进行交流沟通,彼此交换工作体会与感受,对整场工作情况进行总结。这一过程的重要性在于在固化好的工作习惯与工作方法的同时,可以针对录制过程中出现的一些问题与遗憾进行反思并找到解决办法,以求在日后的节目录制中配合得更加默契与娴熟。

(二)多讯道摄像团队的任务分工

多讯道电视节目制作中的摄像团队自身也是一个紧密合作的整体,而其协同配合工作的基础与前提便是每一位讯道摄像师在节目进行的每时每刻都有较为明确的任务分工。

讯道摄像师的任务分工是由整体机位布局与镜头组合方案以及讯道摄像师的个人工作能力所决定的。

首先,导播在综合考量拍摄现场与拍摄内容之后所制定的导播工作台本与镜头组合方案是各机位拍摄任务的蓝本和重要依据。由于多讯道电视节目制作的最大优势是各机位间的协同配合。因此,各机位在拍摄主体、拍摄角度、景别、构图、运动方式的选取上既要有所区别又要相互配合,既要避免各机位拍摄任务的交叉重叠与机位间的穿帮,又要考虑各机位的协同与补位。同时,导播还要注意将复杂的拍摄任务进行拆解、分配,简化单位时间内单一机位的拍摄任务,以降低讯道摄像师的工作强度,提高其拍摄精度。

其次,导播要全方位地考量多讯道摄像团队中每一位摄像师的业务能力与工作经验,根据拍摄任务的难易程度为其合理分配机位。举例来讲,如果是一个新入行的摄像师,导播要考虑将运镜难度小、拍摄任务较为单一的机位分配给他;如果是一个从事多讯道拍摄工作的资深摄像师,则可以考虑让他执掌拍摄任务较多且需要良好操作手感与出色镜头表现力的机位,或那些需要提供重要画面信息且对讯道摄像师心理素质要求较高的机位;而对于一些需要特殊设备(如斯坦尼康、升降臂、电子轨等)配合的复杂机位,则必须挑选那些有相关使用经验的讯道摄像师来操作,以求达到预期的效果。

事实上,如果是一支成熟的多讯道摄像团队,其成员之间一般都彼此熟悉且长期合作,他们往往在团队中有着相对固定的分工,导播只需按照其惯有的分工为他们分配任务即可;而如果是一支临时召集拼凑的多讯道摄像团队,则成员之间彼此不熟悉,导播就要考虑适度简化那些需要多个机位进行配合的复杂拍摄任务,以降低讯道摄像师之间沟通与磨合的时间成本,避免拍摄任务失败,从而保障节目录制的顺畅度和基本质量。

小结

当了解了导播团队的构成以及导播的工作伙伴后，我们就会更深地体会到第一节中讲到的——多讯道的电视节目制作是一个需要多工种配合的复杂的制作过程。本节对各工种岗位的概述还不能详尽地涵盖其工作范畴和工作细节；同时，我们也会从中发现，各工种人员的职责分工有时有严格区分，而有时又会有所交叉，因为这是一项集体工作。

第三节　导播的职能与权限

现在我们已经能够清楚地知道，导播的岗位存在于多讯道的电视节目制作中，而这种制作方式又是一个多工种配合的集体作业形式，导播与其工作伙伴分工协作共同完成这项复杂的作业。那么，导播在这项多工种配合的工作中，其基础职能与权限范围又是怎样的呢？

一、导播的核心职能

无论是在电视台的演播室还是在台外作业的转播车或其他录制系统的导播工作间里，导播总会给人留下一个头戴耳机、眼看监视墙、手操切换台、不停下达口令的形象（见图 1-7）。导播的基础职能或者说核心职能也就是在这个时刻产生的。

这个核心职能中的几个问题需加以说明。

导播的核心职能

监看和调度各个讯道摄像机拍摄的画面及其他来源的画面信号，利用视讯切换器（切换台）选择并切出播出画面，这就是导播的核心职能，或者说是对导播职能的狭义理解。

演播室中的导播

转播车上的导播

临时录制间中的导播

图 1-7　工作中的导播

(一)监看和调度

监看实际上是一个比较被动的行为。导播坐在切换台前,看着各个讯道摄像师拍摄了什么画面,然后决定自己的选择。

而调度是一种比较主动的行为。导播按照自己对节目和场景的理解,对表现画面的想象以及对工作台本中关于镜头及切换链条的设计来指挥各个讯道摄像师运镜拍摄,告诉他们此时此刻或在之后的一段时间内拍摄的具体任务与要求。指挥讯道摄像师适时运镜拍摄,即所谓的"调机"。调机是导播工作中非常重要的一个技术环节。

在录制的过程中,监看和调度是并行的。导播既要将自己的设想和安排随时传达给各个摄像师,也要善于发现身处第一现场的摄像师们主动提供的精彩画面和灵活随机的处理方法。

(二)选择并切出

"选择"指导播对画面的选用。举个简单的例子,比如现在讯道里有 5 台摄像机(Camera)拍摄的画面(C1 至 C5)、两路 VCR 插播画面(V1、V2)、两路微波无线 ENG 单机传送回来的画面(E1、E2)(见图 1-8)。

图 1-8 多讯道画面来源示意

如果导播选择 C2+C5+C1+V1+V2+E1+E2 再回到 C2,那么这只是一个镜头画面选择替换序列的安排设想,还没有涉及这些画面将以怎样的切换方式组合到一起。

“切出”则包含了切换画面的方式,也就是怎样切。是采用无特技的方式,也就是切(Take)? 还是采用叠画(Mix)、划像(Wipe)、叠印(Super)等简单特技的方式或用双视窗、动画过渡等需要特技发生器制作的复杂特技来组合各个画面? 怎样切,不仅涉及画面组合效果的问题,还涉及摄像师之间如何配合的问题。

在做无特技切换的时候,每一位摄像师只需按照导播的要求提前准备好下面将被使用的画面即可;而在做特技转换的时候,每次转换则关乎两位或两位以上的摄像师同时进行配合。因此,这两种情况的要求是不一样的。比如,现在导播想用 C1 和 C3 的画面进行一个 2 秒的叠化,那么这两个画面在叠化的过程中就会共同构成画面,因此这两个机位的摄像师就要在构图上有所调整和配合,以便在叠化的过程当中呈现出一个完整、准确的画面。再比如,现在,A 主持人在甲地(E1 提供这个画面)、B 主持人在乙地(E2 提供这个画面),导播想让他们在一个合成的双视窗画面里进行交流。于是,专门的特技技术员就会将 E1、E2 提供的两个画面输入到提前制作好的特技模板中,把合成好的双视窗画面直接提供给导播选用。但导播在调机的时候就要对 E1、E2 的摄像师在分别拍摄 A 与 B 时的角度、景别、视线关系等提出明确的要求,以便它们合成在一个画面时显得更加匹配(见图 1-9)。

图 1-9 双视窗画面效果示意

在切换过程中,选择和切出看上去是同时发生的,但它却包含了导播两个层次的想法。形象地说就是,“下面一个画面是什么?”以及“我要怎样过渡到那个画面?”最后呈现在播出监视器上的画面(PGM 信号)就是导播选择并切出的结果。当然,如果在直播的情况下，这个播出的画面上还有各种类型的图文字幕，那么它就是由总导播指挥字幕导播或字幕技术员适时地将预先准备好的图文字幕播放出来，合成在切出画面上，共同完成的播出画面。

（三）眼、耳、嘴、手并用

导播在完成这项核心工作的时候，不仅要用眼监看所有来源的画面和切出的画面；用嘴调机；用手操作切换台；还要用耳，一听录音师合成好的声音的反送，掌握其准确性，二听各讯道摄像师在耳机中对导播指令的反馈。

有人说，导播此时的工作需要眼观六路、耳听八方，这个说法不仅不为过，而是往往并不全面。总之，一个眼、耳、嘴、手同时并用的工作过程，是对导播此时状态的最好形容。

小结

为什么说"监看和调度各个讯道摄像机拍摄的画面及其他来源的画面信号，利用视讯切换器选择并切出播出画面"仅仅是对导播职能的狭义理解呢？因为在直播或录制之前、之后，导播还要为这项核心工作进行大量的设计准备与收尾完善工作。

二、导播的职能范畴

对于一个多讯道制作的节目来讲，导播应该从何时开始进入工作？他的工作应该渗透到哪些环节？他的职能范畴究竟有多大？

（一）参与节目形态与呈现方式的设计

导播的工作最好能从节目策划阶段开始进入。

尤其在当今的节目制作现实中，一方面，节目在最后成片播出时的整体面貌很大程度上取决于制作技术手段对它的呈现；另一方面，新颖独特的录制技术手段已经逐渐成为节目创意时的重要思路和不可或缺的元素。因为技术不单单承载了拍摄、录制和播出，它已经深刻地影响到节目从外部形态到内部创意的诸多方面。

案例精选

在 2003 年 8 月 3 日中央电视台奥运会会徽发布仪式的电视直播中，如果没有转播技术手段的支持，就不可能实现那个让人记忆深刻的"移动演播室"。此次转播是一个复合了 EFP/ENG 综合制作手段的电视直播，除了举办晚会的天坛主会场外，还有一个重要的播报现场——长安街。一辆装饰光鲜的敞篷大巴车沿长安街自西向东行驶，男、女主持人在大巴车上对当晚奥运会徽运送的盛况进行主持播报，北京长安街的夜晚美景就成了主持播报时的流动背景。将演播场地设在一个最具北京代表性的环境里,并让它得到流动的展现,这本属于节目的创意范畴。而这个在长安街上设置“移动演播室”的想法之所以得以实现,依靠的就是转播技术的支持。因此,移动转播设备在这个节目中便成为深度参与节目创意的重要元素,这与导播对转播技术的创造性使用与驾御能力密不可分。

现今的转播技术甚至可以在天上(直升机或热气球之类)、水下、世界最高峰、地球南北极地设置转播点,也可以同时呈现远距离的若干现场,一切取决于导播是否了解技术能为节目创意的实现提供什么可能性。所以,导播参与节目策划工作,不仅要在这个阶段了解节目的定位与内容,考虑录制的技术实施细节,更重要的是把自己对转播手段的了解提供给节目策划小组,以丰富或根本性地改变节目的呈现形态。

如今电视节目的呈现形态越来越依仗技术手段的实施方式。导播的职责恰恰横跨了节目创作艺术与制作技术双重领域,他应该是一个既了解节目创作规律又精通转播技术手段的人,是节目创作组与转播技术组之间良好的沟通者。

(二)修正节目设计与程序编排

导播应该带着画面表现与镜头组合的构想参与具体的节目设计与节目演播程序的编排工作。

为了便于理解,我们举个示意性的例子。假设现在导演组在考虑节目顺序的安排,是A节目+B节目+C节目,还是A节目+C节目+B节目。不同的节目顺序,除了有内容的承接关系限制外,还会有场面调度的承接可能性问题。这时,导播要参与意见,因为这直接与镜头调度和画面呈现方式有关。如果A节目是以群体的歌舞场面结束,B节目是以群人的戏剧场面开始,中间没有主持人串场,画面将如何处理?通常的做法是用观众的画面在中间做过渡。如果导播想让上下节目在画面上自然衔接,但又不想用观众的画面做过渡,可能就会遇到一些难题。这时,导播就可以考虑其他的节目顺序是否更有利于画面表现的顺畅。C节目是一个单人的演唱段落,演员的出场是从舞台上空的吊篮降至舞台中央,那么A的结尾与C的开端就非常容易进行场面的转换与相应画面的衔接。因此,如果在内容衔接上没有逻辑和情绪问题,就可以将B节目与C节目的顺序对调一下。

另外,具体到每个节目段落,都存在最终用电视画面如何来呈现的问题。比如一台综艺晚会,戏剧类、歌舞类、曲艺类、访谈类等不同的节目内容都可以由专门的人员来负责,但导播要负责所有节目的画面呈现。所以导播就要为每个节目的开场、结尾、高潮、重要场面调度与表现细节设计画面,有时甚至需要设计详细的分镜头。在这个过程中,导播既要为原有的节目排演方式服务,又要提出有利于电视画面展现的修改意见,小到一个动作的幅度、一个演员的出场时机,大到某个节目的整体调度范围,都可能因为导播的意见而发生改变。

导播头脑中的节目是电视画面呈现后的样子,因此他对节目设计编排方式的修正意见非常重要,因为毕竟电视节目制作最终要考虑的还是电视观众的观看效果。

(三)提供场景空间利用与舞美设计思路

这里所指的场景空间就是一个节目的演播环境,包括演播室、摄影棚、剧场、内景实景或外景实景等各种类型的演播空间;而舞美设计在这里指的是对节目演播空间的场景设计,不单纯是舞台设计的概念。

导播是通过组合多讯道摄像机摄取的画面来表现演播现场的人,他虽然是画面的最终决定者,但画面呈现的对象却是现场本身。所以,演播现场的空间利用和场景设计与导播的工作密切相关,它们之间的关系是外在的、直接的。

在这里,我们必须强调:多讯道节目制作与单机拍摄、后期剪辑的制作方式对场景空间的表现过程是不同的,因此对场景空间的需要也就不同。

在单机拍摄、后期剪辑的制作方式中,完成片中对某一空间的展现是通过一系列镜头表现的空间片段组接来完成的,它完全可以"移花接木",把在甲地拍摄的大门、乙地拍摄的楼梯、丙地拍摄的办公室、丁地拍摄的一张写字台等几个镜头剪辑到一起,形成一个有空间关系的完整的场景印象。为什么说是印象?因为这个完整空间表现的实现最终要靠观众的逻辑经验形成。也就是说,我们可以把在不同的时间、地点拍摄的空间片段组织在一起,重新塑造一个影片中的空间。其实这就是蒙太奇语言用来表述空间的方法,其功能被形象地称为"创造地理"。当然这涉及了影片时空表现的复杂问题,在这里就不展开讲解了。

然而多讯道节目制作的重要特征是实时、连续地表现拍摄对象,因此对场景空间的要求也就不同。首先,它需要演播现场真实完整地存在,多机位多角度地同时拍摄以及现场直播的性质都容不得我们在电视呈现中对这个空间做任何"造假"(拼贴和重塑)。其次,这个场景空间必须是适合多讯道拍摄的,也就是说它不能是只可单向观看的、局部的,而应该是可提供立体多维观察视角进行拍摄的。因此,多讯道的制作是在同一时间对一个或多个真实存在的演播现场进行的多角度展现。

多讯道节目制作的性质决定了导播在节目前期筹备阶段必须对场景的空间利用、演播环境的美术设计有较为完整的想象和要求。因此,他要和美术设计人员充分沟通,以期在场景设计上满足多讯道制作的需要,实现节目连续演播的功能并奠定节目视觉风格的形成基础。

上文已述,场景设计指对演播环境的设计,而不仅仅拘泥于舞台设计的概念。在这个演播场景中可能有一部分是舞台,也可能没有台上台下的划分。正是由于场景设计的涵盖已经超出了传统意义上舞台设计的范畴,因此它直接影响了我们的转播观念。转播面对的可能不再是一个封闭的、以舞台为中心的现场,而是一个开放的、变化的、复合的空间。现在很多电视节目的创新是从场景空间的利用上寻求突破口，以获得新异的视觉效果。因为大家越来越意识到，节目内容的新颖独特也许非常困难，而视觉效果上的突破往往能直接作用于观众的观感，提升节目的识别度。

之所以导播的工作要渗透到场景设计这个环节，还因为场景设计的方案直接关系到导播接下来的工作——如何在这个演播空间中设置摄像机位？有否使用特殊摄像设备的可能性？如何利用这个场景完成特定的视觉效果？如何表现这个场景设计的特色？等等。同时，对于美术设计部门制定的设计方案，导播也要能拍板或提出修改意见，否则在场景制作完成后再发现有不利于使用的地方就很难改变了。

(四)制定机位设置方案

节目的内容和场景设计都相对确定之后，导播必须亲自完成机位设置的工作。

这项工作的思维过程非常复杂。首先要想象画面，即导播要能够想象在录制中可能获得的画面效果；其次，要考虑如何获得这些画面，即需要哪些拍摄位置、角度，需要哪些摄影辅助设备和什么性质的镜头；再次，导播要做出详尽的机位示意图并列出摄像器材的技术清单；最后，在演播现场搭建完成后，导播还要亲临现场确认每个摄像机的具体位置和辅助设备的铺设方式(见图 1-10)。当然，在这个过程中导播一直不能脱离工作的现实条件，也就是所在的电视制作机构的基本技术条件、此次制作的经费保障以及所能获得的设备支持。

设置机位的能力是导播的重要软性技术，它是导播在演播现场空间感、镜头画面想象力、摄像设备功能与表现力等诸多方面的经验，以及对节目内容性质的了解程度的综合体现。

(五)制定导播工作台本

导播只有在深入了解了节目内容，详细考察过演播现场，确认了转播录制系统的技术设备保障情况，制定了具体可行的机位设置方案后，才能够着手设计制作导播工作台本，否则这项案头工作非常容易流于纸上谈兵的形式。

导播工作台本是日后直播或录制的基础，它应该能够非常全面地体现导播对节目播出方式、转播技术、时间流程、镜头画面、灯音美实施及特殊效果的详细设计与要求，是各工种部门未来工作所依据的蓝本。

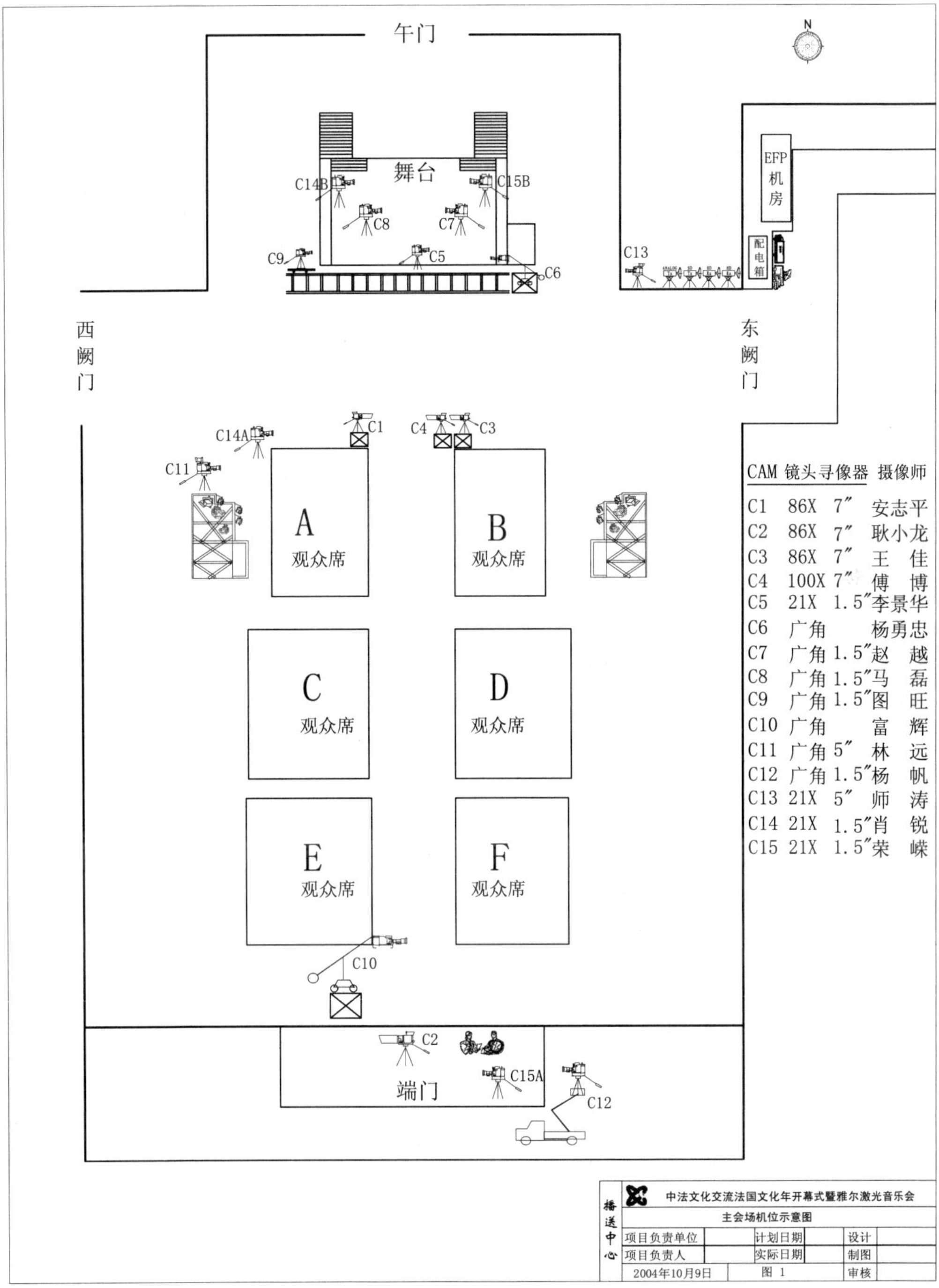
午门
舞台
C14B
C15B
C8
C7
C9
C5
C6
C13
EFP
机
房
配
电
箱
西
阙
门
东
阙
门
C14A
C1
C4
C3
C11
A
观众席
B
观众席
C
观众席
D
观众席
E
观众席
F
观众席
C10
C2
C15A
端门
C12
N
CAM 镜头寻像器 摄像师
C1 86X 7″ 安志平
C2 86X 7″ 耿小龙
C3 86X 7″ 王 佳
C4 100X 7″ 傅 博
C5 21X 1.5″李景华
C6 广角 杨勇忠
C7 广角 1.5″赵 越
C8 广角 1.5″马 磊
C9 广角 1.5″图 旺
C10 广角 富 辉
C11 广角 5″ 林 远
C12 广角 1.5″杨 帆
C13 21X 5″ 师 涛
C14 21X 1.5″肖 锐
C15 21X 1.5″荣 嵘
中法文化交流法国文化年开幕式暨雅尔激光音乐会
主会场机位示意图
播送中心
项目负责单位
计划日期
设计
项目负责人
实际日期
制图
2004年10月9日
图 1
审核

图 1-10 机位图范本

【附例:导播工作台本范例】

中央电视台

庆祝中华人民共和国成立五十周年

焰火联欢晚会

工作台本

1999 年 10 月 1 日现场直播

序号	时间	演区	节目内容	视频	音频	灯光	备注
1	19:50′00″		【片头　插播录像 45″】	VTR	VTR		
2	19:50′45″	总导演室	『直播/双视窗 【主持人串联 倪　萍: 中央电视台,中央电视台! 亲爱的观众朋友们!港澳同胞、台湾同胞、海外侨胞们,晚上好!今天,是中华人民共和国成立五十周年的大喜日子。五十华诞,盛大庆典,举国同庆,四海欢腾。此时此刻,我们工作在中央电视台的总导演室里的同事们,心情更是格外地激动,因为今天上午在这里成功地直播了天安门前盛大的阅兵式和群众游行。现在,我们马上将为大家现场直播天安门广场上的首都各界庆祝国庆五十周年焰火联欢晚会。(以下画外音) 此刻的天安门广场华灯齐放、鲜花如潮,十万人的欢声笑语汇成了沸腾的海洋。人们都在等待着那激动人心的一刻。 这台大型焰火联欢晚会以"祝福你,祖国"为主题,以欢腾、热烈的场面表现全国各族人民欢度国庆的喜悦之情,充满激情地展现中国人民在以江泽民同志为核心的第三代领导集体的领导下迎接新世纪的精神风貌和时代风采。 为了直播这次有十万人参加的焰火联欢晚会,我们分别在天安门城楼、金水桥前、大会堂楼顶、革命(历史)博物馆楼顶、北京饭店、中山公园门前、劳动人民文化宫门前、礼花区、大会堂东门和国旗旗杆周围的群众联欢区共设立了 10 个转播点,连同中央电视台主演播室一共投入了 39 台摄像机。同时,我们还联合了 10 个省市电视台,为我们传送当地人民欢度国庆的盛况。真可称得上是阵容强大,盛况空前。 (画外音介绍演播环境结束;双视窗)现在,请天安门城楼上的主持人赵忠祥介绍那里的情况。	倪萍中景透总导演室全 A 系统天安门全景 B 系统带城楼宫灯透广场全景 C 系统国旗旗杆摇广场全景 A 系统 9 号机城楼摇至广场 C 系统 6 号机礼花阵地、微波直传 E2(革博)自南向北摇广场俯全 微波直传 E4(大会堂)自天安门摇至纪念堂 微波直传 E1(贵宾楼)广场俯全	倪萍拾音 MIC (混) 广场夜景环境声音	倪萍光	视频特技双视窗

续表

序号	时间	演区	节目内容	视频	音频	灯光	备注
3		天安门城楼/B系统	『直播/双视窗 【主持人串联 赵忠祥: 亲爱的各位观众朋友们,节日的天安门广场彩灯高照、彩旗飘扬、花团锦簇、喷泉如注,到处洋溢着一片欢乐的节日景象。此时此刻,来自首都各界的十余万群众,早已聚集在广场,他们载歌载舞、欢歌笑语,怀着激动的心情期待着焰火晚会的开始。现在,我们请各个转播点的主持人向您做介绍。周涛,请你先介绍中心演区的情况。	B系统赵忠祥中景	赵忠祥拾音MIC	赵忠祥光	视频特技双视窗
4		金水桥前/A系统	『直播/双视窗 周 涛: 好的! 各位观众,这里是晚会的中心表演区。它的范围东起劳动人民文化宫南门,西至中山公园南门。在这里汇集了来自全国各民族优秀的演员,他们将为观众奉献精彩的节目。中心表演区还将与广场的群众联欢交相辉映,共同组成一幅幅首都国庆之夜十万人狂欢的壮丽场景。孙晓梅,该你来介绍了,你听到了吗? 『直播/双视窗	A系统周涛中景透中心演区	周涛拾音MIC	周涛光	视频特技双视窗
		劳动人民文化宫/A系统8号机	孙小梅: 周涛,我听到了。观众朋友们,我现在是在劳动人民文化宫门前。在我身后是农民朋友的代表,金秋十月,是大地收获的季节,今晚,他们从希望的田野上走来,把累累硕果献给祖国母亲。观众朋友们,现在请李萍介绍工人表演区的情况。	A系统8号机孙小梅中景透农民区	孙小梅拾音MIC	孙小梅光	视频特技双视窗
		中山公园/微波直传E3	『直播/双视窗 李 萍: 亲爱的工人朋友们,今晚,首都产业大军将在这里代表你们为祖国母亲祝福。我们的位置是在中山公园门前,别忘了看我们的精彩表演。从我们这里向广场看,正是五星红旗每天升起的地方,那里的主持人是姜丰!	微波直传E3(流动车)李萍中景透工人区	李萍拾音MIC	李萍光	视频特技双视窗
		国旗杆南侧/C系统	『直播/双视窗 姜 丰: 观众朋友们,距离国旗最近的是我们的青年朋友们,由首都各个高校组成的青春方阵,热血沸腾、朝气蓬勃,满怀对未来的憧憬和跨世纪的神圣使命,为祖国母亲献上我们心中的歌! 现在,请大家看人民大会堂楼顶,司晓红、张政,你们听到没有?	C系统姜丰中景透纪念堂	姜丰拾音MIC	姜丰光	视频特技双视窗

续表

序号	时间	演区	节目内容	视频	音频	灯光	备注
		大会堂顶楼/微波直传E4	『直播/双视窗 司晓红: 姜丰,我们听到了。各位观众,我和张政一起站在人民大会堂楼顶。等一会儿,灿烂的礼花将点燃首都的夜空,我们将为您介绍礼花的精彩场面。 张　政: 今夜,在长达40分钟的礼花施放过程中,170多种礼花腾空而起,它们将与彩色的激光束、探照灯和地面华灯、花海人潮一起,给节日的天安门广场营造出一派辉煌的景象。	微波直传E4司晓红近景拉出司晓红、张政二人中景	司晓红、张政拾音MIC	司晓红、张政光	视频特技双视窗
5	19:57′00″	全区域/城楼区B系统 总导演室	『直播 赵忠祥:(画外音) 各位观众,现在党和国家领导人已经登上天安门城楼,与全国各族人民共同欢度这一美好的节日之夜,他们是……(报党和国家领导人的小名单。名单略) 倪　萍:(画外音,此段落备用) 观众朋友们,观众朋友们!庆祝中华人民共和国成立五十周年焰火联欢晚会马上就要开始了。请大家随着我们的摄像机镜头,观看这激动人心的辉煌庆典、盛大聚会!	微波直传E2天安门全景 B系统组合党和国家领导人镜头(顺序江、李、朱、李、胡、尉、李)	赵忠祥拾音MIC/(迎宾曲音乐) 倪萍拾音MIC	城楼光	此段落等待党和国家领导人入场,全区域提供有效画面配合
6	20:00′00″	城楼区/B系统	『直播 【大会仪式主持人主持仪式 大会主持人: 首都各界群众庆祝中华人民共和国成立五十周年焰火联欢晚会现在开始!	B系统组合镜头	B系统拾音	城楼光	
7	20:00′11″	B系统 微波直传E4(大会堂)	『直播 第一次礼花5′00″ 司晓红: 观众朋友们,天安门广场上空已经升起了灿烂的礼花。随着朵朵礼花绽开在星光闪烁的夜幕中,首都北京变得格外绚丽。 张　政: 国庆五十周年焰火联欢晚会在一片欢呼和歌声中拉开了序幕!	B系统城楼宫灯透广场全景 微波直传E4司晓红、张政二人中景透礼花背景	 司晓红、张政拾音MIC	 司晓红、张政光	
略			……				

根据节目制作性质的不同,导播的工作台本要么在节目彩排和各工种连排阶段,要么在电视转播的演练阶段(只负责电视转播的节目或活动)做进一步的修改调整。导播带着工作台本参与彩排或演练,其实就是带着未来录制实施的眼光来看待表现对象。导播通过这个过程检验工作台本的准确性,节目直播或录制实施的未来面貌也在此阶段逐渐清晰立体起来。

(六)亲临后期制作

导播如果能够参与后期制作这个环节，则会使后期编辑工作更加准确、效率更高。

因为，在节目录制或直播之中导播选择并切出了每一个画面，所以，他对电视化之后的现场的认识与记忆可以说是最为深刻的。哪些地方是自己在现场录制中的处理失误，哪些是值得原封不动保留的精华段落，导播心里最为清楚，因而他可以最为直接地对画面进行修剪或保留。另外，经历了现场录制过程，导播对节目情绪与节奏的理解与把握肯定比未到过录制现场的后期编辑人员更为真切，他最能使节目的剪辑完成片尽量还原现场的滋味。

但遗憾的是，在大多数多讯道节目制作中，后期制作环节都由副导演或导演助理、导播助理与编辑技术员来完成，最后交由导演审看。导播在现场直播或录制之后工作就结束了，将非常重要的节目后期环节留给其他人员来做。这样，在现场制作与最后成片之间就缺了一个非常重要的“亲历者”，因而难以保障现场节目和气氛的最佳还原。前面的例子也讲过，有的完成片为了卡时长不得不进行大量的删减、拼贴，留下明显的生硬衔接的痕迹，现场发生的情绪节奏被彻底改变了。

导播亲自参与后期制作可以更好地保留现场录制中的精华，更好地弥补现场工作中的漏洞。为保证节目制作的最终质量，导播有责任参与到最后合成出片的时候。

小结

通过对导播工作的核心职能与相关职能范畴的辨识，我们对导播工作性质的认识逐渐清晰起来。同时我们还可以更深地体会到，在多讯道的电视节目制作中，导播岗位所负责的是一份实施程序烦琐、相关枝节庞杂、涉猎领域广泛、所负责任重大的工作。

第四节　导播的工作流程

在上一节中，关于“导播的职能与权限”的讲解只是明确了导播工作的覆盖范畴。那么，作为一个导播，当你接到一个节目的录制任务时，具体的工作流程又应该是怎样的呢？

本节将主要描述导播的工作流程，将这份庞杂的工作分为 12 个步骤。需要说明的是，它们之间基本是按照工作步骤的先后进行排列的，但有些步骤的工作也是需要同时进行的。

一、参与节目策划编排或研读节目脚本

这里需要说明一点,导播的工作如果从研读节目脚本才开始其实就已经比较晚了。上文已经讲述了导播参与节目策划、编排的重要性,但现实的情况也许并非如此理想,节目的创意与具体内容设计安排完成后导播才开始介入的情况也非常普通。因此,“研读节目脚本”就成了导播最起码的工作开端。换言之,无论导播能否参与到节目前期的策划与编排阶段,他都要仔细研读节目脚本。

节目脚本一般是文学本,它要标示节目的程序、主持人的语言、插播片的位置内容等。它是对节目所做的文学性的描述,通常没有具体的场面调度形式、声音画面设计与相关录制技术要求的说明。

【附例:节目脚本范例】

2014年第五届中国大学生电视节闭幕式暨颁奖典礼

节目脚本

主持人:尼格买提、李杨薇

1.【领导嘉宾进场】

2.【领导坐定三声钟声】

3.【开场视频】45秒

4.【开场舞:《电视伴我成长》】

5.【主持人出场画外音】(“有请主持人尼格买提、李杨薇”)

6.【主持人开场白】*(大屏幕开,主持人从台口10走至台中)*

小尼:欢迎各位来到2014年第五届大学生电视节闭幕式暨颁奖仪式的现场,大家好,我是中央电视台主持人尼格买提!

李杨薇:大家好,我是北京卫视主持人李杨薇!

小尼:首先,请允许我为大家介绍出席今天活动的各位领导和嘉宾,他们是——

(名单略)

李杨薇:让我们用热烈的掌声欢迎各位领导和嘉宾!谢谢你们一直对大学生电视节的支持和鼓励!正是有了这份支持,大学生电视节才能得以连续成功地举办。

小尼:下面,让我们共同回顾一下历届大视节的精彩瞬间!请看大屏幕!

(从台中走至台左主持区)

7.【视频:回顾短片】

8.【主持人串场】

李杨薇:是的,今天,第五届大学生电视节依旧与你准时相约!

小尼:今晚,这个舞台依旧属于充满青春活力的大学生们,他们将用独特的方式解

读电视，用青春的视角向电视致敬！

李杨薇：今晚，激昂少年，歌舞青春，梦想视界！大学生们将在这个舞台上唱响青春的旋律，舞动青春的节奏。

小尼：看了开场的舞蹈，我特别有感触，里面有句歌词："电视有魔力，连着我和你。"的确，我的爷爷奶奶那一代人，主要是通过报纸和收音机来了解世界；而到了咱们这一代人，电视成为生活中不可或缺的一部分，陪伴我们成长。

李杨薇：没错，我记得我小时候最爱看的电视栏目是《正大综艺》，里面有一个环节叫"世界真奇妙"。电视把我的心带到了更远的地方，真是"身未动，心已远"。

小尼：电视对我们这代人的影响确实是从童年、少年一直延续到今天。

李杨薇：我觉得，对于未来要迈入社会的大学生来说，能借助电视栏目去感知社会发展和时代脉搏，提高自己认识世界的能力，这一点尤为重要。

小尼：是的，下面要颁奖的这类电视栏目就承担着这样的功能，让我们首先来揭晓2014年最受大学生瞩目社会人文类电视栏目，有请北京大学王圣博同学、辽宁大学宫颖同学为我们开奖！

9.【第一轮颁奖(1)】【最受大学生瞩目社会人文类电视栏目】

1)开奖学生上场，播放提名短片

2)开奖学生宣读最终获奖者：《开讲啦》

3)获奖者上台领奖

小尼：有请获奖者上台领奖！

4)主持人走至台中采访获奖者

李杨薇：恭喜《开讲啦》获得今晚的第一个奖项，开门见喜！请发表获奖感言！*(获奖者发表获奖感言)*

采访问题设计：

对制片人：节目创立的初衷是什么？每期节目中都邀请大学生代表对嘉宾提问，当时设计这个环节是怎么构想的？

对主编：每期节目的演讲主题是如何确定的？

小尼：再次恭喜获奖者！请获奖者台下就座。

10.【主持人串场】*(从台中回到台左主持区)*

小尼：杨薇，特别想问问你，平常最爱看什么电视栏目？

李杨薇：平常工作很忙很累，一般就喜欢看一些轻松的综艺娱乐类的电视栏目，最好是能跟家人一起看的。不过，我最喜欢看的，还是你主持的《开门大吉》！

小尼：杨薇不愧是优秀的主持人！这话说的，就两个字——舒坦！

李杨薇：那小尼，你最爱看什么综艺娱乐类的电视栏目？

小尼：大学生喜欢的节目也是我的最爱，这次所有提名的综艺娱乐类节目我都喜欢看！

李杨薇:你比我还会说话!那下面就让我们看看2014年最受大学生瞩目综艺娱乐类电视栏目是什么,有请开奖嘉宾湖南大学庄严同学、四川大学董冠猛同学。

11.【第一轮颁奖(2)】【最受大学生瞩目综艺娱乐类电视栏目】

1)开奖学生上场,播放提名短片

2)开奖学生宣读最终获奖者:《爸爸去哪儿》

3)获奖者上台领奖

小尼:有请获奖者上台领奖!

4)主持人走至台中采访获奖者

小尼:恭喜《爸爸去哪儿》!请获奖者发表获奖感言!(获奖者发表获奖感言)

李杨薇:我觉得《爸爸去哪儿》之所以受到我们大学生群体的喜爱,成为现象级的电视栏目,让电视再次成为亲情欢聚的纽带,让我们不断体会着亲情与温暖。

采访问题设计:

对节目编导:能不能给我们透露一些节目拍摄背后的趣事?

(如:前期策划是怎么给爸爸们设置"困难"的,听说编导们亲自出马做"实验"?节目拍摄中遇到了什么突发情况,怎么应对的?)

听说《爸爸去哪儿》马上要开始第三季的策划了,有没有什么能给我们小爆料的?

对"神字幕"美少女:当初如何"脑洞大开"地联想到那么丰富的字幕?

现场咱俩这对话(主持人的表情)能配一个什么样的字幕?

小尼:看来幕后工作比镜头前的呈现更精彩,也更辛苦!

李杨薇:谢谢!请获奖者台下就座!

12.【主持人串场】*(从台中回到台左主持区)*

李杨薇:像《爸爸去哪儿》一样,这些优秀的综艺电视栏目为我们的生活带来了无限的温暖、感动和快乐。

小尼:它们不断为中国电视注入着新鲜的血液和青春的活力,是一代代观众与电视荧屏的约定。

李杨薇:而这种与电视的约定,组成了我们共有的荧屏记忆,也谱写了一个时代的电视和声……

(台口3下)

13.【节目一:歌曲:《电视和声》】

(略)……

如果导播没有参与节目的策划与编排,那么他就要通过仔细研读脚本来认识和了解整个节目。可以说,导播是在研读脚本的过程中形成对节目面貌的最初想象的,这是他开展后续工作的重要基础。

二、考察拍摄现场

当导播明确了节目的主旨、性质与内容之后，他要带着实施节目录制的眼光去考察演播现场。

如果你是某一档固定栏目的导播，这个现场可能是你长期工作、非常熟悉的演播室，如果你认为“我非常熟悉了，不用看，节目开始录制之前我到位就行了”，这种想法是不可以的。因为你要根据这一期节目的具体内容是什么、它的性质与任务是什么、它有什么场面规模与调度特点、要用什么特殊的技术设备等来重新考察一下这个“熟悉”的演播场地。带着具体的情境内容和特点需求去看，这个现场就可能使你产生一些新的电视呈现思路和镜头处理方法，甚至可能使你产生重新布局常规机位设置的想法。所以我们常说，每一次再到你熟悉的一个场地，你都会对如何表现它产生不同的创意和思路，因此不要怕重复。

对自己熟悉的演播环境尚且如此，更何况面对不熟悉的剧场、体育场、露天外景地，或者场景条件非常特殊的环境，导播更要带领转播技术、音视频技术、灯光、摄像等相关工种人员多次亲临现场，考虑机位架设与转播传送的方案和可行性。有时我们还要利用现有的自然环境、建筑景观作为机位架设的特殊位置角度，以获得特殊的视觉效果。

三、组建工作团队

组建工作团队的工作有时需要在考察演播现场之前就完成，这样就可以组织录制团队中的相关人员或部门负责人一同考察现场。但有些时候，导播也会在最初的现场考察之后，根据自己在现场产生的一些具体录制需要来选择更有针对性的专业人员，以使团队的建构更为合理。

对于高度专业化的转播组织来说，由于他们长期从事某一类型的转播工作，工作团队成员及岗位责任相对固定，所以就不用就某次转播任务组建工作团队了。但目前，在国内的各类电视制作机构（包括电视台或制作公司），无论是在文艺部、经济部还是在体育部，凡涉及多讯道的节目制作，都会牵扯到组建团队的问题。团队的成员有些是本机构内部的成员，也有些是本机构之外的人员。有时，即使是常年播出的某个栏目，其每一期节目的不同导演也会根据本期节目的特点约请不同的撰稿人、音乐编辑、美术设计等，负责录制的导播也会根据自己的工作习惯约请经常合作的转播录制团队。

组建团队的重要性在于找到符合节目需要的各岗位人员，也在于人员之间能默契配合。导播工作的成败，在很大程度上取决于这个团队组建的成败。

四、制定相关技术清单

经过多次考察演播现场、组建好录制团队之后，就可以制定与录制相关的技术实施细节了。当然,这不是由导播一个人来完成的工作。因为,它关系到演播现场的舞美、灯光、录音、摄像、转播系统、通讯等诸多部门,涉及非常具体专业的技术数据。导播要总领、监督、验收这项工作的完成情况,力求使所有部门的技术实施细则与设备保障要求都落实在具体可循的文字方案、设计图纸和技术图表上。

比如,一场节目录制的机位图、讯道摄像系统及相关录制设备清单就是由导播、摄像组长与视频技术部门的负责人一同完成的,它要标明现场机位布局、讯道摄像机的数目、各机位的主要任务、各机位的性质与功能、有无辅助设备及镜头的具体型号,等等(见图 1-11)。

【附例:技术清单范例】

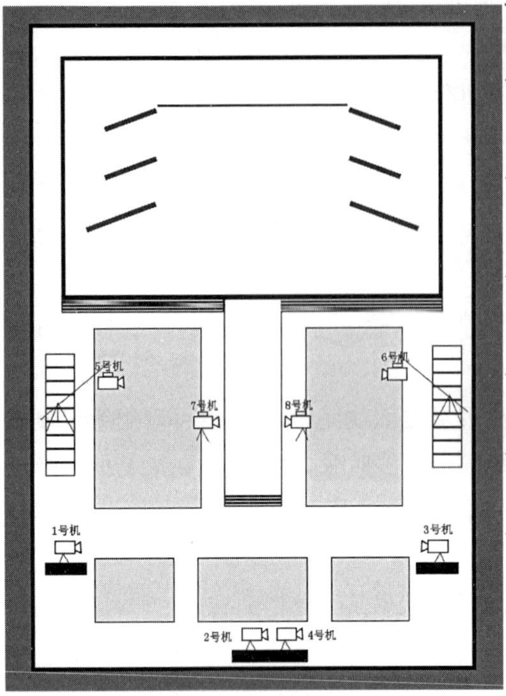

机位序号	性质	镜头	寻像器	辅助设备
1	固定座机	长焦 60X	大寻 7"	摄影平台(长×宽×高)2.5 米×2.5 米×75 公分
2	固定座机	广角	大寻 7"	摄影平台(长×宽×高)5 米×2.5 米×75 公分
3	固定座机	长焦 60X	大寻 7"	摄影平台(长×宽×高)2.5 米×2.5 米×75 公分
4	固定座机	长焦 60X	大寻 7"	与 2 号机共用同一平台
5	摇臂 8 米	广角	配套	轨道(三节直轨)
6	摇臂 8 米	广角	配套	轨道(三节直轨)
7	游机	广角	小寻 1.5"	带脚轮的三脚架
8	游机	广角	小寻 1.5"	带脚轮的三脚架

备注:

(一)关于镜头:(1)"广角镜头" 共需要 5 个,(2)60 倍"长焦镜头"共需要 3 个

(二)关于摄影平台:(1)每个需能承重 400 斤,(2)稳定性强,(3)方便搬移

(三)关于录机与切换台:(1)两路磁带录制,(2)七路硬盘录制,(3)切换台需要主副切各一位

图 1-11 2014 年第五届中国大学生电视节闭幕式暨颁奖典礼机位图与摄录系统设备清单

再比如,对一个直播的节目,视频技术部门必须向导播提交直播传送的具体方案(见图 1-12)。它不仅关系到导播考虑节目直播时以什么具体的节目形态来呈现,还关系到导播在制定导播工作台本时的相关技术阐述。

【附例:直播传送方案范例】

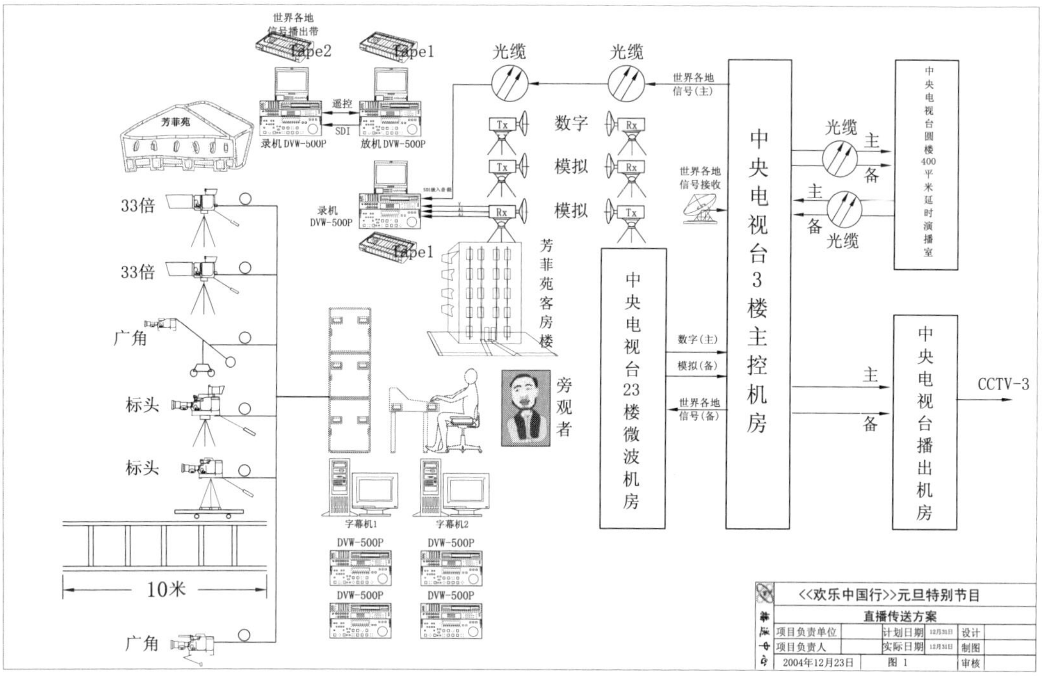

图 1-12 《欢乐中国行》2004 元旦特别节目直播传送方案范例图示

导播监督各个技术工种完成技术清单的制作,这是保证后续工作规范、有序的重要前提条件。前面已经讲过,导播要全面控制多讯道的拍摄现场。这不等于说,导播只要具有良好的组织能力、性格坚定、处事果敢、为人严厉就能够做到,而是要有控制拍摄现场的专业能力和充分具体的落实准备工作。所谓专业能力,就是要求导播不仅对节目内容,还要对所有相关技术部门的实施细则了如指掌。可以说,导播在录制技术方面所做的准备功课,将直接决定他控制现场的能力与信心。

五、制定导播工作台本

在完成了如上几项工作的基础上,导播就可以开始做自己的案头准备工作了。这个环节就是制定导播工作台本。

在上一节"导播的职能范畴"中,我们已经讲过制定导播工作台本的重要意义,并提供了一个大型电视晚会的直播工作台本范例。需要指出的是,导播工作台本的格式并没有硬性规定。节目类型、制作规模、播出方式不同,会对导播台本提出不同的技术性要求。因此,导播要根据自己节目的实际情况来设计、安排工作台本的模式,体现本次录制艺术与技术要求的重点。导播工作台本的终极目的是一致的,那就是让各录制相关工种明确每个节目环节的实施细则以及各工种之间相关的配合方式。

我们在上文中引用了《2014 年第五届中国大学生电视节闭幕式暨颁奖典礼》的节目脚本以及现场录制的机位图与摄录系统技术清单作为范例,现在就对应来看一下这个节目在演播室实施录制的导播工作台本。

【附例:导播工作台本范例】

2014 年第五届中国大学生电视节闭幕式暨颁奖典礼

实施流程单 & 导播工作台本

时间:2014 年 10 月 25 日　　地点:北京星光影视园 1400

序号	内容	演区	摄像	灯光	录音	舞美	大屏幕	备注
1	开场视频		摄像准备	压光	现场还音		开场视频 45 秒	
2	开场舞 《电视伴我长》	主唱从观众席起身,从台口 5 上至 T 台,后调度回主舞台	7 号机跟拍主唱起身 摇臂做长线运动	节目光	现场还音		动态素材	
3	主持人出场	主持人自大屏幕后上场 至台中站定	摇臂前迎主持人 1、3 号机主持人近景	造型光	主持人 上场音乐	大屏幕开	主视觉	
4	主持人开场白	台中	1、3 号机主持人近景 7、8 号机前排领导近景	舞台及领导席 面光	拾音	大屏幕合	主视觉	
5	历届回顾短片		2 号机缓推,起幅为舞台全景,落幅为大屏幕全景	压光	现场还音		回顾短片 1 分钟	
6	主持人串场	主持区	1、3 号机主持人近景	舞台及观众区面光	拾音		主视觉	
奖项一【最受大学生瞩目社会人文类电视栏目】								
7	开奖学生上场	开奖学生自大屏幕后上场 至开奖区站定	摇臂前迎开奖学生 1、3 号机跟摇	造型光	开奖学生上场音乐	大屏幕开	主视觉	
8	开奖学生简短交流	开奖区	1、3 号机开奖学生近景	舞台及观众区面光	拾音	大屏幕合	主视觉	
9	提名短片		2 号机缓推,起幅为舞台全景,落幅为大屏幕全景	压光	现场还音		提名短片 1 分钟	
10	宣读获奖名单	开奖区	1、3 号机开奖学生近景	舞台及观众区面光	拾音		主视觉	

续表

序号	内容	演区	摄像	灯光	录音	舞美	大屏幕	备注
11	获奖者上台领奖	台中	7号机跟拍获奖者起身 4号机跟摇获奖者上台	舞台及观众区 面光	获奖嘉宾上场 音乐		主视觉	
12	主持人简短采访获奖者	台中	1、3号机主持人近景 4号机获奖者近景	舞台及观众区 面光	拾音		主视觉	
13	主持人串场	主持区	1、3号机主持人近景	舞台及观众区面光	拾音		主视觉	
奖项二【最受大学生瞩目综艺娱乐类电视栏目】								
14	开奖学生上场	开奖学生自大屏幕后上场 至开奖区站定	摇臂前迎开奖学生 1、3号机跟摇	造型光	开奖学生上场 音乐	大屏幕开	主视觉	
15	开奖学生简短交流	开奖区	1、3号机开奖学生近景	舞台及观众区面光	拾音	大屏幕合	主视觉	
16	提名短片		2号机缓推，起幅为舞台全景，落幅为大屏幕全景	压光	现场还音		提名短片 1分钟	
17	宣读获奖名单	开奖区	1、3号机开奖学生近景	舞台及观众区面光	拾音		主视觉	
18	获奖者上台领奖	台中	7号机跟拍获奖者起身 4号机跟摇获奖者上台	舞台及观众区面光	获奖嘉宾上场 音乐		主视觉	
19	主持人简短采访获奖者	台中	1、3号机主持人近景 4号机获奖者近景	舞台及观众区面光	拾音		主视觉	
20	主持人串场	主持区	1、3号机主持人近景	舞台及观众区面光	拾音		主视觉	
21	歌曲 《电视和声》	歌手四人依次从大屏幕后上至T台，后调度回主舞台	摇臂前迎歌手 1、3、4号机歌手近景	节目光	现场还音	大屏幕开 大屏幕合	动态素材	
略	……							

这是一个比较简单的导播工作台本,它体现了节目基本的录制实施要求。第一,节目以主持人导语和大屏幕播放插播片为串联方式,以颁奖环节、主持人对获奖者的采访以及相应助兴节目几者的结合为主要节目内容,程序逻辑固定、场面调度简单;第二,节目演播现场唯一,演播场景基本呈舞台化观演关系;第三,录制讯道数目较少,由8个讯道摄像机组成,另外,大屏幕视频信号由控制器多路切换给送;第四,节目播出方式为录播,但录制中无停顿、无重拍和补拍,基本为准直播状态。但即使是这个比较简单的工作台本也明确标注了程序/时间安排、节目内容及场面调度提示、灯光/音响/舞美道具/大屏幕等各项技术要求与配合,以体现导播对节目实施的程序控制,以及对画面声音及现场气氛效果的整体设计。

另外,从同一案例的节目脚本到导播工作台本,对应地看我们还可以发现,在节目录制的时候有些节目的编排顺序、具体内容和表现形式也发生了一些变化。这就是在上一节中所谈到的,导播要根据电视声画表现的需要及彩排的实际情况调整原有的节目编排与内容呈现方式。导播工作台本的修改、完善往往会一直贯穿在后续的工作流程中,直到直播或录制之前才最后定稿。

六、组织召开导播工作会议

导播召开工作会议的目的是对本次现场制作的方案进行总体阐述。因此,这个工作会议的基础是导播的工作台本以及在此前完成的各工种的实施方案与技术清单,参加会议的应该是制作团队的所有成员。

对于一个大型的直播节目来讲,导播在所有部门参加的工作会议上的阐述是相当重要和复杂的。他要按照节目流程,结合节目内容,将场景空间、视频播放、灯光特效、镜头画面、音乐音响、字幕动画、虚拟技术、录像传送等方面的要求尽量全面详细地阐释清楚,以便制作团队的全体成员对本次制作的性质特点有准确的认识并对节目的未来面貌形成初步的想象。

在工作会议上,导播助理会将导播的工作台本下发给各技术工种相关人员。演播现场的设计效果图、机位设置示意图、直播传送示意图、通讯联络示意图等重要技术图表清单都要准备就绪,导播在阐述中会结合它们进行更为形象直观的讲解。

导播要召开的工作会议除了如上各工种部门参加的集体会议之外,还会与不同的工种分别召开分工种的工作会议。分工种会议一般是分别针对舞美、灯光、录音、摄像、转播传送部门就具体的实施方案与技术细则进行沟通协调的会议。无论是大型的制作还是小型的制作,必不可少的会议就是专门针对摄像部门召开的工作会议,我国港台地区的电视制作机构又把它形象地称作“说镜头会”。

所有的讯道摄像师和摄影辅助设备操作员都要出席摄像工作会,导播按照导播工作台本或更为详细的分镜头本,将自己对于画面呈现的设想与拍摄实施的具体手段、各机位的分工与主要任务、不同节目的切换方案与镜头组合思路传达给大家。这不仅关系到每个镜头的拍摄，还关系到各机位的配合与镜头画面的衔接。有的时候，导播会将每个镜头的拍摄要求逐一予以明确；还有的时候，导播会将类似开场、收尾、转场、重要人物出场、重要场面调度等段落的重点镜头设计予以确认。比如，使用升降臂的镜头的具体运动形式是什么，使用叠化的段落对相连的上下镜头的配合要求是什么，使用快切的段落对各位摄像师画面调整到位的速度要求是什么，等等，这些都需要导播在会议上予以说明。每位摄像师也会将导播对自己岗位的要求记录在台本的相应位置上。虽然在录制过程中导播与摄像师们可以随时沟通，但现场的沟通时间是非常有限的，有些东西稍纵即逝，况且导播在录制中还要照顾其他方面的工作。因此，摄像工作会就是导播与摄像师们在镜头画面方面充分沟通的机会，同时，来自摄像部门的建议也会进一步丰富、修正导播原有的设想。

七、验收各技术工种的前期工作

多讯道制作的节目由于工种环节繁多，再加上节目创作与录制技术的准备工作往往交叉进行，因此导播在每一天的工作中都应该考虑并确认相关实施环节的准备情况。场景设计方案与具体施工、灯光设计方案与灯光设备架设、音乐制作与录音的进度、现场录音方案与器材的铺设、摄像器材与特殊辅助设备的准备、转播传送方案的落实、插播片的拍摄与编剪进度、图文字幕的制作与核对检查等，导播要按照日程表掌握各工种环节前期准备工作的进展，对它们随时出现的问题也要做到心里有数、调整有方。

也就是说，导播验收各技术工种的前期工作并不是单拿出某一个时间段来做的，这项工作在时间上几乎贯穿于前期准备的整个过程。直至直播或录制当天，导播心里都会有一个倒计时表，严格规划了每个工种岗位需要彻底准备就绪的时间点，这也是导播亲临该工种岗位验收确认的时间表。

因此，一般的节目组都会以直播或录制日倒推来制定一个各工种实施工作进度的日程表，以便大家掌握时间，也有利于导播合理分配精力去验收各部门的工作。

【附例：工作进度日程表范例】

2014年第五届中国大学生电视节闭幕式暨颁奖典礼

工作进度日程安排

日期	工作内容	部门	负责人
10月8日	召开工作协调会，汇总工作进度，制订工作方案	导演组	郑月
10月9日	导演组会同灯光、音响、舞美、转播等部门考察录制现场	导演组	万文飞
10月10日	预约舞蹈排练教室	导演组	尤阳
	各奖项入围名单定稿	组委会	朱传欣

续表

日期	工作内容	部门	负责人
10月11日	确定舞蹈演员人数及名单	导演组	尤阳
	舞美设计、灯光设计、音响设计初稿完成并送审	导演组	郑月
10月12日	片头及回顾短片初稿	视频组	李铁群
10月13日	开场舞部分开始排练(10月13日至21日,排练教室使用时间为每天13:00至22:00,具体排练安排视情况定)	导演组	姜砚梁
	颁奖典礼流程单初稿	导演组	万文飞
	舞美设计、灯光设计、音响设计定稿	导演组	郑月
	配音文字稿完成(含OS、短片配音)并开始录制配音	组委会	朱传欣
10月14日	提名短片(缺配音)及大屏幕动态素材初稿	视频组	李铁群
	颁奖典礼垫乐初稿	音频组	薛东昌
10月15日	召开工作协调会,汇总进度,落实工作	全体	郑月
	台本初稿完成并送审	撰稿	王缙
	录制机位图及技术清单初稿完成并对接给演播室技术组	转播组	闫婧
	配音音频定稿并对接给视频组	组委会	朱传欣
10月16日	歌手进棚录音	音频组	薛东昌
	道具、服装制作采买	导演组	吴慧娴
10月17日	片头及回顾短片定稿	视频组	李铁群
	服装、道具验收	导演组	尤阳
	录制机位图、技术清单定稿	转播组	闫婧
10月18日	非现场拾音部分音频制作完成并汇总	音频组	薛东昌
	台本二稿完成并送审	撰稿	王缙
10月19日	舞美、灯光进景、装台	舞美组 灯光组	谭泽恩 孙斌
10月20日	舞美、灯光交台,系统调试联通	导演组	万文飞
	召开现场技术协调会(导演组、制片组、转播组、演播室技术、舞美、灯光、音响)	全体	郑月
10月21日	灯光编程(需提前提供音乐)	灯光组 导演组	孙斌 肖博文
	典礼大屏幕所有播放内容定稿	视频组	李铁群
10月22日	逐个节目走台合光	全体	郑月
	撰稿与主持人对台本	撰稿	王缙
10月23日	逐个节目彩排	全体	郑月
	台本终稿确定并制作主持人手卡	撰稿	王缙
	制作录制版实施流程单&导播工作台本	导演组	万文飞
	落实观众数目及交通方案	制片组	张晓章

续表

<table>
<tr><th>日期</th><th colspan="2">工作内容</th><th>部门</th><th>负责人</th></tr>
<tr><td rowspan="4">10月24日</td><td rowspan="2">上午</td><td>全体演职人员参加现场协调会</td><td>全体</td><td rowspan="4">郑月</td></tr>
<tr><td>10:00演播室技术人员按机位图及技术清单架设调试机器</td><td>转播组</td></tr>
<tr><td>下午</td><td>各工种落实准备情况,全面调整</td><td rowspan="2">全体</td></tr>
<tr><td>晚上</td><td>全工种、全流程带妆带机联排</td></tr>
<tr><td rowspan="3">10月25日</td><td>上午</td><td>彩排重点节目</td><td rowspan="3">全体</td><td rowspan="3">郑月</td></tr>
<tr><td>下午</td><td>彩排各技术接口</td></tr>
<tr><td colspan="2">19:00晚会正式开始录制</td></tr>
<tr><td>10月26日</td><td colspan="2">撤场、收尾工作</td><td>导演组
舞美组
灯光组
音响组</td><td>万文飞
尤阳</td></tr>
</table>

八、指导排练或组织演练

指导排练和组织演练是两种不同的情况。对于电视制作机构自制的节目,导播在这个环节的工作应该是"指导排练";而对于只承担转播录制任务的节目,导播在这个环节应该做的是"组织演练。"

比如说,情境剧的录制通常为三讯道现场制作。导播在每一集、每一场戏的录制之前已经做好了分镜头台本,对每场戏的镜头处理有详细的规划。在现场录制之前,导播要带着台本站在导演的旁边参与指导演员的排练工作,导演负责给演员排戏,而导播则要让演员明确表演和镜头之间的关系。因为演员的行动路线、方向,彼此之间的距离、站位关系,每次表演的姿态、手势等等都会因画面呈现的机位、角度、景别不同而有所不同。导播指导排练的意义就是提早将自己对镜头的设想与导演和演员沟通,让演员具有"镜头感",使他们的表演更利于画面的呈现。当然,在这个环节,导播也要根据排练的实地情况、导演的要求、演员表演的发挥来调整自己的镜头设计。所以,这是一个表演与镜头设计方案磨合的过程。

例如,在情境剧《小房东》中有这样一场戏,女主角大华子在自己开的小卖铺里偷偷地为已经分居的老公刘二喜的生日擀面条,她的店员秀秀进门发现了这个又酸楚又温馨的一幕。简单的镜头处理方法可以是:

镜号	机位	景别	摄法	画面内容
1	1	特写	固定	一双手熟练擀、切面条的动作。
2	2	全景	固定	大华子在认真地做着面条。秀秀推门进来,看见这个情景不由自主地站住,不解地看着大华姐。

续表

镜号	机位	景别	摄法	画面内容
3	1	近景	固定	大华子手底下还干着活儿,抬起头冲秀秀:“你看着我干吗?”
4	3	近景	固定	秀秀:“大华姐,你这是……”
5	2	全景	固定	大华子一笑:“来,别愣着,过来帮帮忙!”秀秀犹豫了一下走了过去。
略				……

如果按照这个常规的做法,2 号机全景交代双人关系,1、3 号机分别拍摄两个人的近景或动作细节,那么导播对于演员表演、摄像师、负责操作话筒挑杆的录音助理都无需提额外的要求,大家会按照熟悉的方法进行配合。但是导播在这场戏的镜头处理上为更能表现导演对此情景的设计意图,用镜头体现流畅的场面调度和复杂的人物心理,于是做出如下镜头安排:

镜号	机位	景别	摄法	画面内容
1	1	特写 — 全景	缓拉	一双手熟练擀、切面条的动作。随着切、抖、搁的动作镜头拉开,大华子在认真地做着面条。(OS:开门的声音)镜头进一步拉开带出秀秀走了进来、站住。
2	3	近景	固定	秀秀不解地看着大华姐。
3	1	近景	固定	大华子手底下还干着活儿,抬起头冲秀秀:“你看着我干吗?”
4	3	近景	固定	秀秀:“大华姐,你这是……”
5	1	近景	固定	大华子一笑:“来,别愣着,过来帮帮忙!”
6	3	近景 — 中景	拉	秀秀犹豫了一下,迎镜头走过来,镜头拉开秀秀走到桌前帮忙,镜头带出双人,可见大华的表情。
略				……

虽然只有两次“拉”的镜头设计,但可以避免 2 号机的全景使场面一览无余的弊端和平面展现双人关系的呆板状态,充分发挥通过镜头运动表现人物关系和人物心理层次的功能。但这个简单的调整却涉及了多工种的配合,因此导播必须在排练的时候加以明确。拿完成镜头 1 的配合来说,首先是 1 号机的“拉”与女主角搁面的动作契机配合;其次是现场导演要在镜头尚未拉全时指挥秀秀上场,这样开门的声音才能落在画外,从而使新出场的人物随镜头的进一步拉开被表现出来;再次是录音助理要随景别的变化操作挑杆调整话筒的高低,既要使声音拾取符合空间感的需要,又不能使话筒闯入画面导致穿帮。在现场,演员和摄像、录音要排练好几遍才能达到满意的效果,因为这需要表演速度、镜头运动速度、场面调度速度、话筒调整速度几方面的配合。

任何场景都会因镜头摄取和镜头组合方式的不同而产生不同的释意,这其实就是镜头叙事方式的功能。导播指导排练实际上就是把镜头叙事的概念带到现场,让导演、演员、相关部门的工作与镜头的呈现相互配合。

在另一种情况下，导播的工作则是组织转播演练。无论是大型的庆典仪式还是文艺团体的演出，电视制作机构承担的往往只是转播录制的任务，导播基本无法对节目本身提出要求，他的职责是电视记录。在正式录制之前，活动或演出的组织方会提供转播演练的时间安排。这时，导播就要带着转播系统设备，组织转播团队的所有成员在现场进行实地的转播录制演练。因为现场的内容是自行发生（新闻事件）或独立完整（各种类型的演出）的，因而演练其实就是各工种部门对转播对象的熟悉过程和转播技术的磨合过程。

通常，在这种工作中，最后实际的转播录制机会只有一次，而且这个现场无法停顿和重复，所以需要完成的是准直播状态的录制，当然还有很多时候就是直播。演练的目的是使录制技术系统、各工种岗位以及导播团队自身在短时间内做好进行直播的全面准备。

九、带机彩排

当一个节目的内容创作工作和录制的技术准备工作都已基本就绪，导播就可以组织带机彩排了。“带机彩排”，顾名思义，就是各个讯道摄像机都到岗跟随节目实施拍摄的彩排，但这只是一个狭义的形容，其实它指所有录制技术岗位都到位连排的工作。

带机彩排一般按照节目流程顺序逐一地进行，舞美、灯光、音乐音响、摄像、大屏幕上的视频播放等都要尽量和节目表演配合起来，任何环节出现问题都要随时停下来，及时修改调整，反复磨合直至确认。因此，一台大型的综艺晚会，由于节目数量众多、节目品种多样、涉及的技术环节配合复杂，连排的时间可能会持续很长。

在带机彩排中，导播的主要任务是指挥摄像部门按照原先的设想以及演出的实际情况运镜拍摄，进一步检验工作台本中关于镜头部分的要求是否合理。一旦发现无法实施的设计或产生了新的镜头方案，都要及时标注在台本上，并当场与摄像师沟通确认。到这个环节，镜头的设计完善工作已经经历了四个阶段：第一阶段，导播在制作导播工作台本时，对镜头画面进行基本设计；第二阶段，在摄像工作会上，导播与摄像师们对镜头设计进行沟通修正；第三阶段，导播带着工作台本指导排练时，把镜头的表现设想和要求告诉现场的表演人员和相关岗位；第四阶段，带机彩排时，导播通过各摄像机完成的镜头画面观看具体的实现效果，最终检验并确认镜头设计。

另外，带机彩排既然是各个工种岗位的综合实施配合，因此导播也要在此时检验工作台本上所有音频、视频的要求的合理性、准确性，记录所有问题，以备在录制之前提供一版最终的导播工作台本。对于即将直播的节目，导播还要在此环节精确记录每一段落的时长，以确保最终节目实施时间的准确性。

十、录制或备播

“录制”是针对录播的节目来讲的；“备播”是针对直播的节目来讲的。实际上，无论是录制节目还是为即将直播的节目录制备播带,到此时,各个节目与录制技术环节都已应该准备就绪,可以保证现场的制作不间断地连续录制。

在录制或备播时,导播的工作以监看和调度各个讯道摄像机拍摄的画面及其他来源的画面信号,利用视讯切换器选择并切出播出画面为主,同时兼顾调度其他技术岗位联合作业。

虽然,现场制作的过程最好是不间断的连续录制,但毕竟是录播节目或是为直播录制备播带,所以根据不同节目的具体情况或现场出现的问题,导播有时也可以要求停顿调整、重录补录。对于备播带来说,所有停顿或出现问题的地方都必须在直播前精心编剪完成,做成一个与直播节目时间等长的工作带,供直播现场出现不可抗拒的问题时备用。

需要指出的是,有的节目需要在现场的大屏幕上播放一些插播片和各类视频,但由于前期准备时间仓促,到录制的时候有的插播片尚未完成。也有人认为,反正可以后期剪辑,在现场是否播放或切入插播片无关紧要,于是就会出现用黑场、视频素材等画面来代替,或假借主持人、观众的视线模拟在现场观看大屏幕的做法。但这是非常不可取的讨巧办法,既破坏现场的真实气氛也不利于后期剪辑成片的时间掌控。

十一、直播

对于录播的节目来讲,现场录制结束之后就可直接进入后期制作的环节了;而对于直播的节目来讲,一般在录制备播带之后的第二天或第三天便会迎来最为关键的工作环节——直播。

当导播看着播出表,高声发出“十、九、八、七、六、五、四,三,二、一,开始!”的倒计时口令之后,他的核心职能虽然与在一般的现场录制无异,但直播给予他的责任与压力却是一般的现场录制所无法企及的。因为,直播中的每时每刻都直接决定着节目制作的成败,已经出现在播出屏幕上的任何失误和漏洞都无法弥补。直播的激动人心之处就好像竞技体育中的巅峰决赛;而直播的残酷则如同有时虽然排练了许久都依然无法预计有演员在正式演出时暴死在舞台上。导播身处直播的核心岗位,他决定着观众看到的每个画面,决定着所有彩排演练无法覆盖的临场情况的处理。直播工作“可以充分准备却不可预知效果”的特性恰恰也是吸引导播去肩负重担的魅力所在。

(一)直播当天

直播当天,导播要根据制作规模的大小来决定自己提前抵达制作现场的时间。无论是提前两个小时还是四个小时,总之导播要为自己留出充足的时间亲临各直播相关技术岗位,考察、确认它们准备到位的情况。对于在台内演播室进行的直播节目,由于制作岗位与工作团队相对集中,导播的检查工作相对简单;而对于涉及多演播现场复合制作方式的直播节目，导播则可能会在直播之前赶赴几个远距离的现场考察各项工作的准备情况。

(二)临近直播

临近直播，导播要尽量提早30分钟坐到自己导播间的切换台前。直播之前的准备工作繁琐纷杂，现场的工作气氛也往往是紧张混乱的，很多环节都需要导播出面确认。因此，我们经常会看到，临近直播导播才急匆匆地冲进演播室或转播车，刚一落座戴上耳机直播就要开始了。此时的导播心绪未平，可能还在担心一些尚未解决的事项，这样就很难集中精力进入良好的直播工作状态，在直播的初始阶段也很容易出现失误。如果导播能够提前30分钟坐到自己导播间的切换台前，镇定一下心情，再次翻阅台本，熟悉切换台的操作，与身旁的工作伙伴简单攀谈几句，那么，面对直播，他就会从容得多。因此，导播在直播前应尽量早一点离开嘈杂的现场，使自己恢复平静的心情，以便从直播一开始就保持集中的注意力。

(三)直播之中

直播之中，导播除了要做好调度选切画面的核心工作外，还要合理分配精力去关注各工种岗位的工作情况，以便提早发现问题，防患于未然。如前文所述，导播此时的工作需要眼观六路、耳听八方，就是指导播在监看调度各讯道摄像机并进行选择切换的同时，还要能知晓此时此刻演播现场、舞美特效、录音录像、灯光摄像音响器材、视频插播片与字幕，甚至直播信号传送等方面是否运行正常。一旦发现某一环节有问题，导播就要提早放弃台本中相应位置原先的计划，临时启动预备方案或即兴处理，使节目的直播渡过难关。所以，即使是准备工作与彩排演练都十分充分、缜密的直播，导播的脑子里还会有若干问题的处理预案并会随时做好应对意外情况的心理准备。

(四)直播之后

直播之后，导播要致谢所有的工作伙伴，并提醒助理整理好直播录像带以备后期制作之用。直播既是对导播工作的考验，也是对工作团队所有成员的考验。直播的成功是每个工种岗位默契配合的结果，直播中的失误也只能成为经验和教训却无法改变。导播是录制团队的核心，因此无论结果怎样，他都应该担负起鼓舞团队的责任，要感谢大家的通力合作和在危机时刻所做出的努力。一个成熟的制作团队并不能用一次两次的成败来评价，团员间相互依存、相互信任的伙伴关系更为重要。因此导播在直播之后一句简单的“大家辛苦！谢谢各位！”并不是什么客套的表达，而是非常真诚的情感的表达。

在紧张的直播结束后，大家的精神放松下来，但这时导播还要提醒助理检查整理好所有的直播录像带或硬盘,收存好所有在直播中使用过的插播带和视频资料。因为在现场直播的收尾工作之后,相关人员或许需要马上进入后期编辑的工作。

十二、参与后期制作

在上一节中,我们已经讨论过导播参与后期制作环节的重要意义。无论是录播的还是直播的节目,导播亲临后期制作现场,即使不亲自操机,他也能对如何更准确地修补现场录制时的漏洞、更好地保留现场录制时的画面处理提供自己最直接的意见。由于导播是最熟悉现场录制过程的人,所以他的参与能节省后期制作的时间,使工作效率大大提高。

一些大型的直播节目,比如每年的春节晚会或国庆、元旦的特别节目,都会在直播的第二天重播节目。所以,后期制作工作往往也是在直播之后的当晚连夜进行的。虽然直播本身已经决定了此次节目制作的结果,但我们还是会经常看到在节目直播后导演、导播、音乐编辑、录音与后期制作人员一同投入到直播节目带的编辑工作中。对直播节目带精编工作的重视不仅是节目重播的需要,也是节目资料留存的需要。

小结

通过以上 12 个方面,我们可以充分了解导播的工作步骤与层次。只有熟悉导播工作流程,才能更深刻地体会导播的职能与权限,并开始思考"做一名合格的导播应该具备怎样的素质?"这一问题。

第五节 导播素养

当今多讯道的电视节目制作方式已被越来越多地应用于各类节目的制作中,它适用于演播室新闻播报、访谈节目、情境剧、综艺晚会、益智类节目、表演类真人秀,以及各种文艺演出的转播、体育赛事的转播和大型活动仪式的转播等很多领域。可以说,对导播岗位人员的需求越来越多,其从业要求也越来越高。同时,由于导播在多讯道节目制作中岗位的重要性以及直播工作的特殊魅力,很多年轻的电视人便将导播设定为自己向往从事的工作。但是,做一名合格的导播并不是一件容易的事情,它不仅需要多方面素质的养成,也取决于一些天生的性格。

一、职业化与专业化

专职从事导播工作的人我们可以称他为"职业导播",而只有专门从事某种类型节目导播的人才能被叫做"专业导播"。

作为导播，特定的技术操控他可以熟能生巧，但其自身的专业背景却非一日之功，也无法彼此替代，导播不同类型节目所需要的特定专业知识是电视制作业务技能所无法覆盖的。因此，职业化与专业化是两个层次的问题。导播行业也只有经过职业化的过程，才能逐渐向专业化发展。

国内导播行业在上世纪90年代的后五年逐渐完成了职业化的过程，也就是说已有一些电视工作者开始专职从事导播工作了。2000年后，国内的导播行业开始由职业化进一步发展，逐渐出现专业分化。于是，在整个导播从业人员中，出现了专门做情境剧的导播、专门做谈话节目的导播、专门做娱乐节目的导播、专门做某种艺术演出转播（如话剧、舞蹈、音乐会等）的导播、专门做某项体育赛事转播的导播。他们中有的人是从某专业领域（这里所说的“专业领域”指除电视制作领域之外的其他行业领域，如戏剧、音乐、歌舞、体育等）转行过渡到电视制作中来的；也有的人虽然有电视制作的相关专业背景，却由于长期从事某一类节目的创作制作而精通相关领域的专业知识。这里必须提一下，中央电视台拿到2008年北京奥运会若干项体育赛事公用信号制作权并成功地完成了转播任务，此举对我国体育赛事导播及摄影师的专业化进程产生了极大的推动作用。

在第一节中我们曾谈到，“导播应该是一个深入了解节目内容的人”，而导播行业的专业化才是实现“深入了解”的根本。但时至今日，国内各类多讯道的节目制作依然远远没有完成导播从非职业到职业再到专业化的过渡，在不同的电视机构中，导播的专业化进程也存在着很大的差异。我们必须强调，“深入了解节目内容”的水准不仅受导播所费时间、精力多少的影响，更受导播在此方面专业基础素养的限制。

与此同时，我们必须看到，在国外一些专业的电视转播组织当中，由于其旗下的导播与讯道摄影师们常年只从事一种类型节目或体育赛事的转播，因此他们对表现对象的了解已经达到了其他转播团队无法企及的高度，具有独特的、稳固的优势，谁都不可能在短时间内超越他们在这一领域的转播制作水平。这就是我们所说的“专业化”导播和转播团队。

说到导播素养的问题，无疑，我们提倡做专业化的导播。导播应该具备除电视制作技术之外的某个领域的专业知识和特长，或许是某项体育运动，或许是舞台戏剧，也可能是音乐，可能是舞蹈，等等。导播只有精通某个领域的专业知识，才能准确地理解和诠释该品种类型的转播对象。这也是导播工作中隐性但却非常关键的因素。

因此，那些致力于从事导播工作的年轻电视工作者应该结合自身所具备的专业知识优势，有针对性地选择所要从事的节目品种类型。

二、自如地运用视听语言

了解了视听语言元素的构成，掌握了视听语言的语法规则，能够运用视听语言进行声画的设计表达，这些还不等于我们所说的“自如地运用视听语言”。在这里，我们强调“自如地运用”,就是说它应该是导播所具有的一种必备语言,是“不需要思考”就能够自然达成的一种能力。

导播是最终将演播现场呈现为电视画面的人,这中间的转换思路就是他的视听语言的表达方法。面对同样的现场,不同的导播对画面的诠释各不相同。但无论是谁,视听语言的架构能力和自如运用的水平都将深刻地影响他的画面呈现工作。

一般情况下,导播在设计工作台本的时候就已经表达了自己对节目呈现的视听构想。在录制的过程中,导播会协同各工种部门尽量遵照台本中既定的导播方案实施工作。但现场的情况并非都在预想之中,突发情况的出现要求导播立刻形成新的应对方案。那么,导播的临场应对方案是如何产生的呢?第一,导播要明确自己有责任将现场发生的事件传递给电视观众,或者在转播呈现上有效地规避节目演出的临场故障;第二,导播作为现场的亲历者,应该了解现场突发情况的来龙去脉;第三,导播在迅速做出反应、判断后,要明确自己的表述态度;第四,导播要将视听表达的需要立刻下达给相关的技术部门。这些步骤往往就发生在极短的瞬间,因此导播必须自如地运用视听语言,在即刻间形成对突发情况的处理方案。

案例精选

2006 年德国世界杯足球比赛的转播,可以说每场比赛转播的导播方案都是相对固定的,其中包括机位设置、各机位的主要任务以及切换画面的程序等。无论是导播还是各机位的摄像师都应遵照转播方案加以实施,以保证对比赛的诠释准确与公正。对于这样的转播来讲,导播更多的是在完成流程化、标准化的生产工作,视听语言的表达方式一般在导播方案中就已经固定下来了。

但在此次世界杯法国对意大利的决赛中,意外的情况出现了:法国著名球星齐达内用头撞向对方球员的胸部之后被红牌罚下。比赛的进程在此时暂停,而电视直播必须继续。此时,直播的电视画面给出了齐达内走下赛场的背影,镜头的构图使齐达内与旁边的金色“大力神”杯同处在一个画面之内,长焦镜头的使用使这个球星向画面纵深方向的“走远”显得极为漫长。众所周知,此场比赛是齐达内的告别赛,他本梦想手捧“大力神”杯为自己辉煌的足球生涯画上句号,但现实却如此出人意料。造成齐达内失态的原因虽然可以被世人理解,但被红牌罚下、结束自己辉煌的足球生涯却是这位球星极大的悲剧。在现场直播中,齐达内的背影与“大力神”杯失之交臂的画面最大限度地表现了这份难言的悲剧色彩。此时,视听语言的叙事力量超越了所有词语的评论。这个镜头就是导播与摄像师在突发情况下做出的即刻选择,它包括调度使用哪个机位、确定何种焦距与景别、怎样构图以及镜头持续的时长。

此案例中,准确、感人、深刻的瞬间表达是导播视听语言运用自如的充分体现。

也就是说,导播在整个制作过程中要随时保持视听想象力,并不断修正原先的设想或填补临场出现的新需要。所以，自如地运用视听语言是导播从前期案头准备到现场录制实施过程中不可缺少的一种能力。它要成为一种思维习惯，随时呈现为完整准确的导播语言。

而能够达到自如地运用视听语言的程度并不取决于导播个人反应的快慢，而是取决于他扎实的专业基础。对视听语言的掌握和自如运用必须经过系统的专业学习和大量的实践训练才能达到，只有经过系统的专业学习和大量的实践训练，我们才能建立起一整套良好的语言基础。在学习和训练的过程中，重要的是掌握视听语言的有效学习方法，因为这个语言体系涉及广泛且不断发展，需要不断学习积累才能丰富更新。在从业的过程中，导播如果曾经拥有大量的单机拍摄或后期剪辑的经验，则会极大地丰富其自身视听语言的储备和各种视听组合方案，丰富实战经验。毕竟，临场的镜头调度以及每个切点的实操都是导播视听语言经验的直接反映，而这些往往又是再具体详细的导播方案也无法穷尽描述的。

自如地运用视听语言是导播素养的关键，它是深植于导播头脑中的软性技术，也是决定导播水平高低的门槛。机位设置、镜头设计、临场调机、镜头搭配与切换时机无不关乎导播对视听语言的掌控能力。

三、熟练掌握操作设备

导播在现场制作的过程中离不开特定的技术平台和对技术设备的操控。这中间除了与各工种联络的通话系统设备、监视与监听设备之外，对于导播而言最为重要、直接的当属视讯切换器（切换台）了。

不同的视讯切换器性能各不相同，导播一定要对工作中经常使用的视讯切换器非常了解。除了熟悉通常使用的切换按键和特技发生键之外，导播还要经常向技术人员请教切换台的其他性能，甚至索要产品说明书进行研究。但在现实的制作中，由于导播在录制之前忙于各种工作，往往疏于潜心学习研究这个与自己核心工作密切相关的设备。其实，只有在深入了解视讯切换器的全面功能之后，导播才能为画面制作提供更多的可能性。而现实的情况是，在各种多讯道的现场录制中，导播人员还远远没有充分运用视讯切换器的功能。

另外就是操作手感的问题。不同型号的视讯切换器或同样型号的两部视讯切换器可能会在使用中给人不同的操作手感。我们说，画面切点的准确与特技实施的流畅首先取决于导播的设计构想与临场判断，但也取决于导播在操作中的熟练手感。所以，如果你的录制工作将要在一个不太熟悉的录制系统中完成，那么一定要在录制之前抽出足够的时间去了解它的硬件设备，尽可能多地尝试操作视讯切换器。总之，要让自己的手和切换台“亲密无间”、达成默契，这样才不至于影响你的意图的达成。

四、精准的时间意识

多讯道节目制作的连续性以及直播的实时性、连续性都在表明“时间”对这种制作方式的重要意义。

关于导播要精确掌握节目时间的问题,我们在第一节已经进行过具体的讨论。既然时间的掌控直接影响着节目的制作成本、工作流程、工作效率、技术准确性以及节目现场感的还原等诸多方面,那么导播从认领制作任务、设计工作台本、指导排练演练到现场实施制作,时间意识就应该时时在他的头脑之中。

作为导播的一种素养,"精准的时间意识"更是指导播应该具备将所感受时长与实际发生时长统一、贴近的能力。因为导播面临的录制工作往往是一次成形、不可停顿、不可重来的,所以他随时要以精准的时间意识控制每个镜头的长短、每个段落的长短以及整个节目的播出时长。

但精准的时间意识的养成却不是仅凭充分重视时间就足够了。在学习、训练的过程中,建议大家从日常生活片段的时段记忆以及影片范例的拉片时间分析中开始积累,并针对不同时间长度的实训作业进行严格训练。

"每一次刷牙三分钟是多长时间",你感受到了吗?

"和朋友约会,对方晚了五分钟",你的等待感觉是什么?

"一段歌舞节目表演了三分钟的时间",你判断准确了吗?

"现场制作五分钟的小品片段",你作为导播将时长控制在正负零秒了吗?

……

建立起对"时间与时长"的敏感度和把握准确度并非一日之功,它需要在正确方法的指导下不断练习。

其实,对于一名职业导播来说,"时间"也是需要他在实际工作中不断去留意、体会的东西。正因为没有谁能够在每一次直播或录制中都做到绝对的"精准",因此导播才有必要在一次次的实战中逐渐增强自己对时间的掌控能力。

五、沉着与机敏的双重性格

看上去"沉着与机敏"两者兼具关乎人的性格,是一种天生的素质,但我们还是要尝试着去研究一下它们对导播的意义。

(一)在常规制作状态下

如果按照百分比来划分这两种性格在导播身上的比重,我们认为沉着应该占到60%—70%,也就是说它是一个基础。虽然我们看到,机敏灵活的导播可能在现场突发情况时快速应对,但更要看到大量常态的工作需要导播保持冷静、学会控制。

比如在导播一个谈话节目时,观众的反应镜头是必不可少的。而对于切入反应镜头的长短,每个导播的认识和处理是不尽相同的。有的导播镜头切换频率很高,每次反应镜头的保留时间都很短。看上去这个导播似乎对现场信息的捕捉非常机敏,镜头组合得灵活丰富。但分析一下便可知,导播在切出每个画面之前已经经过了调机、等待、观察、确定契机等很多步骤，因此导播在切出这个画面之前已经对它积累了相当的注意力，对它的信息也已经足够清楚了，于是便出现了实际切出的反应镜头停留过短的问题。但不要忘记，切出的画面是要给观众看的，当观众第一次看到某个画面时，他们需要一定的时长才能清楚读取该画面所提供的信息（这个时长根据不同的情况有所不同），继而才能领会导播如此选择的目的。也就是说，有时导播过于机敏的反应并不一定能带来准确的画面切换节奏。虽然我们是拿谈话节目中导播如何处理反应镜头的切出长短为例的，其实谈的是一个节奏控制的问题。虽然镜头是导播调度出来的，画面是导播切出来的，但他依然要以观众的接受状态为依据来看待镜头节奏。这就需要导播在很多时候降低兴奋度，保持沉着冷静客观的眼光。这种控制力非常重要。

从这个方面来看，沉着与机敏的双重性格不光是导播的天生素质，更依赖于导播的专业经验和他对这个问题的准确认识。

（二）在录制中的突发情况下

如果你特别冷静，出了再大的事也不慌张，沉着倒是足够了，但光有这个恐怕还不够，因为你没有设法积极地去启动应对方案，所以这个时候沉着的心态并不意味着你就有能力处理临场的危机。反过来说，如果你这个人高度机警，一直保持一种紧张的状态，那么你对危机的处理方案可能来得很快，但处理的方法可能又会因为过度紧张或兴奋而缺乏理性，导致处理结果欠佳。这似乎又是一个非常难以把握的尺度，既要以沉着的心态使自己放松且不失理性，又要保持相对的紧张感以快速启动应对方案。这种平衡的能力怎么养成呢？

大家经常问，怎么才能在松弛的状态下使自己的头脑快速启动？我们曾经建议用一个间接的方法，每天跑 3000 米，去锻炼心脏和肌肉的功能。大家有没有这种体会？紧张的时候，你就会出汗，实际上这是心脏、血液、肌肉共同作用的身体机能反应。而如果你这段时间身体状况不太好，在紧张的时候可能只会觉得心慌，肌肉和血液却调动不起来。所以，每天跑 3000 米的目的就是想使大家能够有一个好的身体状况，而后才能有一个比较好的心理状态。因为导播这个工作有时候需要身心快速紧张起来，但又不能超过可控制的紧张度，这样注意力才能高度集中、有效利用。

我们一直在强调专业经验的作用，因为各种临场情况下的应对方案储备多了，自然就能更好地平衡沉着与机敏两者之间的关系了。

六、成为团队核心的必备能力

成为制作团队的核心是导播必须具备的能力。但如果仅仅停留在认识到这一点的重要性上，那么它也就只是一句口号而已，什么实际用处都没有。导播必须知道怎么做才能成为这个核心。

(一)良好的组织能力

因为导播要面对复杂的制作现场、严格的时间要求、众多的工作伙伴,说导播在录制现场就像指挥打仗的将领,这一点都不过分。他既然是录制工作的核心,就要敢于将自己的指令明确地下达给相关部门,也要勇于承担相应的责任。导播在工作现场往往会显得非常严厉,这并不是他的性格使然,而是他要更有力地组织众多人员齐心协作的一种态度。

(二)善于与他人沟通的亲和力

导播在具备良好组织能力的同时还要具备和各个工种部门、各个团队成员沟通的亲和力,但这种亲和力又绝不是刻意做出的寒暄、客套。亲和力取决于什么?取决于理解。理解的是什么?理解工作伙伴各自司掌的工作是什么,他们此时此刻在干什么,他们的困难和问题是什么。有时我们会听到摄像师抱怨说"导播根本不知道我的机位在哪儿,就瞎指挥,我根本到不了那儿!"可见,他们之间的关系并不怎么和谐。如果一个团队成员在他的工作岗位上听到你的指令并能够积极地去执行,那是因为他在心里认同了你对他工作的理解和见解,而不因为你是"导播"。所以,导播只有对别人的要求准确、到位,在工作伙伴的心目中才能成为一个善解人意的人,他们才更愿意听从导播的要求,导播的亲和力也会自然产生。也就是说,导播善于与他人沟通的亲和力虽然是一种为人的修养,但更取决于他是否拥有优秀的业务知识。

(三)优秀全面的业务知识

导播应该成为多讯道节目制作中受所有工作伙伴信赖的专业权威。因此,除去本职的工作技能之外,导播对与节目制作相关的艺术领域与技术实施手段都应该有所了解,他精通的方面越多,越有利于自己的工作。如果导播的专业水准受到同伴的质疑,他在团队中的核心力自然会下降。

可见,优秀全面的业务知识、良好的组织能力和善于与他人沟通的亲和力,这三者是不可或缺、相互促进的,它们是导播建立自身威信、成为团队核心的必备条件。

小结

我们从上述六个方面讨论导播素养的问题,意在为导播专业能力的养成以及导播专业素质的评估提供一些建议。虽然我们已经涉及了很多内容,但依然无法做到面面俱到,因为,一个导播所应具备的素质、素养往往不是硬性的要求,而更多的是不断积累、时常反思的经验和体会。

第二章　情境剧的导播技巧

分节目类型来探讨多讯道节目制作中的导播技巧是一个循序渐进的过程，需要由简及繁、由易到难，逐渐积累对各种类型节目导播工作的认识。需要说明的是，这种探讨仅仅可以提供对不同类型导播工作的一些认识方法，并不能就此培养出适应各类型节目导播工作的通才。

我们要研究的第一个类型是情境剧，因为从多讯道电视节目制作的角度来说，情境剧是最为基础和简单的一个品种。

第一节　从导播的角度认识情境剧

导播要深入了解节目的内容，了解自己面对的对象性质，所以我们在研究情境剧的导播技巧时，要先来认识一下情境剧的性质，尤其是与多讯道现场制作直接相关的品种特征。

一、情境剧的主要特点

“情境剧”，也有人称“情景剧”。但按照英文（situation comedy）的含义和此品种的性质，我们认为“情境剧”的称谓更为准确。

上世纪90年代的经典之作《我爱我家》，可以说开创了国产长篇情境剧的先河；《闲人马大姐》不温不火，但持续播出的生产力非常可观；流行一时的《武林外传》借古讽今却也有趣；没啥新鲜的《家有儿女》却为男女老少所喜爱；舶来的《老友记》也使不少年轻人在DVD前通宵达旦……观众观看的动力就是找点乐子，没见过什么重大历史题材、战争政治题材的情境剧，也没有什么生死离别、表现人物重大命运转变的故事，谈情说爱、锅碗瓢勺、误会麻烦、嬉笑怒骂，仅此而已。

观其貌，无论是国产的还是舶来的，情境剧都是以多集系列故事的形式编织剧情，有相对固定的主要场景和相对固定的主要人物，每集可能有客串的主要角色，并以电视系列剧形式播出的喜剧品种。

拿大家耳熟能详的《我爱我家》来说,全片120集,每一集或每两集(上、下集)独立成篇,贾家的家庭环境就是故事发生的主要场景(情境),贾老、贾志国、和平、贾圆圆祖孙三代为主要人物,每一个故事围绕一个新的契机展开剧情(它既可能是造访贾家的某人,也可能是贾家成员遇到的新问题)。每个故事之间没有必然的前后逻辑和承接关系,无非是家长里短、吵吵闹闹、分分合合、来了又去、去了又来,但人物关系的发展有一个大体的走向。还有一点非常重要,它通常呈现为喜剧的剧作形式与表演风格。

在情境剧的这些品种特点中,以下几点与导播工作的操作实务密切相关。

第一,系列多集大规模生产的产品特点,决定了情境剧需要高效甚至成本低廉的制作方式。与单机拍摄的制作方式相比,多讯道的制作方式将拍摄的素材单元从单个镜头扩展到场,因此大大提高了表演、拍摄、后期制作的效率。

第二,由于多讯道制作方式的介入,情境剧需要在演播现场划分相对固定的场景表演区和摄制工作区。因此情境剧的场景多是三面封闭一面敞开的,导播要在划定的摄制工作区中布局机位。

第三,多讯道制作的连续性与固定场景空间的限制,使情境剧的镜头调度受到极大的限制。因此注重人物台词与动作细节便成为情境剧制作的必然选择,并由此决定导播调度镜头的重点。

所以,就导播工作而言,情境剧的视觉呈现与其说是一种主动的追求,不如说是在创作与制作生产之间的妥协。

二、情境剧的一般制作模式

我们从生产流程和多讯道现场制作的组织两个角度来看情境剧的一般制作模式。

(一)情境剧的基本生产流程

情境剧生产制作的第一个阶段是整体产品规划阶段。在这个阶段,创作者要策划系列故事的主要场景(例如家庭、大杂院、办公室、门诊部、饭馆、车站、咖啡厅等),它必须能够提供喜剧或轻喜剧上演的容器;要策划支撑故事的主要人物(例如家庭成员、街访邻居、几个同事、几个朋友、老板店员等),他们必须是各色人等,最好是"奇形怪状"的;还要策划初期生产的系列集数规模(例如50集、100集),并为继续生产制作预留空间(如果初期产品营销良好,出品方往往会继续生产制作,进一步开发已经赢得口碑的剧名品牌效益)。

第二个阶段是剧本策划阶段。制片人、剧本统筹(或称文学统筹)、导演一起按照产品的整体定位和集数规模策划系列故事的所有选题。虽然这些选题会在剧本创作过程中有所改动和调整,但它们大体上确定了该剧的主要故事构成与走向。

第三阶段是剧本写作与前期筹备阶段。出于对生产周期与故事丰富性的考虑,情境剧的剧本一般会由若干名编剧在剧本统筹的总领下分工写作。与此同时，制片人要约请演员、组建制作团队、确定演播环境和录制系统设备；美术设计师则在导演的要求下确定场景设计方案并监督完成舞美的搭建。

第四阶段是剧本写作、现场录制与后期制作并行的阶段。一部100集的情境剧一般在完成40—50集剧本的时候就可以开始进入录制期了（制片人要进行整个录制周期的规划）。这时，剧本的写作继续进行，现场录制工作负责拍摄制作那些已经完成和陆续完成的剧本。由于情境剧的后期制作与单机拍摄的后期剪辑在工作性质上存在着很大差异，它的主要任务是连接现场录制完成的场次单元、替换修补少数镜头、规范每集的时间长度。所以，情境剧虽然篇幅长，但后期制作量并不巨大。一般根据现场录制的进度，后期制作可以在录制完成大约20集的剧情容量后开始。整个第四阶段大致持续80—100天，能够保证剧本创作、现场录制与全片工作版的剪辑基本同时完成。

最后阶段是产品的包装、推广、营销阶段。

（二）情境剧多讯道现场制作的组织

情境剧的制作进入现场录制阶段后，工作安排是非常严密有序的，每日的工作节奏往往也是非常紧张的。

副导演要提前一天向全体工作人员和相关演员下发第二天的拍摄计划，以便大家提前熟悉剧本、做好相关的准备工作。每个工作日的上午一般是演员化装、对台词，导演排戏，各工种做录制前准备的时间，每个工作日的下午和晚上一般是录制时间。由于拍摄计划的制订要考虑各种因素的制约，因此一天中录制的集目和场次顺序一般是跳跃的。为了保证工作的效率和对每场戏的准确把握，工作的程序往往是演员先拿这场戏的剧本对词，导演在现场排这场戏，录制人员带机走一遍调度，然后正式录制一遍，不满意的地方再补录个别镜头或重录一遍。为了保证每场戏的完整性，也为了减少后期制作的工作量，制作人员就要发挥多讯道现场录制的特点，尽量以完整的场作为素材单元提供给后期制作。也就是说，每场戏都要争取不间断地连续拍摄，避免停停走走、单拍镜头过多的现象。

对于导播来讲，由于他在技术上要处理的讯道数目比较少，在内容上又面对固定的台词和相对简单的场面调度，同时还可以提前观看、参与导演排戏，再进行带机彩排，所以在正式录制的时候，他的工作就相对比较简单了。可以说，情境剧的导播没有太多的艺术创作空间，更多的是还原一个类似舞台演出的现场。因此，导播的关键就在于对戏的理解。只有准确地读解剧本意图、了解导演手法，才能用镜头调度和画面切换来突出剧情的要点，表现场面调度，把握演员的表演节奏。作为情境剧的导播，最为重要的是找到适用于情境剧性质的导播规律。

第二节　导播如何为情境剧设置机位布局

导播如何为情境剧设置机位布局？为了讲清楚这个问题，我们有必要对一个情境剧片段的镜头组成与镜头面貌进行分析。当然最好的方法还是参照相应的影像资料一起学习。

【案例分析】

《我爱我家》之“女儿带来男同学”第一场镜头组合分析

镜号	机位	景别	摄法	画面内容	说明	图示
1	2	全景	固定	(爷爷在沙发上看报。妈妈在盘腿织毛衣。)	全景交代出场人物、环境及人物关系。	
2	1	中近景	固定	(妈妈在打哈欠。)	交代人物表情。	
3	3	中景	固定	(爷爷在打哈欠。)	交代人物表情。	
4	2	全景	固定	(妈妈抬头看了爷爷一眼。)	交代人物关系及位置。	
5	1	中近景	固定	(妈妈微笑着，看着爷爷。) 妈妈：您就这么一天到晚在家闲待着……您也不出去转转。……您就不嫌闷得慌。	强调妈妈的表情。	

续表

镜号	机位	景别	摄法	画面内容	说明	图示
6	3	中景	固定	爷爷：懒得动弹，出去也没意思，还不如待在家。你怎么不出去转转？	强调爷爷的神情。	
7	1	中近景	固定	妈妈：我多忙啊我！里里外外家里就我一人儿干活。我得在这儿织毛衣，火上蒸着包子。	强调妈妈的神情。	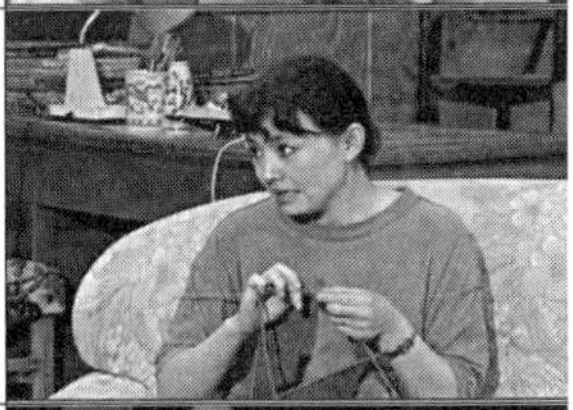
8	3	中景	固定	爷爷：噢！	强调爷爷的神情。	
9	1	中近景	固定	妈妈：回头还得，啊！我忙得过来吗我?!	强调妈妈的神情。	
10	2	全景	固定	爷爷：没看出来。 妈妈：呦！圆圆……来客人了！ 爷爷：来来来。 圆圆：这是我们班同学文良，这是我爷爷。	交代环境和场面变化。	
11	1	近景	固定	文良谄笑："爷爷好。" 圆圆(画外音)： "这是我妈妈……" 文良谄笑："妈……呃……阿姨好……"	交代新上场的人物。	
12	2	全景	固定	妈妈：哎，你好，坐这儿吧。 爷爷：爷爷正在看报，没时间和你们聊。	交代场面调度。	

续表

镜号	机位	景别	摄法	画面内容	说明	图示
13	1	中景	固定	妈妈:圆圆,赶紧给同学拿点饮料喝。 圆圆:哎。	交代三个人物的位置关系及神情。	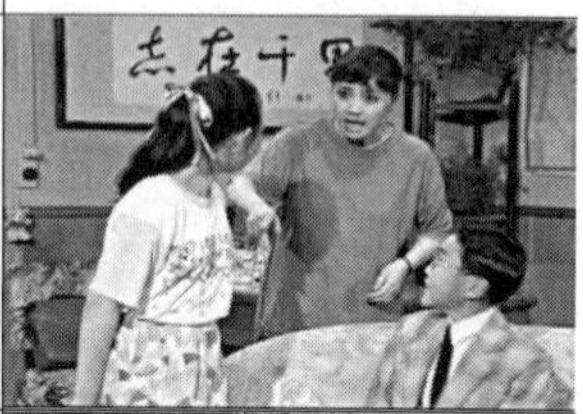
14	2	小全	固定	文良:谢谢阿姨。 妈妈:别客气。	交代场面调度。	
15	3	中景	固定	保姆:大姐,大姐。这包子行不行? 妈妈:哎,成!坐着啊!这孩子。	强调妈妈的神情和动作。	
16	2	小全	跟摇	(圆圆给文良拿水过来,并在沙发另一端坐下。) (文良看了圆圆一眼。)	同时交代圆圆的调度及圆圆和文良的表情。	
17	1	中近景	固定	文良:爷爷,您精神挺好的!	强调文良的神情。	
18	3	中景	固定	爷爷:老喽,不行喽。不如你们年轻人的精神头好喽。	强调爷爷的神情。	
19	2	小全	固定	文良:圆圆,你爷爷真幽默。 圆圆:我真不明白,这就算幽默啊。 文良:当然,这是很典型那种。	交代人物神情和位置关系。	

续表

镜号	机位	景别	摄法	画面内容	说明	图示
20	1	中近景	固定	文良：爷爷，看您这风度、气质，以前一定当过大干部吧？	强调文良的神情。	
21	3	中景	固定	爷爷：不能这样说啊，都是为人民服务喽。	强调爷爷神情。	
22	2	小全	固定	爷爷（画外音）："圆圆，你这个同学很聪明嘛。"	强调人物反应。	
23	3	中景	固定	爷爷：来，咱们一块聊聊。	强调爷爷的神情。	
24	1	中近景	固定	圆圆：他当然聪明。我们班除了我以外，他是最聪明的。	表现圆圆的神情。	
25	3	近景	固定	文良：圆圆，我真羡慕你有这么好的爷爷。我都没爷爷。	强调文良的神情。	
26	2	小全	固定	圆圆：不能够，你没爷爷，你爸爸从哪儿来的呀？那怎么有你呀？	表现人物位置关系。	

续表

镜号	机位	景别	摄法	画面内容	说明	图示
27	1	中近景	固定	文良:我是说,从来没见过我爷爷。他已经死了。听我爸爸说呐,他活着的时候也不是什么正经人,只不过是个要饭的,跟咱爷爷哪儿比去?	强调文良的神情。	
28	3	中景	跟摇	爷爷:不能这样讲。旧社会穷人去要饭那也是因为…… (爷爷站了起来,走向文良。)	强调爷爷的神态并交代人物的调度。	
29	1	中近景	固定	文良:旧社会他生活还行,62 年要的饭。	强调文良的神情。	
30	3	中景	跟摇	爷爷:62 年,那也是因为我们工作中的某些失误嘛。 (爷爷又坐回到沙发上。)	交代人物调度。	
31	2	全景	固定	文良:你看出差距来了吧,你爷爷一失误我爷爷就要饭。	表现三人位置关系。	
32	3	小全	跟摇	妈妈:爸,尝一个,刚出锅的。 (妈妈和小保姆上场,手里拿着包子。)	交代场面的变化及人物动作。	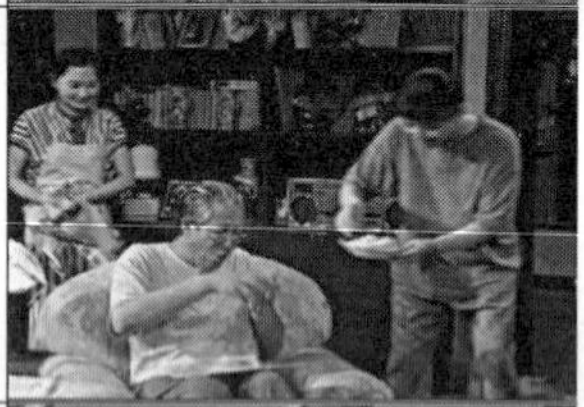
33	1	中近景	固定	妈妈:来一个吧,同学。 文良:谢谢阿姨,我还真有点饿了。 妈妈:吃吧,别客气。	交代文良的神情。	

续表

镜号	机位	景别	摄法	画面内容	说明	图示
34	2	小全	固定	妈妈：给你尝一个。烫着呢。	交代场面调度和人物动作。	
35	1	中近景	固定	文良：真好吃。阿姨不光长得漂亮，手也巧。我妈就做不出这么好吃的包子来。	强调文良神情。	
36	3	中景	固定	妈妈：瞧这孩子说的，我就随便那么一做。 （妈妈开心地回答后，下场。）	强调妈妈的反应及场面调度。	
37	1	中景	固定	圆圆：哎，假了吧。你手里那包子还没吃呢，你怎么就知道好吃？ 文良：这还用吃？一看就这么好。吃起来还不一定有多好呢。	表现二人位置关系及神情。	
38	3	中近景	跟	保姆：这包子是俺跟圆圆妈妈一起做的。	强调小保姆开心的表情。	
39	1	中景	固定	文良：哎，圆圆，这位姐姐是谁呀？	强调二人的神情反差。	
40	3	近景	固定	（小保姆转身看着文良。）	强调小保姆的神态。	

续表

镜号	机位	景别	摄法	画面内容	说明	图示
41	1	中景	固定	文良:怎么那么眼熟啊?好像是在哪部电视剧里见过……你演什么来着?	强调文良和圆圆的神情。	
42	2	全景	固定	(大家都向小保姆看去,欲分辨她像哪部电视剧里的演员。)	展现场面中的人物关系。	

如图 2-1 所示,这是一个典型的三讯道现场制作的机位布局方式。

请注意,在这里,关键的问题并不在于由几个讯道完成录制,而在于这些机位的布局方式,因为它直接体现了导播对情境剧的性质和演播现场特征的理解。所以,对于这个三讯道现场制作的机位布局方案,我们要清晰地加以描述。我们把它形象地总结为:“2 号机居中后,1、3 号机左右交叉的倒三角形机位布局方式。”那么,这样的机位布局方式有什么依据呢?

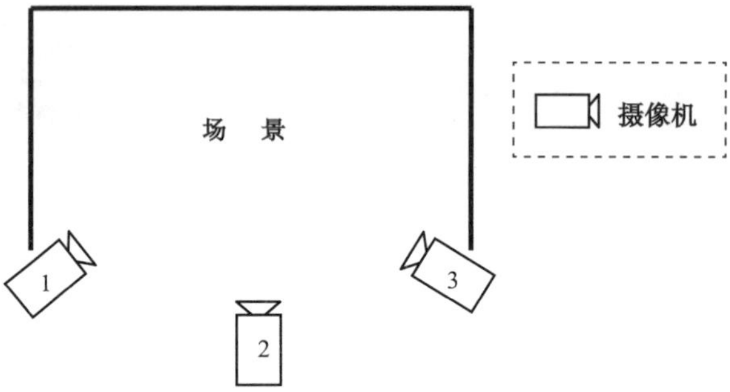

图 2-1 典型的三讯道现场制作机位布局示意

一、对情境剧特定演绎方式的认识

通常在情境剧现场制作的机位布局中,所有的机位都位于场景敞开面的一侧(见图 2-1)。

前面我们已总结过,情境剧的场景环境多是三面封闭、一面敞开的。这样的场景特点决定了我们的观看角度类似于在剧场里观看舞台剧的视角。在剧场里,观众的坐席位置虽有前后左右的区别,但相对于舞台而言,它们都位于舞台台口的一侧。与此相对应,在情境剧的演播现场,将摄像机置于舞台化的场景敞开面一侧,相当于用摄像机位大体模拟了剧场观众的视角。

情境剧在电视记录之前的演绎方式非常接近舞台演出，电视记录的原则当然是要还原体现它的这一品种性质，这也是机位布局方案的重要依据。试想，如果有某个机位放置到场景当中或场景纵深处，机位之间相对而置，那么，不仅机位之间会彼此穿帮，观众“看戏”的效果也会随之被破坏。

需要说明的是，现在也有些情境剧的导演、导播为突破画面表现的局限性，特意设计一些深入场景内部的运动镜头或将机位置于场景敞开面的对侧。在拍摄周期与设备条件允许的情况下，这种做法可以丰富镜头表现的角度、提升画面的表现力。但特殊的机位安排往往很难与常规机位形成整体的配合关系，因此这样的镜头需要单独拍摄再在后期制作时剪辑到整场戏当中；同时，单独拍摄这样的镜头也会使整场戏很难保持一气呵成的连贯性。

综上所述，在情境剧的录制中，导播通常的选择是将三个机位放置到场景敞开面的一侧。这是由于情境剧的演绎方式限定了可供拍摄的角度；同时，这样的机位布局也能最大限度地保证演员表演的连贯性，从而发挥出多讯道制作的优势。

二、对情境剧场面调度形式和表现重点的认识

在情境剧现场制作的机位布局中，位于场景敞开面一侧的三个机位通常呈倒三角形排列（如图 2-1）。

在一些小型的演播室或其他简单的多讯道拍摄现场，我们经常会看到三个机位呈倒三角形排列，这有什么道理吗？有时，在一些三讯道的演播现场，我们会发现三个机位几乎一字排开，这又会有什么问题吗？探究情境剧三讯道转播的倒三角形机位布局方式，找寻它产生的依据，可以帮助我们理解这种似乎司空见惯的机位设置的原理。

情境剧的场景是一个类似舞台化的场景空间，在戏剧舞台上，不同的位置具有不同的表现力，因此导演在安排场面调度[①]的时候也会有不同的侧重点。

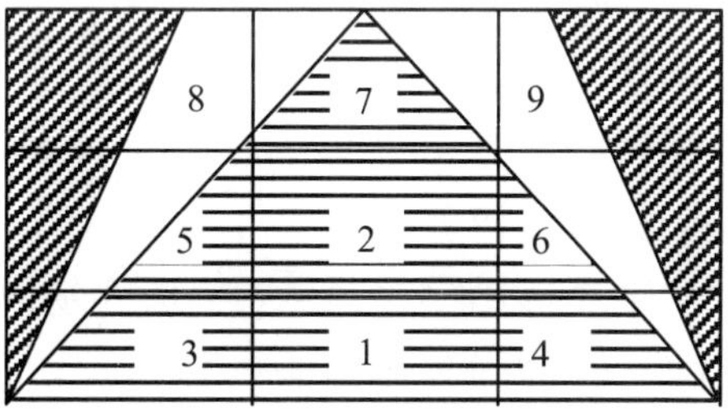

图 2-2　舞台场景空间主次位置示意

如图 2-2 所示，舞台上，斜线阴影所标注的空间范围一般不会发生有戏剧表现力的场面调度，有表现力的场面调度主要发生在我们划分的九个空间内，而这九个空间的表现能力也大不相同。导演一般不会把主要人物的重要动作或台词安排在像 8 或 9 这样的区域内，因为形象地说，这是站岗的士兵或待命的女仆的位置，它们是很难引起观众注意的次要位置。重要的场面调度与经典的台词段落一般发生在 1 或 2 这样的区域中。因此，我们又可以进一步将舞台场面调度的主要区域圈定在横线

① 场面调度：在一个场景内，演员的行动路线、站位、姿态、手势、上下场等舞台表演动作的总和。

标注的三角形区域内。

情境剧场景利用的主要区域与戏剧舞台上场面调度的主要区域非常相似,不同的是,情境剧的场面调度最终呈现在屏幕画框中,而多讯道的电视制作方式又使得它有了更多的呈现角度(机位)和呈现范围(景别),因此它比起舞台的场面调度具有更多的自由度。但情境剧的主要表演区仍被选择在类似舞台剧的三角形区域内。

结合前面提供的案例,我们用示意图把情境剧的主要场面归纳为几种基础形态(图 2-3):

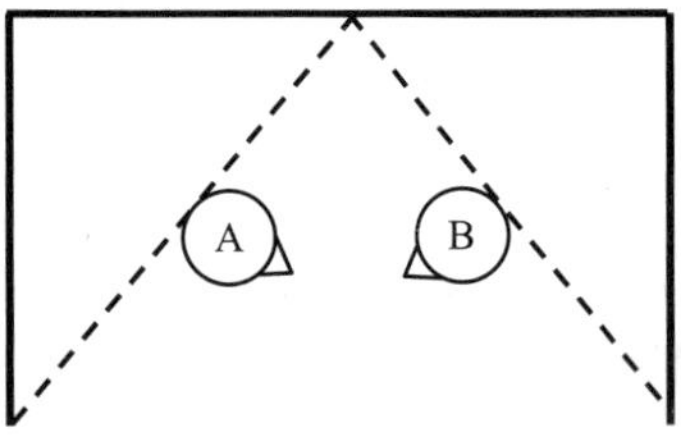

图 2-3A 场面调度双人关系示意

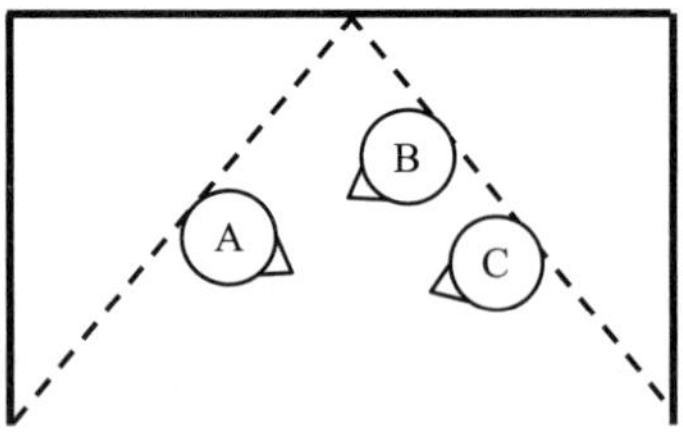

图 2-3B 场面调度一对双关系示意

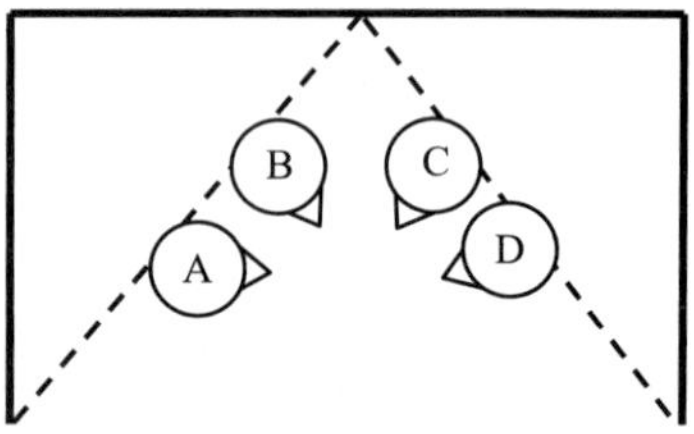

图 2-3C 场面调度双对双关系示意

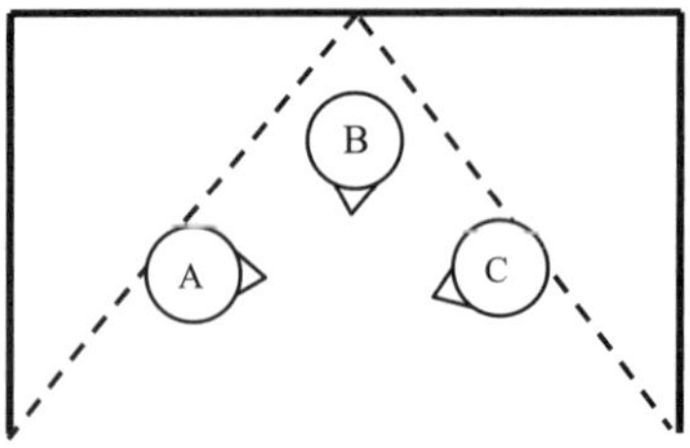

图 2-3D 场面调度三角关系示意

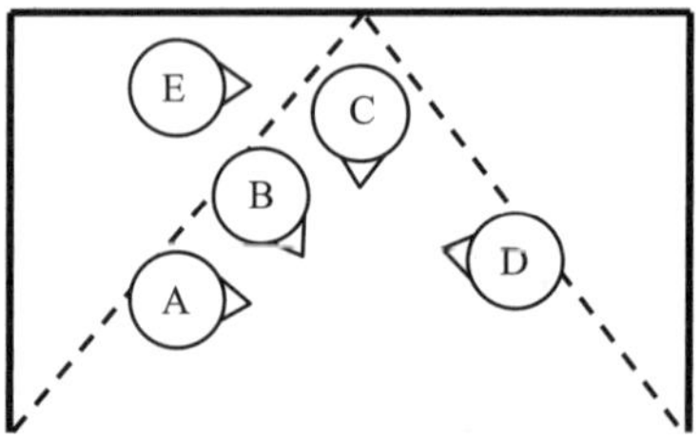

图 2-3E 场面调度多人活动示意

通过上述图示分析我们可以看到,情境剧的场面调度通常发生在一个单边向观众敞开的三角形场景区域内。

如 2-3 各图所示,无论是双人戏还是多人戏,所有人物的活动范围基本上都位于场景中央三角形的区域内,而且人物在场景中左右位置的比重基本对称。这就说明,情境剧的场面调度依然本着舞台场面调度的思路,以齐舞台中轴线的观众视角为中心。所以为了更准确地交代场面调度的关系,就需要一个齐场景中心轴线位置上的摄像机位置;另外,此机位前后位置(接近或远离场景表演区)的确定取决于它的取景范围,通常情况下,它用来表现场景的全貌,所以它的前后位置以能否获取场景的全貌为准。这就是“2 号机居中后”位置的原理。

同时我们还可以看到,在几种基本的场面形态中,人物的具体位置各不相同,但交流关系线却相当固定(我们在这里之所以不使用“轴线”的概念,是因为在多讯道以场为拍摄单元的制作中,“轴线”的关系是粗略体现的)。当左右两个人或左右两方人在对话的时候,他们一般是相对而视的,并且面部的朝向都偏向场景敞开面。也就是说,无论是双人还是多人，场景中的人物总会呈“八”字形分布。因此，为了尽量获得演员的正面镜头，就需要左右各摆放一台摄像机并交叉拍摄对侧的人物（如图 2-4，1 号机用来拍摄 B、3 号机用来拍摄 A），这就是“1 号机、3 号机左右交叉”位置的原理。

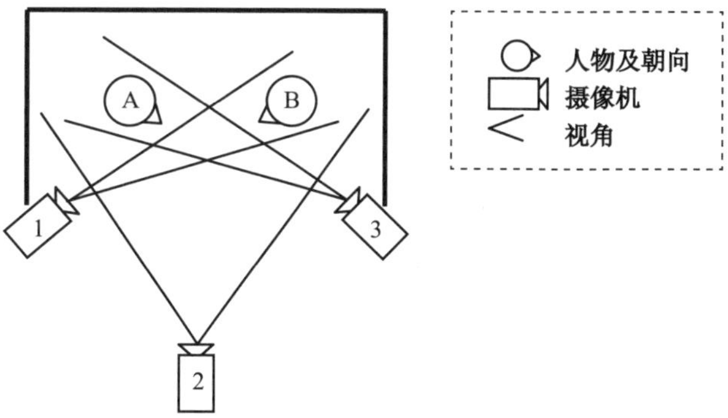

图 2-4　三讯道机位布局示意

可见，三个机位的具体位置是由它们各自所要承担的任务来决定的；而这种三角形的机位整体布局又与情境剧场面调度的主要形式和表现重点直接相关。

小结

其实，“2 号机居中后，1 号机、3 号机左右交叉”的倒三角形机位布局方式不仅适用于情境剧的现场制作，也适用于简单的舞台节目的转播。重要的是，它还是各种多讯道机位布局形式的基础，因为它体现了全景展现、位置关系与交流线索展现的根本思路，而这在各类型节目当中都是必须的。因此，在后文所要论及的复杂的多讯道机位设置方案当中，我们依然能找到“三角形机位布局”的元素。

第三节　导播如何把握情境剧的调机规律

合理有效的机位布局方案只是导播实施录制工作的基础，导播只有通过准确灵活地调度使用各机位才不会遗漏现场的全貌和细节。

“调机”是导播对各机位的拍摄对象、角度、景别、运动形式的安排。其实，它是分两个阶段来完成的：一是导播制定工作台本时对各机位拍摄任务的预定方案；另一个是导播在录制过程中对方案的实施与临场调整。

对于情境剧的三讯道制作而言，导播的调机对象（三个摄像机）非常有限。因此，找到调机的普遍规律既可以保证现场还原的准确性，又可以提高录制工作效率。

一、各机位的主要任务

在上一节探讨情境剧的倒三角形机位布局方案时，我们其实已经对三个机位的主要任务进行了一些基本的描述。

2 号机主要用来拍摄场景环境的全景，所以当需要展现环境、表现场面调度、交代人物关系时，导播通常会调度 2 号机用全景来完成拍摄任务。1 号机、3 号机主要用来拍摄场景中的人物细节，它们的拍摄任务性质相同，我们举两个情况来说明。

例一：如图 2-4 所示，1 号机主要负责场景中相对位置在右侧的人物 B，3 号机主要负责场景中相对位置在左侧的人物 A。

例二：当场景中人物的原有位置关系发生左右变化时，即 A、B 位置互换时，1 号机、3 号机的拍摄对象也随之互换。如图 2-5 所示，开始时，1 号机的任务是拍摄 B，3 号机的任务是拍摄 A；当 A、B 位置调度后，1 号机的任务调整为拍摄 A，3 号机的任务调整为拍摄 B。而这个场面调度的过程往往用 2 号机来交代，同时也为 1 号机、3 号机的任务调整留出时间。

总之，1 号机、3 号机的任务基本是拍摄场景中处于对角线方向的人物，从而使两个摄像机的拍摄轴线形成交叉关系。

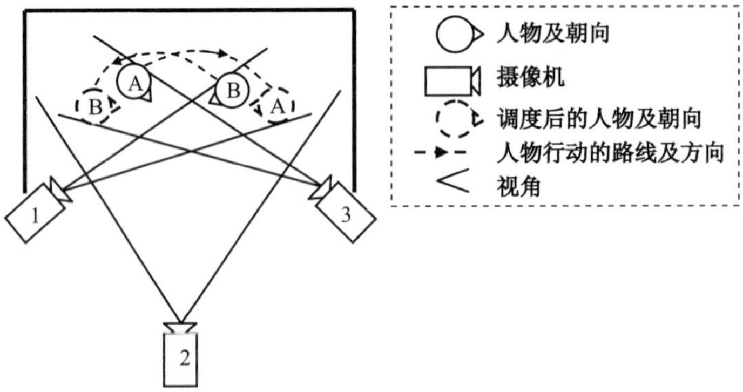

图 2-5　1 号机、3 号机拍摄任务示意

小结

通过上述分析，我们已经明确了三个机位的主要任务。可见，导播需要强调的是各机位的“位置感”与“对拍摄对象的认领”，要使各机位的摄像师一站到自己的岗位上就能自然地明确拍摄任务。虽然实际的场面情况、场景中的人数往往比我们示例中的要复杂，但导播在调机时对各机位拍摄任务的分工思路是一样的。找到这样的规律，导播与各讯道摄像师的工作就会相对明晰和轻松。

二、各机位任务的变通

各机位的主要任务是导播调机的大致思路，如果导播和各摄像师在长期合作中达成了共识与默契，则摄像师往往无需导播的口令就能准确地完成这些基本任务。但如果场景中的情况比较复杂，则要导播重新设计、安排各机位的拍摄任务；如果导播根据剧情的需要采取一些有悖常规的做法，这时，导播就要将自己的想法及时传递给各机位。请看几个例子。

例一：2 号机的基本任务本是拍摄场景环境的全景，但当场面中的人物较多且每个人物都需要展现台词与动作细节时，1 号机、3 号机显然不足以应对太多的拍摄对象，这时导播就要适时调度 2 号机去协助完成表现人物细节的任务。如图 2-6 所示，1 号机的拍摄任务是 E、F（单人或双人），3 号机的拍摄任务是 A、B（单人或双人），此时，2 号机就需要先承担交代场面全景的任务再调度到表现 C、D（单人或双人）的任务上。这样既可以明确六个人的位置关系，又可以表现每个人的细节。

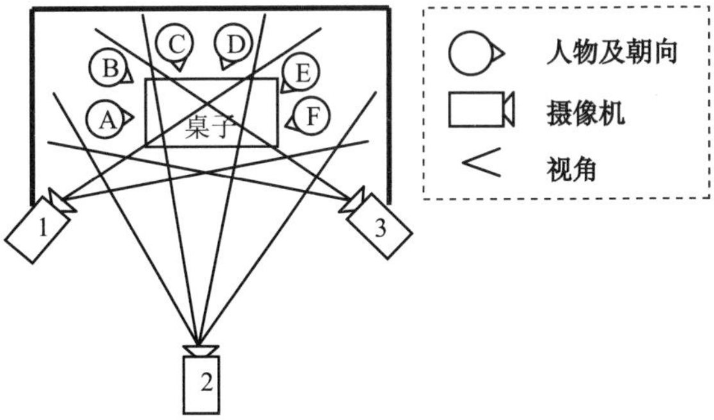

图 2-6　2 号机拍摄任务变通的情况示意

此例是对 2 号机任务多样化的一种变通。

例二：当场面中人物位置的整体布局偏向场景一侧时，再用居中的 2 号机来拍摄全景就可能使构图看起来很难受。这时，导播不妨调度两侧的机位（1 号机或 3 号机）来完成表现场面全景的任务。如图 2-7 所示，由于三个人物居于场景中偏右的位置，导播可以用 1 号机来拍摄全景、交代人物关系，而用 2 号机来拍摄 B、C，用 3 号机来拍摄 A。

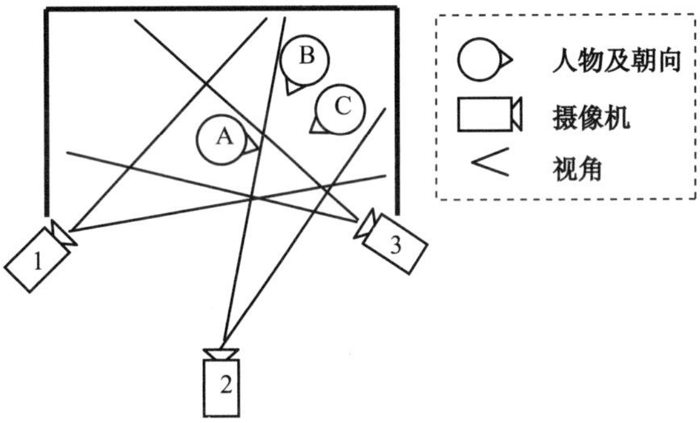

图 2-7　1 号机承担场面全景拍摄任务的情况示意

此例是对由哪个机位承担场面全景任务的一种变通。

例三：1 号机、3 号机的拍摄任务交叉是情境剧调机的普遍规律，但有的时候，1 号机、3 号机也会呈现出非交叉的状态。如果导播想在一个镜头中保留场面调度的完整性，或者想打破用 2 号机全景来交代场面调度变化的固定做法，就可以用 1 号机或 3 号机跟摇某人物来表现调度过程。那么，镜头在运动的过程中就会改变原有的交叉拍摄状态。如图 2-8 所示，开始时，1 号机拍摄 B，3 号机拍摄 A，2 号机拍摄 A、B 双人带环境的全景；当 A 的位置不变、B 开始向 A 的左侧调度时，1 号机跟摇 B，在跟摇的过程中

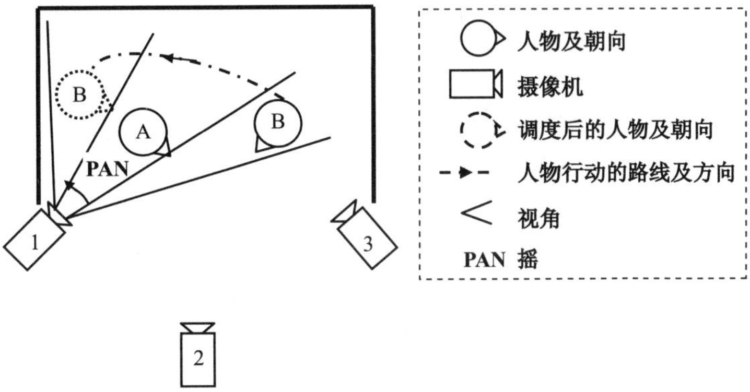

图 2-8　1 号机、3 号机非交叉拍摄的情况示意

带出 A，直至镜头落幅在 B 的新位置上(A 的左侧)。这次镜头调度既保留了 B 的中近景，又关照到了 A 的反应，还在一个镜头中表现了场面调度的完整性。

此例是对 1 号机、3 号机是否交叉拍摄的一种变通。

小结

对各机位任务的变通，上述几例还远远无法穷尽。总之，导播要根据现场情况合理地发挥每个机位拍摄的可能性。同时要注意，对一个机位的任务调整必然会牵扯到另外两个机位任务的变化，所以，灵活掌握调机规律意味着对整体机位任务的把握。

三、各机位景别调度的主要规律

图 2-9　大全景

鉴于“景别”认定的复杂性，在讨论这个问题的时候，我们有必要先就情境剧的景别系列予以阐明：以画框内最大限度展现场景全貌的景别即为大全景(如图 2-9)；以带有环境并展现群体人物位置关系的景别为小全景(如图 2-10)；以表现人物膝盖以上范围的景别为中景(如图 2-11)；以表现人物腰部以上范围的景别为中近景(如图2-12)；以表现人物胸部以上范围的景别为近景(如图 2-13)。参照前面我们提供的案例分析(《我爱我家》之“女儿带来男同学”第一场镜头组合分析)，我们可以观察到情境剧镜头景别运用的主要规律。它以小全景和中景(或中近景)为主。具体地说，导播一般调度 2 号机提供小全景，1 号机、3 号机提供中景(或中近景)。

图 2-10　小全景

图 2-11　中景

图 2-12　中近景

图 2-13　近景

(一)小全景是情境剧场景与人物关系展现的实用选择

情境剧的场景环境多为家庭、办公室、餐厅等相对封闭的空间,而且一部情境剧所涉及的场景相对固定,非常容易让观众识别。因此,展现整个场景全貌的大全景不必反复出现,而小全景既能兼顾环境又能展现人物位置关系,所以在每一集、每一场甚至每一次场面调度中都会反复使用。它承担着一个"定位"的作用,可以交代晨昏光感带来的时间变化、场景中物件的变化、人物与人物关系等。

(二)表现人物的中景或中近景是由情境剧的表演方式决定的

与其他的剧情片相比,情境剧的镜头景别运用中显然少了很多近景、特写。究其原因,从情境剧的人物设置来看,其多为脸谱化的角色定位,这就会造成演员表演的程式化。另外,情境剧多以台词来推动剧情的发展,演员也以台词演绎为主要表演手段,动作、表情的细腻度相对减少。因此,用以展现表演细节和具有特殊表意功能的近景、特写在情境剧中并不适用,中景、中近景反而更适合此类风格的表演方式。

(三)中景(或中近景)为主的景别规律是由多讯道制作情境剧的效率需要决定的

多讯道制作的情境剧,每场戏的拍摄多是连续进行的。这就使情境剧的镜头划分往往不能像单机拍摄的剧情片那么精致细腻,它往往需要在一个镜头中表现更多的信息。由于是连续拍摄,所以镜头景别过紧容易顾此失彼,丢掉演员随机处理的动作手势和对手戏演员之间自然的交流动作,而这些细节靠重拍、补拍往往也无法重现。而中景(或中近景)既可以保留人物关系,又可以保留人物的姿态、手势,还可以让人看到人物的面部表情。虽然中景镜头的视觉表现力不如近景、特写那么强烈,但它的功能是多样的,非常适用于情境剧多机连续拍摄的制作方式。

小结

需要指出的是,我们在这里所总结的情境剧的景别调度规律只是通行的做法,不同的导演和导播对情境剧画面风格的把握是不同的,因此在景别的处理上也会有一定的区别。当然,景别的调度也与整体画面节奏、切换频率密切相关。

第四节 情境剧画面切换的一般规律

无论何种类型的节目,导播切换画面的一般规律首先是画面要符合镜头搭配的普遍规律,也就是要符合画面剪辑的一般规律。但面对不同的对象,导播在切换画面时会有不同的侧重点,切点的选择也会形成一定的规律,这是由表现对象的性质所决定的。因此,情境剧导播的画面切换的主要依据仍然要从情境剧的品种特点出发。

一、关注说话人

观察前面提供的案例分析(《我爱我家》之“女儿带来男同学”第一场镜头组合分析),我们首先可以发现,导播在切换画面时主要以场面中说话人的变化为依据。简单地讲,就是“谁说话就切谁的画面”。

在情境剧中,A 说话时画面给 A,B 说话时画面给 B,台词表现声画统一的特点非常明显。这就是我们所指的画面切换“关注说话人”的规律。当然,在表现某人一段较长的台词时,也可以切入若干其他人的反应。

情境剧的故事情节以人物对白演绎为主要依托,很少出现单纯的动作段落,因此导播用画面来展现人物对白便成为最主要的工作。而且,情境剧中的人物关系较为固定,人物心理的展现也非常直白,因此,导播也很少需要用声画错位的表现手法来进行叙事。

“关注说话人”的切换规律使台词演绎与人物表现统一在一起,在画面组合上非常符合情境剧的叙事特点。

二、关注动作细节

通常,在画面剪辑的时候可以借助画面中人物的动作、动势来选择剪辑点,这样能够使上下画面的衔接流畅简洁,有时也更能突出画面的动感。比如转身、抬手、拿放东西、起身坐下、开关房门、上下汽车等等动作。虽然它们再普通不过,但剪辑师经常在这些动作当中选择画面衔接的最佳接点。

由于情境剧具有连续录制的特点,因而每个镜头的接点基本上是导播在现场录制时一次性选择的画面切点。这些切点的准确性与细腻度直接取决于导播本人在画面剪辑方面的专业基础、现场反应的灵敏度和切换手感。所以,不同导播做出的切点在精细度上存在着很大的差异。

通常情况下,现场录制的画面切点往往做不到像单机拍摄后期剪辑的画面剪辑点那么细腻;况且,动作的展现也并不是情境剧的主要任务。但即便如此,面对情境剧涉及的所有动作,导播的重视度也应该有所区别:对于那些具有推动剧情发展作用的动作细节以及导演着意设计的有特殊效果的动作细节,导播一定要用相应的画面去表现并做出准确的切点选择。

【案例分析】

《我爱我家》之"特别的爱给特别的你"片段镜头组合分析

镜号	机位	景别	摄法	画面内容	说明	图示
1	3	中近景	固定	爷爷:"……日本人不是被我赶到东京去了嘛。"	表现人物的动作和表情。	
2	1	中景	固定	(妈妈和爸爸的反应镜头)	交代人物神情。	
3	3	中近景	固定	爷爷:"蒋介石不都让我给赶到台湾去了嘛。"	交代人物表情。	
4	2	全景	固定	爷爷:"贾志新不是让我给赶到海南去了嘛。"	交代人物关系及位置。	
5	3	中近景	固定	爷爷:"贾晓凡不都让我赶到美国去了嘛。一个小小的孟朝阳,我就不信赶不走他。"	表现人物动作和表情。	

续表

镜号	机位	景别	摄法	画面内容	说明	图示
6	1	中景	固定	妈妈:“爸,您用不着这么指天问地的,赶走他还不容易吗?咱不是碍着晓凡的面子嘛。” 爸爸:“不过我看小凡跟他也就那么回事。”	交代人物的表情。	
7	3	中景	固定	爷爷:“我当初就不同意。”	强调爷爷的表情。	
8	1	中景	固定	妈妈:“那也得让孟朝阳自己走。要不然晓凡回来非跟咱们没完不可。……哎!要不然咱就说晓凡在美国找了个老外?”	交代人物的表情。	
9	3	中景	固定	(爷爷激动得把水喷了出来。) 爷爷:“她敢! 哼!”	强调人物夸张的反应和动作。	
10	1	中景	固定	妈妈:“你别激动,爸。” 爸爸:“我看这不行。现在朝阳还天天叨叨着远水解不了近渴呢。你再把他那水源一掐,他不在咱家撒泼打滚、寻死觅活啊!” 妈妈:“那你说怎么办啊?” 爸爸:“……让他上别人家折腾去。” 妈妈:“你这个太损了吧。”	交代人物的表情和动作。	
11	3	中景	固定	爷爷:“我看可以考虑,反正他和晓凡也成不了。咱也不能耽误了人家嘛。”	交代人物的表情。	

在上例中,当贾老爷子听到儿子、儿媳设计的谎言,一下激动得将刚喝进嘴里的水喷了出来,顿了片刻才大声说出“她敢!”这个喷水的动作细节是一个喜剧包袱性的小噱头,它突出了人物的态度,也增加了人物身上的喜剧色彩。在导演排戏的时候,导播对于这样的动作细节都要明确标注在台本的相应位置上,并指示相关机位对其拍摄的

要求,以防录制时漏拍、漏切。在录制的时候,导播对这种动作细节的画面切点一般选择在这个动作发生之前或动作起势的时候,否则动作一瞬即逝,就无法完整展现了,效果也就没有了。

三、关注场面调度的变化

前面总结过,"场面调度"指在一个场景内演员的行动路线、站位、姿态、手势、上下场等舞台表演动作的总和。那么,场面调度的变化就指演员的行动路线、站位、姿态、手势、上下场等舞台表演动作的变化。

在分析案例《我爱我家》之"女儿带来男同学"第一场镜头组合时,我们发现,镜头10、12、14、15、16、32、34、36都涉及人物的上下场、场上的走动或身体、姿态、手势的较大变化。可以说,正是因为导播了解并提前预知(通过阅读剧本和观看彩排)这些场面调度的变化,他才能准确地调度相应的镜头去呈现并适时选择切出的时机。

场景中有一个新的人物入场了,场景中原有的一个人物离开了,场景中人物的位置关系发生变化了,某个人的身体姿态发生较大调整了……这些场面调度的变化直接关系到剧情的发展和人物关系的变化,导播一定要用相应的镜头予以表现。通常的选择是用2号机的全景来交代(如上例中的镜头10、12、14、16、34);也可以根据场景中人物的位置与行动路线,调度1号机、3号机以小全景或中景来完成(如上例中的镜头15、32、36),而表现场面调度变化的画面切点通常选择在变化刚发生的那一瞬间。

虽然情境剧的演绎方式与舞台演出有相似之处,但它还是用电视记录的方式来呈现的;也就是说,它提供给观众的终归不是全景式的舞台观看。多讯道的制作是用分切镜头的方法表现场景中的信息,所以它必然有所遗漏。因此,导播选择的画面就应该表现每一时刻最重要的信息。在上述场面调度变化的过程中,也许某个角色的表演也非常精彩,此时导播如何选择?全貌与细节不可兼得。此时,对场面调度的表现更为重要,因为它可以帮助观众清晰地识别场景中的人物关系,有利于他们继续观看并准确地读解剧情。而如果画面关注的是某个细节,那么在接下来的观看中,观众就会被那些变化了的内容搞晕。

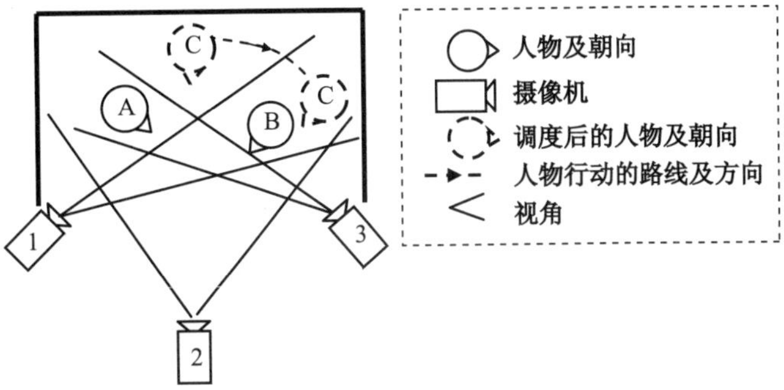

图2-14　2号机交代场面变化的情况示意

举个简单的例子,场面调度形式如图2-14,镜头如何选切呢?A、B两人争执,导播用3号机、1号机近景分切来表现两人激烈的交锋(如图2-15A,镜头1、2);当导播在切3号机近景表现A时(如图2-15A,镜头3),C入场并向B的身后走去;当C走到B的身后时,A说完了,B接着说,导播切回 1 号机表现 B,此时画面中 B 的身后就多出了一个新的人物 C(如图 2-15A,镜头 4)。这样的镜头组合会使观众搞不清“哪儿跳出来一个新人?”所以,在 C 入场的时候,导播应该先切出带有 C 入场动作的 2 号机全景,以此来交代场面中的变化(如图 2-15B,镜头 4),再依据剧情进行下面的镜头组合。

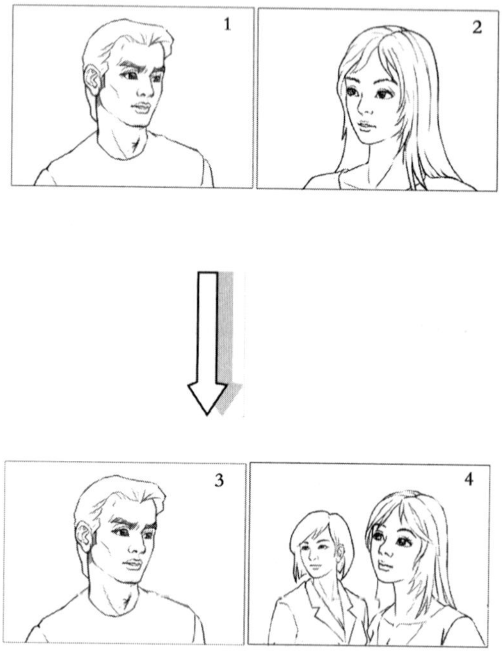

图 2-15　画面组合示意 A

图 2-15　画面组合示意 B

小结

可见,情境剧的画面切换以清晰交代场景中的人物、人物对白、重点动作、场面状况和场面调度的变化为原则。因此,它的规律性很强。导播在画面切换时首先要以此为基础,然后再去适度地追求画面组合的形式美感。

第三章　导播与谈话节目

从导播的角度来看，凡是以交谈为主要表现内容的节目都应归于“谈话节目”。无论是由主持人与受访嘉宾构成的人物访谈，还是由主持人、嘉宾、现场观众多人参与的关于生活服务信息、情感伦理、道德法治与社会时政等问题的交流，或类似辩论会与智力竞赛的形式，只要节目的内容是依托于人们的交谈来进行的，对于导播来讲，他要表现的对象性质就是一致的——谈话。

在这里，我们并不是想讨论或重新界定电视节目类型的划分方法，而是首先要明确我们在本章要研究的范围。

拿大家非常熟悉的栏目来说，无论是《对话》《实话实说》《新闻会客厅》，还是《艺术人生》《锵锵三人行》《非常男女》《非诚勿扰》，或是《大专辩论会》《开心辞典》《幸运52》《一站到底》，虽然它们属于不同专业类型的节目，但从它们的表现形态来看都是以“谈话”为主要节目行为的；同时，它们在制作上的共同特点便是采用多讯道节目制作的方式来完成的。

第一节　导播如何看待谈话节目的构成

一个谈话节目谈什么、由谁来谈、怎么谈、谈得精彩不精彩，这些涉及谈话内容与谈话艺术的问题不在我们的讨论范围之内。也就是说，崔永元冷幽默的语言魅力、李咏时尚张扬的个人风采、三人锵锵地无忌“闲谈”、答对所有问题最终赢得大奖的又是谁……虽然这些都是观众收视的原因，也是导播要表现的内容，但却不是导播所能决定的东西。我们在这里要谈的是“谈话节目的构成”，是那些在外部形态上与导播工作密切相关的因素。

一、谈话进行的方式类型

同样是谈话，内容千差万别，谈话参与者的身份更是各种各样，但一场谈话进行的方式却可以归为以下几类。

(一)访谈的形式

如果一场谈话的进行由可以明确识别的访问者和受访者来展开，就可以归为访谈的形式。访问者多由节目主持人来担当，受访者一般以节目嘉宾的身份出现。谈话的内容在这里以一个有问有答的过程来完成。

这是一种在构成上最为简单的谈话形式。参与谈话的人数少，往往是一位主持人与一至三位嘉宾；一般没有场面调度的变化，大家从始至终都坐定而谈。比如中央电视台的著名栏目《新闻会客厅》等很多节目都属于这样的形式。

需要说明的是，除了有明确的访问者和受访者之外，有些节目现场还有观众，但观众并不真正参与到谈话中来，而主要承担听众的角色，提供场面情绪气氛的补充，这样的谈话也应归为访谈的形式，比如中央电视台的《艺术人生》、凤凰卫视的《鲁豫有约》等。

(二)漫谈的形式

漫谈，指那些话题走向并不十分确定的谈话。对于谈话节目来说，漫谈则是一种谈话进行的方式。

与访谈形式的谈话节目相比，漫谈形式的谈话节目呈现出以下特点：一般没有可以明确识别的访问者和受访者，也就是说，节目主持人与节目嘉宾的角色定位在交谈过程中已被消解；参与谈话者对于谈话展开的作用是相似的，他们可以踊跃发言、互相提问、自问自答、相互补充、相互反驳；谈话的内容以“你一言、我一语”的过程来完成。

例如，凤凰卫视的《锵锵三人行》就是典型的漫谈形式的谈话节目。虽然窦文涛是节目的主持人，但谈话展开后，主持人的角色并不十分明显，他融入到嘉宾当中，大家都成了参与聊天的人，因此他们对于谈话完成的作用几乎是均等的。在节目中，嘉宾也可以成为某一话题或某一段落的主要发问者，主持人也可以滔滔不绝地发表自己的观点(这在其他的谈话节目当中往往是一种禁忌)。

漫谈在构成上也是一种比较简单的谈话形式。参与谈话的人数一般为三四人，再少了就成了“说相声”，再多了就会“吵起来”，三到四人的人数对于漫谈来说是非常理想的，这就犹如我们自己约两三好友在咖啡馆聊天的体会。谈话的现场一般没有观众，这主要是由于漫谈的氛围需要相对自由和私密。另外，在此种形式的谈话中，一般也没有场面调度的变化，但场景和光线的设计要能凸显漫谈的氛围，参与谈话者的位置安排要保证他们能得到均等的展现。

(三)会谈的形式

顾名思义,会谈的形式指一场谈话的进行有如开会一样。开会就得有人主持会议,有人做主要发言,有人听,有人提问,有人解答。在会谈形式的谈话节目当中,这些会谈当中的角色就由节目主持人、节目嘉宾、现场观众来承担,会谈的环节在节目中就成了主持人的串场、主持人与嘉宾之间的访谈、观众与嘉宾之间的交流,谈话的内容通常以一个有组织、有进展的程序来完成。

这种形式在构成上比较复杂。首先,参与谈话者的角色与功能多样,串、讲、听、问、答的功能分别由主持人、嘉宾、现场观众来完成;其次,参与谈话的人数较多,现场一般会在几十人到几百人不等,其中谈话涉及的人数又有可能根据现场的情况随机变化;最后,会谈形式的谈话节目往往有场面调度的变化,主要体现在主持人要在这个较大的谈话现场组织谈话,有时会靠近某位嘉宾的位置,有时会深入到观众当中。比如中央电视台的著名栏目《实话实说》、江苏卫视的《非诚勿扰》等很多节目都属于这样的形式。

按照谈话进行的方式来看,此类形式可以说是现在各种内容题材谈话节目的主流。因为,在这种形式中可以容纳最广泛的话题类型,容易形成现场的互动氛围,也可以与其他节目类型相结合(例如穿插演示环节、表演环节等)。

小结

谈话进行的方式直接体现在节目所呈现的外部形态上,并与谈话的内容密切相关。因此,导播对此问题的认识决定了最终的画面呈现。导播需要确认谈话的进行方式并将其渗透到从节目编排设计到场景设计再到机位设置与镜头调度的整个过程中,这些方面的工作是谈话节目导播必须面对的职责。

二、导播眼中的谈话节目构成元素

谈话节目的构成元素是一个非常复杂的问题。对节目制作者而言,不同的关注重点会形成不同的构成元素。比如,对节目的策划人或主持人来说,面对一场特定的谈话,他首先要明确其主旨内容,即规划一个可供展开的“话题”;然后从话题出发寻找讨论的支点,即代表性人物和代表性观点;预想可能出现的分歧,有根据地布设争论以延展话题的深度;最终获得一个或开放或封闭的结论。而对于导播来说,面对一个谈话节目,他首先关注的并非是“话题”“支点”等软性元素,而是“什么人(角色和数量)”在“什么场景”中进行这场谈话。也就是说,导播要对谈话节目的现场构成做出图景式分析,这是由导播工作主要关乎节目外部形态的呈现所决定的。

(一)谈话参与者

在上文中,我们对谈话的进行方式做了大致的分类。可以看出,谈话节目既然以交谈作为主要表现内容,那么,无论其进行的方式如何,它都是以交谈的参与者作为主要关注对象的。

一般而言,为了有效便捷地展开“话题”,节目制作方都会约请一些特定的谈话者(就是我们通常所说的“节目嘉宾”)。之所以称其为“特定”,是由于此类谈话参与者在个人经历、职业知识背景、表述风格等方面具有突出的个性,这种个性有利于谈话节目所涉及的“话题”。因此,特别约请的谈话者往往是一个谈话节目中的主要角色类型。另外,大多数谈话节目为凸显自身的可识别性,往往会强化主持人的功能,使其具有品牌化的特征趋向。毕竟,在一个谈话节目中,无论是发挥操控谈话的实际作用,还是作为形象代言的媒体策略,主持人的地位都非常重要。所以,主持人作为一个谈话节目的主要角色是显而易见的。再有,一些涉及民生问题的谈话节目,众多身份普通的谈话参与者被引入节目中,其作用往往成为话题讨论是否深入、交流过程是否真切、关注趋向是否具有代表性的关键。

于是,在导播眼中,诸多谈话参与者的具体形象、身份以及他们所谈的内容、态度往往被简化为他们在节目中的角色类型,导播会将所有谈话参与者图解为数目、类型、位置,这是导播看待谈话节目构成元素的一个方面。

(二)谈话的场景

导播对于谈话场景的识别,可以分为“场”和“景”两个概念。“景”可以被看作谈话的环境(包括内、外景的实景或演播室)和布景,它由导播和美术设计师共同确定并由美术部门制作完成,在视觉上提供镜头画面的背景效果。“场”可以被看作任何谈话都会自然形成的交流场(无论是在谈话节目中还是在生活中),它由谈话者之间的视线关系的总和构成。

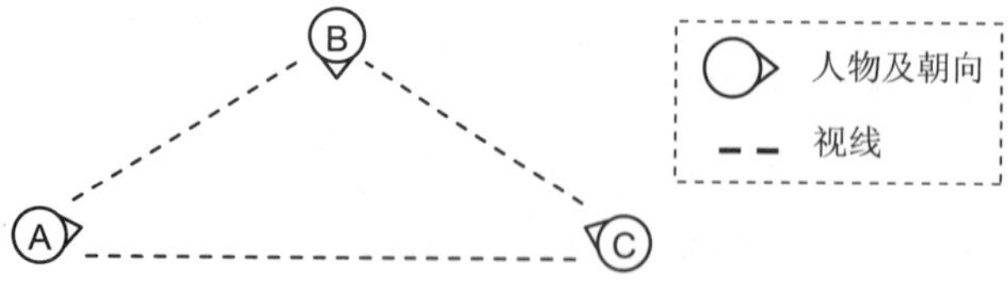

图 3-1　谈话者之间的视线交流关系示意

图 3-1 中示意了一个由 A、B、C 三人构成的谈话交流现场。由于 A 与 B、A 与 C、B 与 C 之间都存在相对的视线关系,因此,他们之间的交流场就存在于他们之间的围合范围内。可见,在谈话中,谈话参与者之间的交流场不仅取决于他们各自的位置,更取决于他们之间可能出现的交流视线关系。

同样,这样的交流场也存在于任何一个谈话节目的构成之中,导播的工作就是要辨析出交流场中存在的基本成因——视线关系。

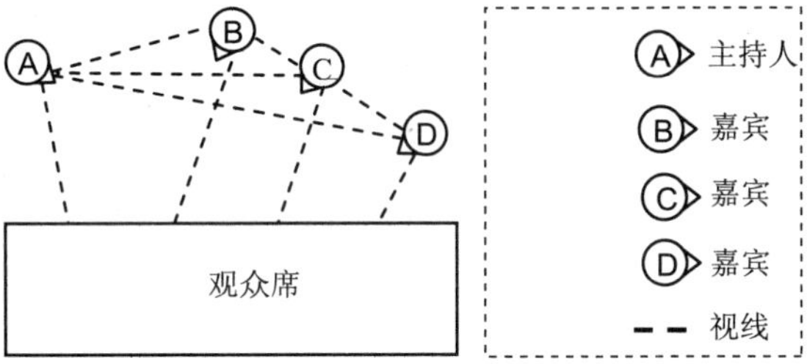

图 3-2　会谈形式的谈话参与者之间的视线交流关系示意

图 3-2 示意了一个由主持人、嘉宾、现场观众共同参与的谈话节目现场，谈话参与者以会谈的形式进行交流，虚线所指为主要的视线关系。由于 A 与 B、C、D 之间，A 与观众之间，B、C、D 分别与观众之间都存在视线交流关系，因此他们之间的交流场被围合在他们各方之中。

从导播工作的实际出发，关注交流场中最重要的视线关系，是为了遵循画面呈现的基本规律，将作为一个整体存在的谈话现场分置在一个一个的镜头中。明晰视线关系是在画面上建立准确交流关系的前提，而准确的交流关系又是除言语之外最重要的交谈逻辑依据。所以，交流场的确认、视线关系的辨析就成为导播工作后续环节的基本参照。由此，谈话场景中的交流场也就成为导播眼中谈话节目构成的另一个要素。

小结

导播最终将通过画面来呈现参与谈话的人和他们之间的关系。对谈话参与者进行类型简化可以使导播明确机位的主要任务；对谈话现场交流场的识别可以使导播明确谈话者之间的交流关系，从而确立镜头组合的依据。因此，这两个元素共同决定了导播将如何进行各机位的设置与分工、配合。

第二节　导播为谈话节目设置机位的基本依据

对于导播来说，清晰高效地呈现一场谈话是其工作的第一要义。通过上一节的分析，我们了解到，谈话进行的方式、谈话的参与者与谈话的场景都是导播必须关注的重点，而这些元素在一档谈话节目中都是相对固定的。因此，导播在节目录制之前就可以对应这些元素特征制定出科学合理的机位设置方案。

与情境剧不同，谈话节目的机位设置并没有通行的方案，但不同的节目所采用的机位设置方案都会遵循一些共通的原则。

一、对象划分原则

在上节中我们谈到，导播在看待一档谈话节目的构成时，会将其中所有的谈话参与者图解为数目、类型与位置。这实际上是对拍摄对象进行的抽象划分，是机位设置方案的基础。

(一)谈话参与者的数目

一档谈话节目,现场参与谈话的人是两个、四五个还是几十个或上百个?人数规模直接决定了导播工作的复杂程度,它主要体现在多讯道拍摄的任务量上。

两个人的谈话现场,无非是双人关系的小全景与单人近景的拍摄,三个机位的讯道设置肯定够用了。四五个人参与谈话的现场则既要有展现所有人关系的全景,又要有展现局部两三个人关系的中景,还要有每个人的近景。因此,三个机位的讯道配置是最起码的限度,最好能用四个机位来完成拍摄。当然,如果是两百个人参与谈话的现场,机位拍摄的任务量就会更多,但由于每个交流段落的谈话参与者数目是相对有限的。因此机位的数目也不会随人数的增多而成比例地增加,导播可以通过调机来调整各机位在不同交流段落中的拍摄任务。

总之,导播清晰地掌握谈话参与者的人数可以对整体的拍摄任务量与调机的可能性做出判断,从而设计出多讯道制作所需的机位数目。当然,具体的讯道数目还是在最终的机位设置方案中确定的。

(二)谈话参与者的角色类型

在上节中,我们按照"谈话进行的方式"对一档谈话节目进行分类。可以看出,各类谈话节目对谈话参与者的角色类型的需求是不同的。访谈型的节目需要主持人与谈话嘉宾两种角色类型;漫谈型的节目需要模糊主持人与谈话嘉宾的角色,而将他们呈现为一种相似的角色类型——几个特定的谈话者;会谈型的节目需要主持人、谈话嘉宾、现场观众(又分为参与谈话和不参与谈话两种)三种角色类型。

导播将所有的谈话参与者简化为一些不同的角色类型在交谈,这样就能有效地划分机位的任务分工。在设置机位的过程中,导播必须规划出哪个机位是主持人的机位,哪个或哪几个机位是嘉宾的机位,哪个或哪几个机位是现场观众的机位。在负责拍摄观众的机位中,又要划分出哪个是拍摄观众反应的机位,哪个是抓拍随机参与到谈话中来的观众的机位。

其实,划分谈话参与者的角色类型是导播确定各机位主要任务(主要拍摄对象)的依据,也是导播进一步确认多讯道机位数目的方法。当然,对各机位主要任务的分工还不能确定它们在现场的具体工作方位,导播必须结合谈话参与者的位置与交流关系来考虑各机位在现场布设中的具体位置。

(三)谈话参与者的位置与交流关系

上节谈到,导播对谈话节目现场交流场的识别已经包含了他对谈话参与者的具体位置以及他们之间的交流视线关系这两方面的辨析。

图 3-2(见本书第 89 页)是一个会谈式谈话节目现场的示意图。按照谈话参与者的角色类型,导播要分别指认负责主持人、嘉宾、观众的机位,如果它们分别是 1 号机、3 号机、2 号机,那么这些机位应该架设在哪儿呢?

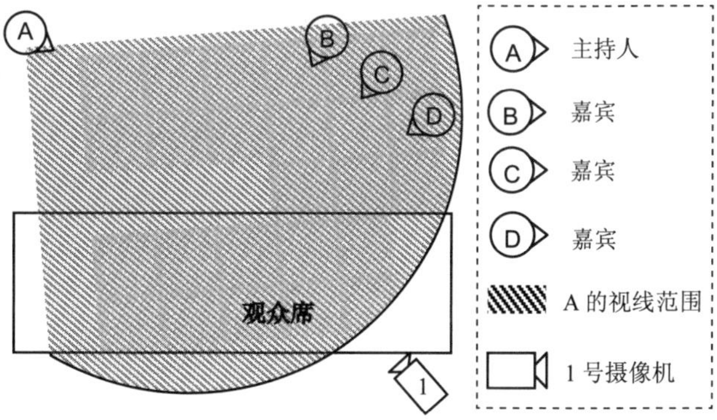

图 3-3 主持人机位的布设示意

图 3-3 中的阴影部分显示了主持人 A 在这个谈话现场中的主要视线范围。一般情况下,我们会将摄像机放置在被摄对象面朝方向的对侧(正侧或偏侧的位置),这样基本能摄取到对象的正面镜头。因此,在这个现场,我们首先考虑将负责主持人的 1 号机安排在其面朝方向的对侧。

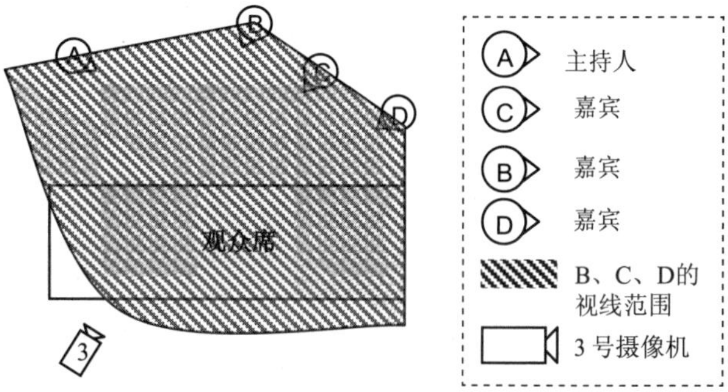

图 3-4 嘉宾机位的布设示意

图 3-4 中的阴影部分大体显示了嘉宾 B、C、D 在这个谈话现场中的主要视线范围。与上同理,将负责三个嘉宾的 3 号机安排在他们面朝方向的对侧也是通常的选择。

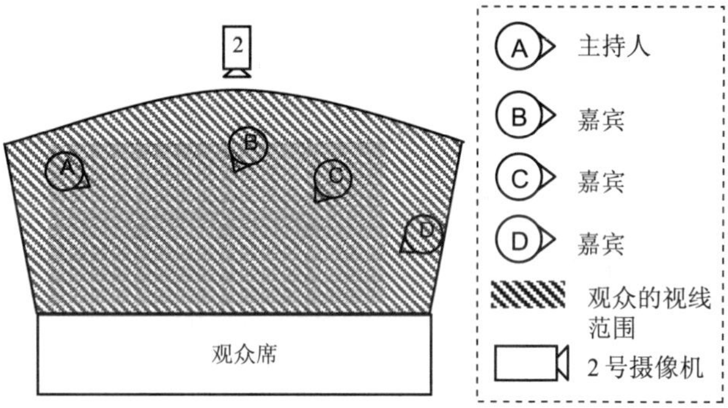

图 3-5 观众机位的布设示意

图 3-5 中的阴影部分大体显示了观众在这个谈话现场的主要视线范围。因为观众群是一个宽泛的对象,具体到每个观众的视线范围则是有所差异的,但他们终归是将主持人与嘉宾的坐席当作观看舞台的,因此他们大体是面朝主持人和嘉宾的。所以,将负责观众的 2 号机安排在整个观众席对侧的某个位置也是合理的。

至此,这个谈话现场各机位的方位安排可以形成基本的机位布局关系(见图 3-6)。

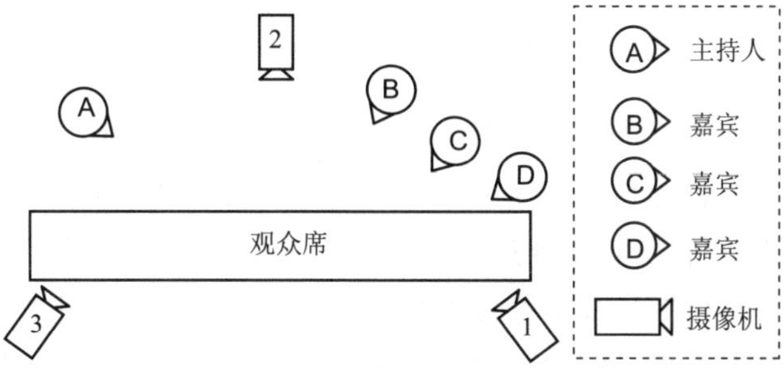

图 3-6 谈话现场基本机位布局示意 A

从图 3-6 我们可以观察到,1 号机、3 号机位于 A 与 B、C、D 交流视线的一侧。那么,按照 1 号机、3 号机各自的任务分工,把它们拍摄的镜头相衔接就可以准确地建立起主持人与嘉宾组或某位嘉宾的交流视线关系(见图 3-7)。

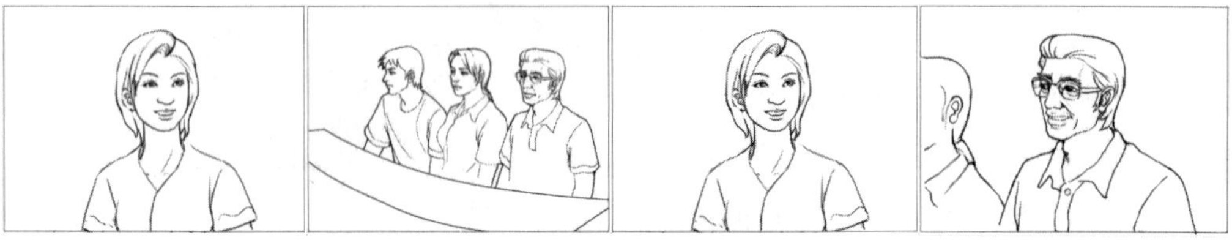

1号机拍摄的画面效果　3号机拍摄的画面效果　1号机拍摄的画面效果　3号机拍摄的画面效果

图 3-7　1 号机、3 号机拍摄效果

另外,1 号机、2 号机大体位于 A 与观众交流视线的一侧。那么,按照 1 号机、2 号机各自的任务分工,把它们拍摄的镜头相衔接就可以准确地建立起主持人与某一组观众或某位观众的交流视线关系(见图 3-8)。

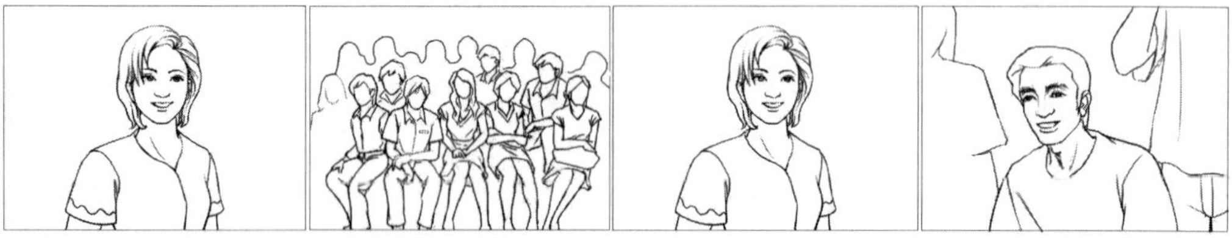

1号机拍摄的画面效果　2号机拍摄的画面效果　1号机拍摄的画面效果　2号机拍摄的画面效果

图 3-8　1 号机、2 号机拍摄效果

再有,2 号机、3 号机也大体位于 B、C、D 与观众交流视线的一侧。那么,按照 2 号机、3 号机各自的任务分工,把它们拍摄的镜头相衔接就可以准确地建立起观众群与嘉宾组或某位观众与某位嘉宾的交流视线关系(见图 3-9)。

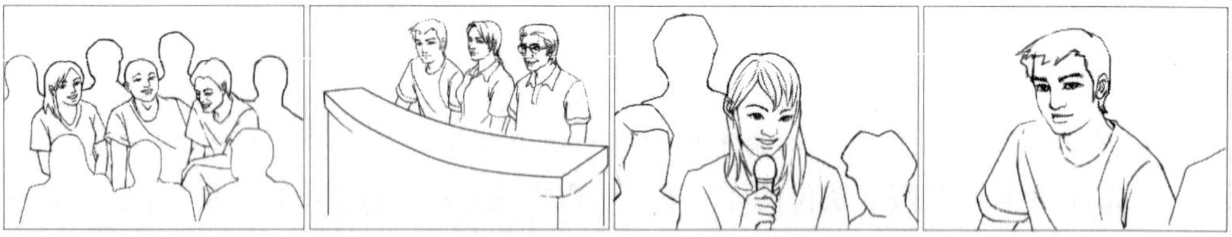

2号机拍摄的画面效果　3号机拍摄的画面效果　2号机拍摄的画面效果　3号机拍摄的画面效果

图 3-9　2 号机、3 号机拍摄效果

以上几种情况大致示意了通过不同的机位组合对这个现场中各种交流视线关系的表现。不同机位组合的画面衔接效果显示,它们基本上符合用镜头建立人物交流视线关系的轴线原则,也符合观众通过画面认知人物交流视线关系的习惯。由此说明,各摄像机现在的布设位置是基本符合轴线原则的。对于谈话节目来说,导播要表现的重点就是各种谈话参与者之间的交流。因此,在设置机位的时候应该适度把握轴线原则，否则就无法使电视观众通过镜头清晰地识别谈话参与者之间的位置关系。所谓“适度把握”，是因为谈话节目现场的各种位置关系是相对固定的，它一旦被展现出来（比如通过全景），此后即使出现所谓“越轴”的镜头组合观众也能理解。

1号、2号、3号三个机位的拍摄方向大致是相对的，它们的拍摄轴线在现场的中心交叉，这符合谈话参与者之间各种交流视线在这个现场中心交叉的特征。可见，这样的机位布局思路不仅对应了各种谈话参与者在这个谈话现场中的位置，更重要的是，是以他们之间真实存在的各种交流视线关系为依据的。因此，各机位的组合可以清晰地交代谈话参与者之间的各种交流关系。

当然，即使这样，我们也只是大致为这个现场示例中的三个机位安排了基本合理的方位，它们的准确位置还会受到其他因素的影响和制约。在下文的分析中我们会进一步完善这个现场示例中的机位布局方案。

二、场景原则

导播要想清晰有效地呈现一场谈话，必然要通过画面让电视观众了解谈话所进行的现场。而不同的谈话节目，其谈话现场与现场工作区的关系又有所不同。因此，导播在进行机位布局的时候，既要考虑用怎样的机位来展现场景的全貌，又要考虑这个场景所能够提供的机位工作的可能性与制约因素。

（一）展现谈话场景全貌

场景的特点就是我们前文所说的“景”，即谈话的环境和布景的特点。谈话节目的现场是在户外的湖边、幽静的咖啡馆，还是在演播室？演播室的场景是被设计成家庭中客厅的效果，还是单位会议室或礼堂的效果？总之，节目的策划者会针对节目的整体基调与价值诉求精心选择、设计谈话的场景。比如，主持人和几个家庭主妇谈生活小窍门，那么谈话通常会在带有家居特点的场景中进行；如果是关于时政问题的谈话，则谈话一般会选择在类似书房、会议室的环境中进行。

目前，电视节目场景设计的风格越来越趋向于非具象化，多呈现为由多重造型元素拼贴组合的“演播”空间，这种趋势的形成在某种程度上表明了观众对“演播”过程的熟知。那种以“具象形似”烘托节目氛围的做法已被逐渐抛弃，节目制作者转而追求一种既能给观众留下深刻视觉印象，又能顺应其收视心理的场景设计策略。所以，一档谈话节目的场景特点会转为一系列视觉符号留存在观众的记忆中，从而起到强化节目识别的作用。对于长期固定播出的节目来说，场景特点就成了品牌形象的重要表征之一。

而用以表现场景特点的最具代表性和概括力的视野范围就是全景。完整空间（全景）的表达不仅是生活常态的需要，更是电视画面叙事功能的基础。换言之，场景的全景是电视观众需要的最主动的观察视野，是他们辨识空间环境、确认人物位置和相互关系的必要步骤。此外，给观众提供主动的观察机会可以使节目给人留下更客观的印象,也是所谓顺应收视心理所必需的电视手段之一。

因此,导播要设置负责拍摄场景全貌的机位,通过展现场景的整体环境来完成以上所述的诸项功能。

如图 3-6(见本书第 91 页)所示,在这个现场中,三个机位的拍摄任务已经有了明确的分工,它们是否还能兼任拍摄场景全景的任务呢？首先,从它们所处的位置来说,1 号机、3 号机可以提供场面的全景,因为它们面向主持人和嘉宾,因而其所拍摄的镜头能给电视观众和现场观众提供相似的观看视角;而 2 号机提供的场面全景就不太符合电视观众的观看习惯,因为它面向观众席,主持人与嘉宾这些主要角色在镜头中呈现的是背部。另外,从它们分工拍摄的任务来说,1 号机要随时拍摄主持人、3 号机要在三个嘉宾中随时调整拍摄对象、2 号机要随时提供群体或单个观众的镜头,任务量与任务的密度都比较大。综合以上两个原因,导播要为拍摄场景的全貌单独安排一个机位。

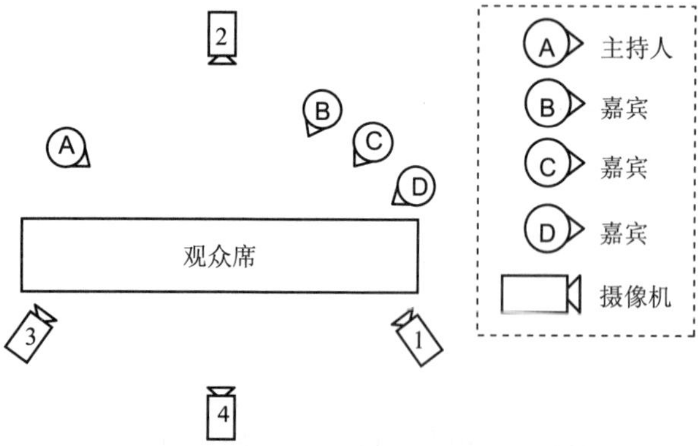

图 3-10　谈话现场基本机位布局示意 B

针对这个现场示例,一个居于观众席背面且面向主持人与嘉宾席的全景机位是合适的选择;此外,场景中有代表性的主要布景通常也会设置在主持人与嘉宾的身后。因此,图 3-10 中的 4 号机位既能展现场景全貌、主要环境布景,又能与现场观众的观看角度大致保持统一。

与图 3-6 相比,图 3-10 中增加了一个用于拍摄场景全貌的 4 号机。这样,各机位的任务分工更加完善了,但机位的布局关系还需要进一步推敲。

(二)符合场景中谈话交流场的布局形式

在谈话节目的制作现场中,可以分为现场谈话区与现场机位工作区两个部分(在多讯道节目制作中这两部分区域一旦形成,往往会被固定下来,这是由场地条件、场景设计等先决条件所决定的)。这两个部分的位置关系一般呈现为对接的形式或重叠的形式。

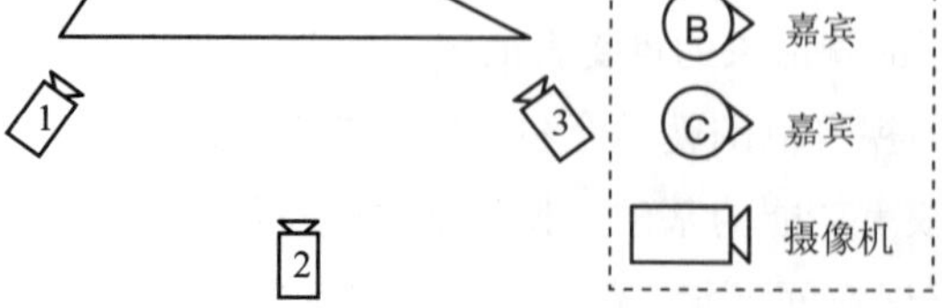

图 3-11　与谈话交流场对接的机位布局示意

1. 机位工作区与谈话交流场的对接形式

如图 3-11 所示,在一个访谈式的谈话节目中,主持人与嘉宾往往呈现为半围合的位置关系。这样,谈话的参与者之间不仅存在一个交流场,而且这个交流场又是一面敞开的,给谈话的参与者提供一个假想的交流区域。也就是说,谈话参与者之间不仅相互交流,还共同关照这个敞开的交流区域。其实，谈话参与者是将摄像机当作假想的观众来进行交流的。于是各机位的工作区就自然在现场谈话区的另一侧形成，也就是在谈话参与者假想的交流区域内。可以说，是这种谈话交流场的布局特点决定了机位工作区与现场谈话区呈现为对接的形式。

将所有的机位布设在谈话区的对侧，这种机位布局形式与上一章谈到的情境剧的机位设置方式（“倒三角形机位布局形式”）相似，它们都是把拍摄对象当作“舞台上的演员”来看待的。

这种半围合式的机位布局形式有效地对应了场景中交流场的半围合形式特征，可以清晰地表现各种（真实的和假想的）交流视线关系。而且，由于将工作区与谈话区划分开来，这给各机位的工作提供了便利，避免了各摄像机之间彼此穿帮的问题。

2. 机位工作区与谈话交流场的重叠形式

如上一节图 3-2 所示，在这个谈话现场中，交流场被围合在谈话参与者的中间（本章第一节中有所论述）。谈话参与者之间的交流视线关系是真实存在的，而且被封闭在交流场之内，一般不向外发散。也就是说，这个谈话的交流场是完整而封闭的。

如果，如图 3-12 所示，导播将各机位布设在谈话交流场之内，就势必会影响谈话参与者之间无障碍的交流视线关系，破坏交流场的完整性，干扰谈话的顺畅进行。而且，从技术的角度来说，各摄像机之间还会出现不可避免的穿帮问题。如果强行回避“穿帮”（不展示全景），各机位所能呈现的景别就不得不限定在单一人物类型的中近景以内。这样，谈话交流的对象（双方或多方）就不可能被置于同一画框内，真实生动的交谈就会被武断地分隔开，导致场景整体氛围支离破碎，电视观众难以就现场全貌形成一个完整印象。所以，这种机位布局方式并不适合这种谈话交流场的布局形式。

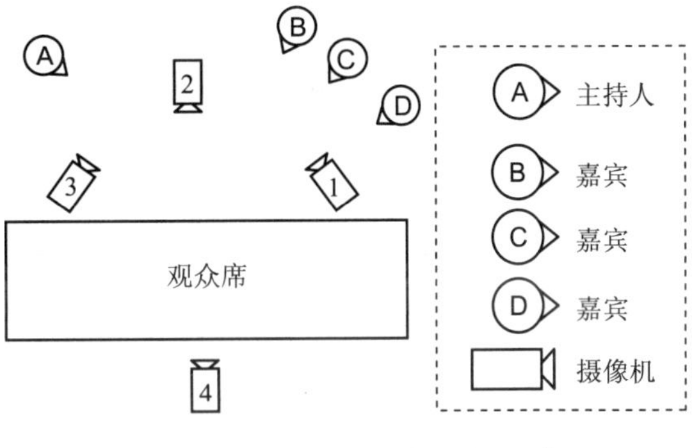

图 3-12　破坏谈话交流场的机位布局示意

如果导播将各机位布设在谈话交流场之外的一侧（如图 3-13），这种机位布设方式虽然避免了穿帮的问题，但必然会造成某些谈话参与者无法得到正面展现的问题（2 号机无法正面展现观众）。所以，此机位布局方式也是

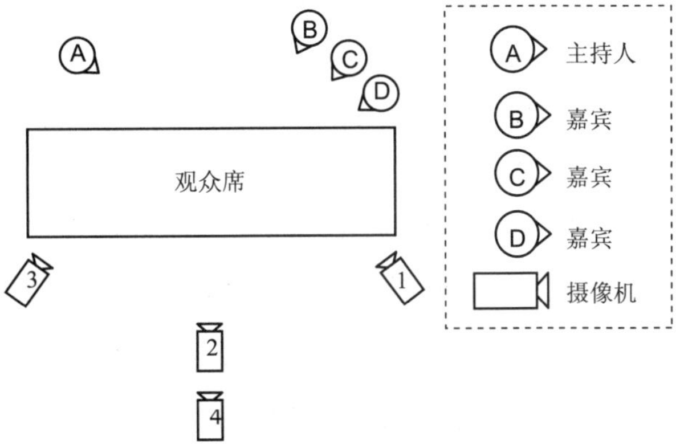

图 3-13　观众机位架设问题示意

不可取的。

我们在上文中得出的机位布局示意图(见图 3-10)显示,各机位都布设在该现场谈话区的四周,与这个谈话交流场的外围呈现出重叠的形式。这种围合的机位布局形式由于使各机位的视点对应模拟了各类谈话参与者的视点,从而对应了谈话交流场的围合式特征,真实有效地还原了这个谈话现场的布局。但是,这种机位布局方案依然可能存在机位穿帮的问题,比如,2 号机随时可能出现在 4 号机的镜头中,也有很多时候可能会在 3 号机的镜头里出现,导致穿帮。因此,根据这个场景的布局形式,可以把 2 号机的位置尽量调整到 1 号机、3 号机、4 号机的拍摄视野之外。

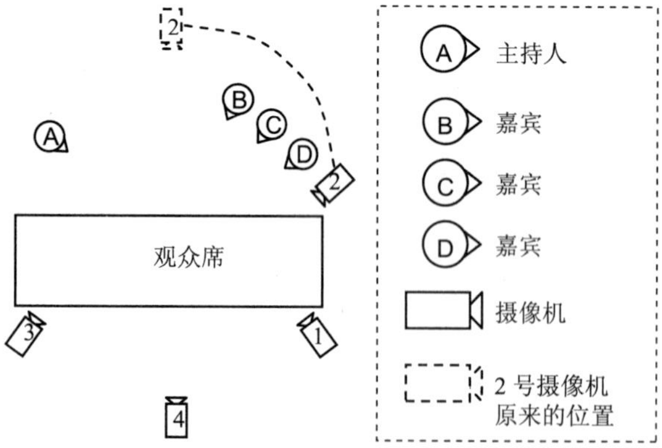

图 3-14　观众机位架设调整示意

如图 3-14 所示,经过调整之后,2 号机与观众席侧对而置。这样既能保证 2 号机完成所分工的任务,又相对避开了其他几个机位的主要取景范围(注意,这样的调整依然不能完全解决穿帮的问题)。

现在,可以说这个现场示例的机位布局方案已经基本完成了,但如果还要进一步解决各机位所拍摄的画面美感以及机位穿帮等问题,导播还要考虑现场工作的便利性,在场景设计阶段对场景提出具体要求。

(三)给机位提供便利的工作条件

大多数情况下,场景设计与置景部门会优先考虑场景的适用性与美术效果,以使其看上去既符合节目内容的需要又具有视觉美感。然而,由于多讯道节目制作的特殊性,在录制现场往往会有三部以上的摄像机同时工作,这就对场景的功能提出了额外的要求——必须具备提供多机位工作的便利条件。

在第一章中我们谈到,导播要参与到场景设计的环节中来,一方面从场景的视觉风格上把握自己对电视画面的设想;另一方面充分考虑这个场景是否具有满足多讯道拍摄和节目连续制作的功能,因为场景的条件直接决定了导播的机位布设思路。

如图 3-14 所示,按照这个场景的特征,机位的布局虽然已经比较科学合理,但由于它们彼此相对、围合而置,因此相互穿帮的隐患依然存在。如何有效地解决隐蔽机位工作区的问题呢?按照通常的做法,大致有两种途径:

1. 场景为机位特意留出拍摄位置

在场景设计和实施置景的过程中,留出可供机位拍摄的工作区域,并且将摄像机架设在距布景外一定距离的位置,这样就可以避免摄像机机身暴露在谈话场景之内。

2. 场景光线效果的配合

针对图 3-14 中围合式的现场特征，机位的工作区与谈话区外围重合。如果场景内只有谈话参与者在亮部光区，其余部分的场景都在暗部，那么各机位就可以借助光线的明暗达到隐身的效果。

当然，不同的节目类型、技术条件和制作理念会带来对待此问题的不同态度和解决方案。另外，关于是否要隐藏机位的问题也没有固定的答案。

三、机位数目最少化原则

导播在确定多讯道制作的机位数目时通常会经历一个先增加再减少的过程。

从上文的分析中我们可知，导播通过确认谈话参与者的数目规模可以对大致需要的机位数量有所判断；通过分析谈话参与者的类型可以从机位任务分工的角度确定必需的机位数目；由于场景展现的需要、特殊拍摄角度与运动形式的需要以及调机可能性的限制，导播要不断增设机位的数目。可以说，对这些因素的层层考虑，促使导播设置机位时先会经历一个逐渐增加机位数目的过程。

有人认为，机位越多，拍摄的可能性就越大，越不会遗漏有价值的东西。因此，他们会在制作经费与技术保障许可的情况下将机位数量最大化，觉得这样做心里踏实。但是，机位的数目是否越多越好呢？

随着机位数目的增加，现场的机位工作区就会增加，机位之间互相影响、彼此穿帮的可能性就会加大，与此同时，导播需要同时监看和调度的讯道数目就会增多，看、说、听、切的工作量也会同时增加，这就对导播注意力的分配提出了更高的要求。也就是说，随着机位数目的增多，多讯道制作的复杂程度加大了，各环节出现失误的几率就提高了。当然，还存在一个很关键的问题，就是这些机位的使用率和必要性怎样。仅仅因为经费充足、技术条件好而多设机位，不仅会造成极大的浪费，而且还会在工作中留下隐患。因此，机位的数目并不是越多越好。

我们提倡，在设置机位时遵循机位数目最少化的原则。当然，这不能简单地理解为机位数目越少越好，而是指机位数目应该力求有效、适用的最少量。因此，一般情况下，导播在设置机位的时候，会先综合考虑各种拍摄需要，根据需要安排充足的机位，然后再考虑如何合理地减少机位数目。

(一)通过调机有效地减少机位的数目

为了减少机位数目，导播首先要考虑那些通过调机可以完成的拍摄任务。比如在上述现场示例中，三位嘉宾都是拍摄的主要任务，那么，设置两个嘉宾的机位来保障似乎更保险，设置三个嘉宾的机位来保障似乎可以做到“滴水不漏”。现在，如图 3-14 所示的机位设置方案中只设了一个嘉宾的机位，它是否够用呢？

首先,三位嘉宾不可能同时发言,也就是说不可能同时需要这三个人各自的近景镜头,所以如果设置三个嘉宾机位就显得多余了。

其次,如果其中的两位嘉宾对话,用一个嘉宾机位(3号机)拍摄该嘉宾的近景,将负责场面全景的机位(4号机)调度成另一位嘉宾的近景或双人关系的中景,这样就可以完成双人交流的展现了。

如果是三位嘉宾在争论,说话虽有先后但此起彼伏、连接紧密,那么,用嘉宾机位(3号机)随时调整抓拍最主要的说话人,全景机位(4号机)拍摄三人小全景作为过渡镜头和关系展现镜头,主持人机位(1号机)也可以调度来拍摄另外的嘉宾近景(因为在这样的情况下,主持人一般会保持嘉宾交流争论的气氛,而不做重要的插话)。

所以,嘉宾虽然有三位,但设置一个嘉宾的机位也够用了,导播可以通过调度其他机位来帮助完成众嘉宾同时交流情况下的拍摄任务。

(二)针对节目进行的不同阶段来部署不同的机位分工

为了减少机位数目,导播还可以考虑在节目不同环节采用不同机位分工的方法。

我们曾经分析过,在谈话节目的进行中,不同的阶段会有不同的表现重点。比如,在主持人介绍嘉宾的环节,主持人与一个个被介绍的嘉宾是表现的重点。于是,如图3-14所示,1号机、3号机的原有任务不变,分别负责主持人与每位嘉宾的近景;此时的现场观众虽然人数众多但只承担听众的角色,只需要观众的反应镜头,因此只要有一个负责观众的机位(2号机)在观众群、观众组、单个观众之间调整拍摄就可以了,不必因为观众人数众多而多设机位。

再比如,在观众与嘉宾进行自由交流的环节,表现的重点应该是每次提问的观众与应答的嘉宾,主持人的任务相对减少(主要发挥串场的职能),其他观众也只是听众。于是,如图3-14所示,观众的机位(2号机)负责提问的观众近景、嘉宾机位(3号机)负责应答的嘉宾近景,2号机、3号机的原有任务不变。此时,原来用于拍摄场面全景的4号机就可以负责三位嘉宾的小全景,摄取嘉宾的集体反应并做好拍摄其他嘉宾随时发言的准备;原来用于拍摄主持人的1号机就可以负责场面的全景,既交代观众、主持人、嘉宾三方的关系,又将主持人保留在画面中以免遗漏其可能的表现。

可见,导播对各机位的任务分工不能局限于一种方案,而是要根据节目不同环节的表现重点进行调整,这样便可以极大地节省机位的数目。

小结

通过减少机位数目的方法,我们可以发现,导播的思路都是让各机位既保持有针对性的分工又兼顾其他任务,从而达到不浪费任何一个机位的目的。因此,“机位数目最少化原则”是与如何将每一个机位的功能最大化密切相关的。

四、单个机位功能最大化原则

在一个多讯道节目的制作中，每一个机位的任务量都有轻有重，不可能是平均的。但合理地发挥每个机位的功能，使它具有更多的拍摄可能性，则是导播在设置机位时要掌握的通则。同时，将单个机位的功能最大化也是实现机位数目最少化的有效途径。

为了直观地说明这个问题，我们来看一个实例。

这个实例与我们在前文中反复列举的现场示例非常接近。如图 3-15 所示，1 号机是负责观众的机位，2 号机是负责全景的机位，3 号机是负责嘉宾的机位，4 号机是负责主持人的机位（这个机位的布设与我们之前的示例有所不同，它是由于在这个节目现场中主持人的位置在观众席一侧，且基本上又面朝嘉宾的方向进行交流所决定的）。需要说明的是，5 号游机并不是这档谈话节目的常设机位，它是由于“走近体育明星”这一期节目中要表现一些特定的场面调度而特别布设的（在后文关于“镜头组合链条”中将涉及它的作用）。

【案例分析】

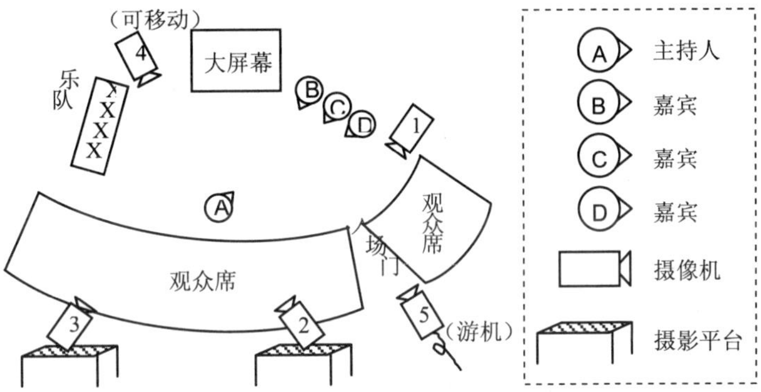

图 3-15　《实话实说》之“走近体育明星”场景与机位示意图 A

在这里，导播将作为主持人机位的 4 号机布设在现场大屏幕与乐队中间的位置，并与 1 号机的位置形成对应关系。4 号机既可以拍摄到主持人的近景，又可以拍摄到主持人与观众交流的中景、中近景，还可以配合 1 号机提供观众席全景以及观众组、观众单人近景的补充镜头。另外，在这个现场，1 号机、2 号机、3 号机都是固定机位，只有 4 号机是一个可移动的机位（其摄像机三脚架带有脚轮，可以在平滑的地面条件下小范围移动），这就满足了主持人在观众席前和观众席间走动拍摄的需要，它可以根据主持人的位置变化来调整机位。因此，虽然 4 号机位是一个简单的主持人机位，但导播对它的位置的确定及摄像机辅助设备的配备，使这个机位的拍摄功能实现了最大化。

通过上述案例，我们只是对“单个机位功能最大化原则”有了一个初步的认识。其实，这个原则综合体现了机位设置过程中必须考虑的很多因素。

机位设置是一个总的概念，它包括机位的数目、每一个机位的具体位置、每一个机位的具体性质（机器的型号、镜头性质、辅助设备等），以及各机位所形成的整体布局关系。

导播设置机位就是对以上诸项问题的设计、考虑与确认。因此，对于每个机位来说，要想使其功能最大化，导播既需要根据它的具体位置与机位性质来考虑，还要将其视为整体机位布局中的一员，通过它与其他机位配合关系的多样化组合来拓展其功能。

(一)给它一个好位置

以下我们将通过一个具体的案例来阐述导播怎样给机位设定一个好的位置。

【案例分析】

由台湾著名主持人胡瓜、高怡平主持的《非常男女》曾是一档著名的以未婚男女交友速配为内容的脱口秀节目。因为它以人物的交谈作为主要的节目行为，所以属于我们所探讨的“谈话节目”范畴。

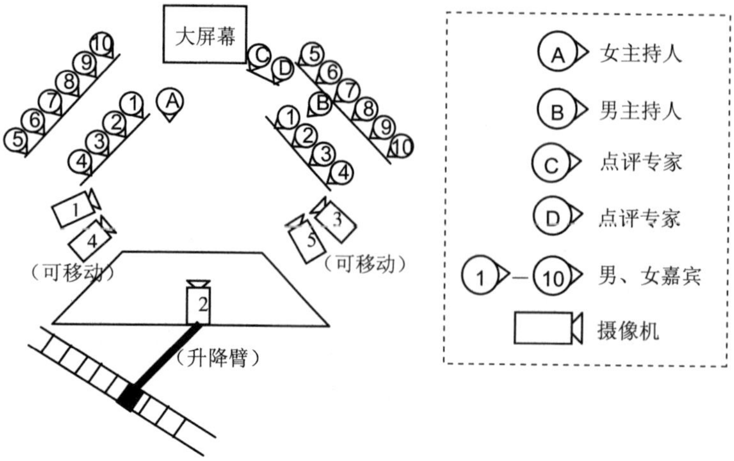

图 3-16　《非常男女》场景与机位示意图

通过图示 3-16，我们可以观察到，这个现场中有两位主持人、多位嘉宾（10 男、10 女）、两位点评专家、多位观众（亲友团）；谈话的场景虽然呈现出围合式的特征，但由于亲友团一般不参与谈话而大多发挥现场观众的作用，所以谈话的交流场由主持人、嘉宾、专家构成，并呈现为向观众敞开的半围合式；所有机位布设在交流场的敞开面一侧，且呈 2 号机全景居后、左右各双机交叉对称的布局形式。

这个机位布局的形式非常符合我们前面所提到的对象原则和场景原则。一方面，按照对象的数目、类型、位置来看，左右各双机位的对称布设分别负责在场景中左右半场范围内调度的男女主持人以及在场景中呈左右对称分布的多位男女嘉宾（后文将详细分析这几个机位的具体分工与搭配关系）。另一方面，按照场景的特征，全貌的展现由 2 号机负责（后文将详细分析这个机位的性质），交流场的布局形式（左右多人对称且半围合）由呈“双八字”形布局的 1 号机、3 号机、4 号机、5 号机来对应。

值得注意的是，这个案例的机位设置很好地体现了“单个机位功能最大化的原则”。

由于节目的主持人是两位，而且胡、高二人的自身性格与节目所需的主持风格决定了他俩的讲话密度高、随机性强。根据经验，他们随机的插话与神态、体态表现都非常精彩。因此，可以说主持人是这个节目最重要的表现对象。导播为了不遗漏对他们的表现，肯定需要设置两个主持人机位来分别保证对胡、高二人的拍摄任务。由于他们两人的位置在场景中基本上居于左右半场，所以负责主持人的机位（姑且先认定为1号机、3号机）左右交叉的设置是非常理想的。

我们再来看4号机、5号机两个机位的设置。第一，从机位布局来看，4号机、5号机也呈左右交叉分布，它们的位置分别与1号机、3号机的位置相似，因此它们同样可以承担拍摄两位主持人的任务。第二，4号机、5号机的拍摄方向分别对应了现场左右分布的男女嘉宾，因此它们既可以交叉拍摄某男、某女嘉宾的近景，又可以交叉拍摄男、女嘉宾群的全景或男、女嘉宾组的中景。同理，1号机、3号机也可以承担如同4号机、5号机男女嘉宾的拍摄任务。所以，1号机、3号机与4号机、5号机并不是严格按主持人与嘉宾来分工的，它们的任务对象可以互换或交替。这样导播就能根据现场需要同时表现对象的多寡以及他们的具体位置而采取不同组合方案的调机（在后文中将列举不同的组合方案）。第三，由于4号机、5号机分别位于1号机、3号机的内侧，因此很方便随时掉转摄像机的拍摄方向，对准观众席，拍摄观众反应的镜头。由于观众不是这个现场的表现重点，拍摄任务量不大，因此导播可以在4号机或5号机没有其他任务的时候调度其拍摄观众。

从4号机、5号机的设置来看，它们在位置上与1号机、3号机相似，但通过分析，我们知道这显然不是一种机位的浪费。正是这种貌似重复的机位设计，使4号机、5号机呈现出多样化的功能。面对多个谈话参与者需要同时表现（而且他们呈对称分布）的交流场特征，4号机、5号机与1号机、3号机的任务既有所分工又相互补充，而且4号机、5号机的具体位置优势还使其能够发挥观众机位的功能。

因此，在这个案例中，1号机、3号机有拍摄主持人与嘉宾机位的双重功能；4号机、5号机有拍摄主持人、嘉宾、观众机位的三重功能。

小结

导播在考虑单个机位功能如何最大化的时候，首先应该想到“给它一个好位置”。如果一个机位占据了合理的空间位置点，它就可以具备多机位使用的可能性。

（二）给它一个好属性

对于一个机位来说，一个科学合理的位置是使其功能最大化的基础，但这个机位的属性将直接关系到它实现多功能的能力。

在上例中，我们可以看出，导播为4号机、5号机设定了非常好的位置，但这还不足以使它们便利地、快捷地完成多样化的拍摄任务。如图3-16所示，4号机、5号机都是带脚轮的架上机位（便携式摄像机、配备带脚轮的三脚架），以便它们轻便地在适当的范围内移动。一方面，当男、女主持人在场景中调度时，可移动的4号机、5号机要比固定的1号机、3号机拍摄起来更加方便;另一方面,当某位主持人与某位嘉宾交流时,比如胡瓜和一位男嘉宾调侃,两个人的位置并不一定都面朝1号机、4号机,这时可以用1号机来拍摄某嘉宾的近景(因为嘉宾的座位是固定的,他的位置不会有什么变化),将4号机移动到一个合适的位置、角度拍摄交代两人关系的镜头;再有,可移动的4号机、5号机在拍摄观众镜头时也可以便捷地掉转机身,调整到一个合适的位置。

我们再来看2号机的属性。2号机作为负责场景展现的全景机位,如果它是在观众席后高角度位置上的固定机位,其功能就非常有限。而如图3-16所示,2号机的性质是摇臂机位(升降臂的底座可在移动轨上移动,大臂可移动可升降,摄像机机身与镜头可遥控朝向和焦距),这样它就拥有了广泛的拍摄范围。首先,升降臂可以将摄像机固定在观众席后的高角度位置上,提供场面的全景(见图3-17A),也可以前后移动使这个全景镜头形成富于动感的画面效果;其次,升降臂还可以将摄像机调整到1号机、4号机的上方,高角度俯拍女嘉宾组的镜头(见图3-17B);再次,升降臂可以将摄像机调整到观众席前侧方向的高角度位置上,通过遥控使机身掉转,拍摄观众群的全景(见图3-17C),等等。由于摇臂在空间上具有自由度,所以此机位的功能是无法穷尽描述的。总之,在不影响其他机位工作的前提下,它可以获得非常多的位置、角度,相当于多个机位的功能,可以完成多种拍摄任务。所以,导播设置一个摇臂机位,不仅是出于视觉效果的考虑(摇臂可以完成复杂的综合运动镜头,增强视觉冲击力与画面感),更是为了利用它的"好属性"来扩展它多机位的使用功能。

图3-17A 高角度拍摄的场面全景

图3-17B 高角度俯拍女嘉宾组的镜头

图3-17C 高角度拍摄的观众全景

图3-17 升降臂拍摄的各种效果

小结

无论是摄像机的类型(大型、便携等),还是各种摄影辅助设备(运动辅助设备、电子遥控设备、水下摄影设备等)以及特殊的镜头性质(广角、长焦、超级慢动等),一个机位的"好属性"不在于配置的高低,而在于能够适用地赋予其功能最大化的能力。

(三)给它一个好配合

对于多讯道的制作而言,每一个机位都不是孤立存在的。一个机位,作为整体机位布局构成中的一个支撑点，必然和其他摄像机所处的位置相互关联。虽然机位之间的配合发生在导播的调机过程中（包括导播工作台本中的机位组合方案与现场调度实施），但导播设置机位的时候就必须考虑到每个机位与其他机位可能出现的配合关系，这样才能将一个机位的功能设想周全。

在《实话实说》的现场制作中（如图 3-15 所示），1 号机是主要负责拍摄观众的机位、4 号机是主要负责拍摄主持人的机位。但当主持人与不同的观众交流时，他需要在观众席中调整自己的位置，所以主持人与观众形成的位置关系是多变的。这就导致 1 号机、4 号机有时不能按照各自原定的分工拍摄到某位观众和主持人的正面镜头，这时它们就要改变原有的配合关系，重新建立新的配合关系。

【案例分析】

《实话实说》之"走近体育明星"镜头组合分析 1（观众提问段落片段）

镜号	机位	景别	摄法	画面内容	说明	图示
1	1	中景	拉摇	崔永元："你好，你鼓掌鼓得很厉害，你是练体操的是吧。刚才他们向我介绍的。你看这个头发多像体操运动员的头发。你是练什么项目啊？"	交代出场人物及人物关系。	
2	4	近景	固定	小男孩："双杠。" 崔永元："哦，这个。"	强调小男孩的表情。	
3	1	中景	缓推	崔永元："李小双的双杠怎么样？"	强调二人关系。	
4	4	近景	固定	崔永元："他为什么有的时候会失败，会失误？" 小男孩："有时候没，没，没抓好杠子。"	交代小男孩的表情。	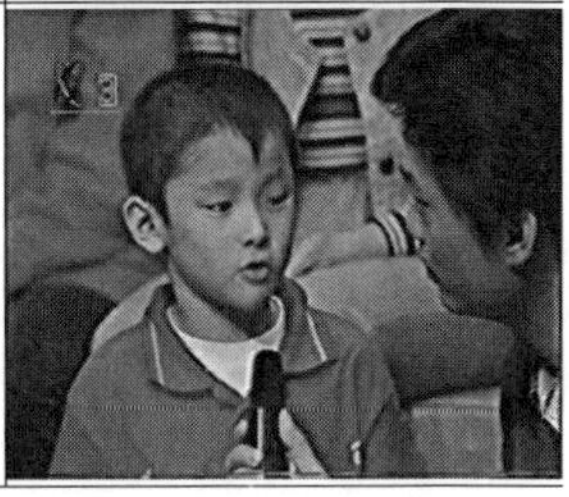

续表

镜号	机位	景别	摄法	画面内容	说明	图示
5	3	近景	固定	(李小双被小男孩的回答逗笑。) 崔永元(画外音):“没抓好杠子,他都看出来了。”	交代嘉宾的表情。	
6	4	近景	固定	崔永元:“有什么问题要问李小双吗?” (小男孩摇摇头) 崔永元:“没问题,他说反正你也退役了,以后看他的吧。”	表现小男孩的表情。	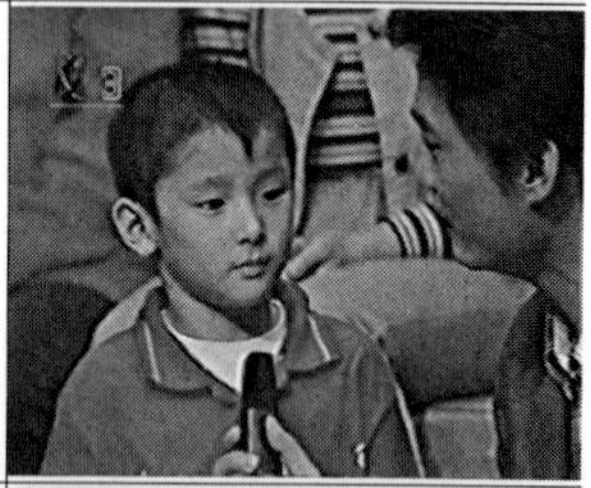
7	3	近景	固定	(李小双微笑的表情)	强调嘉宾的神情。	

在这个段落中,由于主持人崔永元与被采访的小朋友之间的位置关系,致使1号机、4号机按照原先的分工只能拍摄到对象的侧背面镜头。于是,导播调度1号机来拍摄主持人,呈现为双人的关系镜头。由于4号机正好面对小朋友的正面,因此就相应地调度它去拍摄小朋友的近景。可见,类似这样的情况出现时,1号机、4号机就会互换原来所分工的任务。

我们说,1号机、4号机所处的位置(在观众席对侧的左右两边)是它们可以根据情况互换拍摄对象的基础。正是导播对机位之间灵活多样的配合关系的部署,才最终扩展了1号机、4号机的拍摄功能。

再来看《非常男女》的现场制作(如图3-16所示),1号机、4号机主要负责拍摄居于现场右侧的男主持人与男嘉宾,3号机、5号机主要负责拍摄居于现场左侧的女主持人与女嘉宾。当男主持人胡瓜与某男嘉宾对话时,女主持人也会随时插话,女嘉宾与亲友团都会对他们的谈话做出反应。为了将此情景充分地展现出来,该如何建立几个机位之间的配合关系呢?

【案例分析】

《非常男女》镜头组合分析 1(采访 2 号男嘉宾片段)

镜号	机位	景别	摄法	画面内容	说明	图示
1	4	中景	跟摇	(胡瓜走到 2 号男嘉宾王楚铭身边) 胡瓜:“2 号王楚铭。” 高怡平(画外音):“异国恋情。” 胡瓜:“你也选异国恋情,为什么?”	交代主持人调度和人物关系。	
2	1	近景	固定	王楚铭:“我觉得在没有工作压力的情况下,那身心都放松而且在风景宜人(的地方),我觉得是比较浪漫。”	交代人物及其表情。	
3	4	中景	固定	胡瓜:“你没有工作的情况下会一个人出国吗?”	强调人物的神情和二人关系。	
4	1	近景	固定	王楚铭:“应该算是旅游的时候我才会……”	交代人物的表情。	
5	4	近景	固定	胡瓜:“你有一个人旅游过吗?”	交代主持人的表情和视线。	
6	1	近景	固定	王楚铭:“应该是跟团出去玩。”	表现人物的表情和视线。	

续表

镜号	机位	景别	摄法	画面内容	说明	图示
7	4	近景	固定	胡瓜:“哦!”	强调主持人的神情和动作。	
8	3	近景	固定	高怡平:“可是跟团出去玩的话,要发生异国恋情的机会比较少。”	强调主持人的反应。	
9	1	近景	固定	胡瓜(画外音):“就比较难啊。因为整团……”	强调人物的神情。	
10	4	近景	固定	胡瓜:“早上六点钟吃早餐。”	表现主持人的表情。	
11	3	近景	固定	高怡平:“什么阿公阿婆啊,大家都(在一起)对不对。然后常常路边上厕所你也没机会啊。”	强调主持人的神情。	
12	1	近景	固定	胡瓜(画外音):“会不会和阿妈发生恋情啊?” (王楚铭的反应镜头)	强调人物的反应。	
13	5	中景	固定	(5号机调转机身拍摄观众大笑的反应)	强调观众的反应和神情。	

续表

镜号	机位	景别	摄法	画面内容	说明	图示
14	4	中景	固定	胡瓜："异国恋情一定要语言能力很强，否则你怎么跟人家沟通？"	强调人物的神情和关系。	
15	3	中景	固定	高怡平："王先生你会觉得吗？语言能力是不是一定要很强？"	强调主持人的神情。	
16	1	近景	固定	王楚铭："就是我觉得……" 胡瓜（画外音）："你总不能见了面……"	交代人物的表情。	
17	3	近景	固定	胡瓜（画外音）："YOU AND ME 嘿咻……" （高怡平的反应镜头）	交代主持人的神情。	
18	4	近景	固定	胡瓜（画外音）："嘿咻……"	强调主持人的表情和动作。	
19	5	小全	固定	（女嘉宾们在笑）	交代女嘉宾的反应。	

在这个段落中，1号机负责拍摄男嘉宾的近景；4号机负责拍摄胡瓜单人的近景或胡瓜与男嘉宾交流的双人中景，并随时跟摇胡瓜的调度；3号机负责拍摄高怡平的近景；5号机负责提供女嘉宾组反应镜头、女嘉宾单人反应镜头、亲友团（以2号男嘉宾的亲友为主）反应镜头。

我们可以看出,此时现场谈话交流的重点在男人一方,因此在这个配合关系中,1 号机、4 号机都需保持原有的任务,1 号机用于拍摄固定座位的男嘉宾,便于移动的 4 号机则以随时调度的胡瓜为拍摄主体。女主持人高怡平在此段中没有位置的调度,但她说话的密度很高、随机反应很多,所以必须用一台摄像机始终保持她的近景,3 号机作为固定机位此时非常适用。剩下的 5 号机在这个段落中就承担了“游机”的任务,在女嘉宾与亲友团两个阵营中随时选择拍摄对象。

同样的道理,我们可以对应地得出,当谈话交流的重点转到女人一方时,将由 3 号机负责拍摄女嘉宾,5 号机负责跟拍高怡平(单人近景或带关系的中景),1 号机负责拍摄胡瓜,4 号机(承担“游机”任务)负责拍摄男嘉宾与亲友团两方的反应。

其实,形象地说,在这个谈话现场,交流的对象总是在男男、女女、男女之间展开,并且都会有相应的听众。有了如上分析的机位配合思路,现场中所有的谈话关系与反应都可以得到有效的表现。

可以看出,1 号机、3 号机、4 号机、5 号机的机位任务在不同的情景下都会有所改变。这是因为,它们各自的任务不仅取决于它们的位置,更取决于它们之间将如何配合。换句话说,就是不同的配合关系导致了不同的任务分工。而这种配合关系中的具体分工,又始终遵循有效保证所有对象的拍摄和便于机位工作的原则。

小结

在多讯道制作中,每个机位都处在与其他机位配合的关系之中。对于一个机位,导播“给它一个好配合”,不仅可以让它实现功能的最大化,也可以缓解其他机位的拍摄难度,赋予整个机位设置在应对现场不同需要时的变通能力。

第三节　导播在谈话节目中运用的调机规律

通过上一节的论述,我们可以发现,对于谈话节目而言,导播在设置机位的时候已经体现了自己对各机位调度的基本设想。因为一档谈话节目无论以何种方式组织交谈,现场的布局形式(场景与交流场特征)都是相对固定的。因此,机位设置方案的确立会连带形成基本的调机方案。

“调机”的概念不仅包括导播对各机位任务分工的部署,还包括对各机位所拍摄的镜头在角度、景别、运动形式等方面的具体要求,它要传达导播对各镜头衔接顺序的指令,告知处理现场突发情况的预案等。因此,导播在谈话节目中所运用的调机规律是以机位设置方案为基础,对各机位适时运镜提出具体要求,并能应对常规与意外情况的多种机位组合方案。

一、分割与包容

有了完善的机位设置方案，在谈话节目的制作现场，各讯道摄像师通常就会对自己负责的拍摄对象非常明确了。但各机位所拍摄的镜头如何才能准确地满足叙述的需要呢？如何使其与其他机位的镜头衔接符合一般的镜头衔接规律呢？我们说，导播要对镜头叙述与画面衔接负责，也只有导播才能监看和调度所有讯道摄取的画面，因此他必须对这些问题有所把握。

这里所说的"分割与包容"，就是有关镜头取景范畴的问题，这是导播对每个机位下达调机指令时必须明确的要求。

(一)分割

在案例"《非常男女》镜头组合分析 1"中，我们可以看到，男主持人、男嘉宾、女主持人作为这个交谈段落的主要角色，他们在画面上多呈现为单人近景。也就是说，导播在调机的时候是将这些表现对象分置在不同的镜头里，再通过镜头衔接来完成他们的交流关系表述的。这样的调机策略主要是由场面的构成情况与交谈的情绪气氛所决定的。

1. 区分角色的需要

将不同的谈话对象分割在不同的近景镜头里，这种做法可以让电视观众非常直观地区分不同的谈话角色。

在"《非常男女》镜头组合分析 1"中，男主持人作为访问者、男嘉宾作为受访者，将他们分置在不同的镜头中可以明确访谈双方的角色；而对于两位主持人来说，胡瓜的主要作用是"勾引"话题，高怡平的主要作用是"旁敲侧击"，因此将他们两人分置在不同的镜头中又可以区别双主持人在组织谈话中不同的侧重功能。可见，三方的谈话角色在分置的镜头表现中被清晰定位了。

2. 位置距离的需要

在谈话节目的现场，谈话参与者所处的位置和他们之间较大的距离间隔，直接决定了导播必须把他们分置在不同的镜头中。

在《实话实说》的节目现场(如图 3-15 所示)，主持人基本位于观众席一侧，他与三位嘉宾的位置相对。因此，无论是主持人与嘉宾的访谈段落，还是主持人调度现场观众的提问段落(主持人、观众、嘉宾三方交谈)，导播都必须将主持人与嘉宾分置在不同的镜头中(除了用于展现场面的全景镜头)。

【案例分析】

《实话实说》之"走近体育明星"镜头组合分析 2(主持人与嘉宾访谈段落片段)

镜号	机位	景别	摄法	画面内容	说明	图示
1	4	中景	固定	崔永元:"嗯,跳高我们也不懂,但是呢,如果让我们选择这三个项目的话,首先我们不会选择跳高。"	交代主持人的表情及人物的关系。	
2	3	近景	固定	崔永元(画外音):"因为这个项目不让吃饭,人都精瘦精瘦的啊。" 朱建华:"没有这个说法的。"	强调嘉宾的表情。	
3	4	中景	固定	崔永元:"那为什么人会很瘦呢?"	强调主持人的神情。	
4	3	近景	固定	朱建华:"这个很瘦就是训练方法上面的,跳高选择运动员本来就是要高要瘦……你胖了就不能搞跳高了嘛。"	交代嘉宾的表情。	
5	4	中景	固定	崔永元:"就是你每次都可以吃很多东西,但是不会胖起来是吗?"	交代主持人的神情。	
6	3	近景	固定	朱建华:"可以吃,但是运动量一大不就消耗掉了嘛。"	表现嘉宾的神情。	

续表

镜号	机位	景别	摄法	画面内容	说明	图示
7	4	中景	固定	崔永元:"啊,也就是说不会让你白吃的,吃得多就得练得多。"	强调主持人的神情和动作。	
8	3	近景	固定	(朱建华微笑的反应)	强调嘉宾的神情。	

【案例分析】

《实话实说》之"走近体育明星"镜头组合分析3(观众提问段落片段)

镜号	机位	景别	摄法	画面内容	说明	图示
1	4	中景	固定	崔永元:"我们今天现场来的百位观众啊就有很多是体育迷,可能也有一些和我一样对体育的知识了解不多,刚才我向你们提了很多问题,现在他们也有很多问题要向你们提。"	表现主持人的神情。	
2	2	全景	固定	崔永元:"哪位朋友?你好!" 女观众甲:"你好,我想请问李小双一个问题。"	交代全场人物的关系及提问人的位置。	
3	1	近景	固定	女观众甲:"你有想去国外发展的想法吗?"	强调观众的神情。	

续表

镜号	机位	景别	摄法	画面内容	说明	图示
4	3	近景	固定	(李小双认真地在听观众提问) 女观众甲(画外音):“如果出去了,你还会回来吗?”	交代嘉宾的神情。	
5	4	中景	固定	崔永元:“他退役没退役? 女观众甲:“那好,先问你退役没退役,退役以后你想过(去国外发展)吗?” 崔永元:“她肯定是掌握了你要退役。”	交代人物关系和人物神情。	
6	3	近景	固定	李小双:“我想是这样,如果有机会出去看一看是可以的,把国外的一些体操推向市场的经营方式拿回到中国,去发展中国的体操事业,这样是允许的。但要是长期去定居去工作,我想我不会去做。”	表现嘉宾的神情。	
7	1	近景	拉摇	(女观众甲微笑着鼓掌)	强调人物的神情和动作。	

从上述两例镜头组合分析中我们可以看出,主持人与嘉宾总是被分置在不同的镜头之中。他们在这个现场中相对而置的位置和较大的距离,使导播无法将他们包容在一个画面里,必须分别调度不同的机位去完成拍摄任务(4 号机负责主持人、3 号机负责嘉宾)。其实这是导播从拍摄实务的角度出发而做出的选择。

3. 情绪效果的突出

我们知道,在一个镜头里呈现和通过分切镜头来表达几位谈话对象之间的交流关系,其叙述的效果是完全不同的。

导播如果调度某摄像机将不同的谈话对象包容在一个镜头里(拍摄条件许可的情况下),他们之间交流关系的呈现是比较客观的;也就是说,可以让电视观众在这个镜头里去自主选择重点观看的对象,自主形成从哪个人到哪个人的视线流。但导播如果调度多个摄像机分别拍摄不同的谈话对象,再通过分切组合镜头来建立他们之间的关系，那么，交流关系的呈现则是经过导播处理后的主观表述；也就是说，电视观众看到的是导播选择的对象重点和导播决定的关系链条。以上这两种情况没有绝对的好坏，只取决于话题的内容和谈话所需的氛围。

现在，我们来看看《非常男女》中一段精彩谈话的镜头调度组合。

【案例分析】

《非常男女》镜头组合分析2（采访3号男嘉宾片段）

镜号	机位	景别	摄法	画面内容	说明	图示
1	4	中景	固定	胡瓜：“3号先生有什么话说？您（选择的）是异国恋情。”	交代3号嘉宾的位置及人物关系。	
2	3	近景	固定	高怡平：“你曾经有过哪几种，哪几个国家的（恋情）经验？”	强调主持人的表情和动作。	
3	1	近景	固定	廖润湘：“大概就是西班牙的女生。对，我一直都受不了西班牙的女生。她们实在太棒了。”	交代人物的神情。	
4	3	近景	固定	（高怡平夸张的反应）	交代主持人的表情。	
5	1	近景	固定	廖润湘：“我尤其喜欢那种卷发，大大的卷，那一看到我马上就被吸引过去了。”	交代人物的表情和动作。	

续表

镜号	机位	景别	摄法	画面内容	说明	图示
6	4	近景	固定	胡瓜:“你是在什么情况下碰到这个西班牙女生的?”	表现主持人的表情和视线。	
7	1	近景	固定	廖润湘:“我在美国念 MBA 的时候,在那个学校常常都会有西班牙的女生也过来念书嘛。然后就这样子在一起。”	强调人物的神情和动作。	
8	3	近景	固定	(高怡平点头的反应)	交代主持人的神情。	
9	1	近景	固定	廖润湘:“我记得那时候的我有一次差一点点就可能有那个经验了。但是……”	强调人物的神情。	
10	3	近景	固定	高怡平:“为什么?为什么差那么一点点?”	强调主持人的表情。	
11	1	近景	固定	(廖润湘尴尬的反应) 胡瓜(画外音):“只是刚好……”	强调人物的表情。	

续表

镜号	机位	景别	摄法	画面内容	说明	图示
12	3	近景	固定	高怡平:“为什么没发生?”	强调主持人的表情。	
13	4	近景	固定	胡瓜:“只是刚好校方来临检。”	强调主持人的神情。	
14	1	近景	固定	廖润湘:“不是。那个是,说实在的我现在也很后悔为什么就差那么一点。”	强调人物的神情。	
15	3	近景	固定	(高怡平得意微笑的反应)	强调主持人的神情。	
16	1	近景	固定	廖润湘:“刚开始的时候因为我住学校宿舍嘛,因为我们中国学生自己煮饭嘛,刚开始的时候她们是被我的(厨艺)吸引过来的。我在煮饭的时候……”	交代人物的表情及动作。	
17	3	近景	固定	(高怡平做出搞笑的动作) 高怡平:“被他的香味……”	强调主持人的动作。	

续表

镜号	机位	景别	摄法	画面内容	说明	图示
18	4	近景	固定	胡瓜:“做饭菜的香味。”	强调主持人的表情。	
19	1	近景	固定	廖润湘:“做饭菜的香味,做饭菜的香味……”	表现人物的表情。	
20	3	近景	固定	(高怡平做夸张的动作)	强调主持人的表情和动作。	

这是一段由单人近景镜头组合完成的三人谈话段落。镜头 4、10、15、17、20 表现了高怡平不失时机“犯坏”的情景;镜头 3、5、7、9、14、16 表现了 3 号男嘉宾老实“招供”的情景;镜头 6、13、18 则强调了胡瓜故作严肃的样子。通过镜头的分切与组合,三者相互对应、形成反差的效果得到了强烈的突出。这种交流关系的建立虽然体现了导播强烈的主观色彩,但镜头的分切都突出了男、女主持人的珠联璧合与 3 号男嘉宾的傻气可爱,镜头的衔接又突出了现场谈话自由轻松、诙谐幽默的氛围。因此,在这里,三人单独的近景分切与组合营造了一个非常符合节目总体风格的精彩情绪段落。

小结

将谈话参与者分割在不同的镜头中进行表现,对拍摄主体的呈现往往是淡化位置关系与背景环境的近景镜头。因此,这种调机方案的确立必须以明确地向观众提供场景全貌与交流场特征为前提,否则,就会由于空间关系的割裂而使观众搞不清谈话对象的位置关系。

(二)包容

我们所说的“包容”,就是导播调度一个镜头去表现两者或两者以上的谈话对象,使它既能同时完成几个人物的展现,又能表现他们的位置关系与环境背景。

1.位置关系的展现

【案例分析】

《实话实说》之"走近体育明星"观众提问段落镜头示例

以上示例中的几个镜头都是包容了主持人与提问观众并带有周围观众席环境的中景镜头。在观众提问的段落，首先，由于主持人是在观众席中走动到一个个提问观众身边的，因此他与每个提问观众的位置关系需要适当交代。其次，由于主持人与提问观众的实际距离很近，用一个中景镜头表现双人关系在视觉上会令人非常舒服。再次，这样的中景关系镜头与其他单人近景镜头（表现提问观众或被问嘉宾）组合起来，在画面衔接上也显得流畅自然。

用一个包容性比较强的镜头去展现谈话参与者之间的位置关系，是谈话进行中每个环节、段落，甚至每一次谈话对象的改变都需要交代的画面过程。

2.对话频率的需要

在谈话进行的过程中，有时谈话对象之间话语的交锋"短兵相接"，如果用分切镜头来表现就会由于切换过于频繁而在视觉上令人不适。因此，用一个包容性的镜头将谈话几方都囊括进来是一个非常实用的选择。它不仅可以呈现交流过程的原貌，又不至于由于说话人变换的频率太快而使调机、切换应接不暇；另外，与其他分切镜头的段落配合，在画面节奏上也能形成适当的变化。

3.交流互动性的需要

在谈话的过程中，有时谈话对象之间话语或表情的互动性很强，也就是说，多人同时都有表现力且相互作用。此时，如果用分切镜头先后表现不同的谈话对象，在叙述上就会遗漏细节甚至有失准确。此时就需要用一个包容性的镜头来呈现他们之间交流情绪的互动关系。这也是针对谈话中交流效果形成的特殊性而做出的适用性选择。

【案例分析】

《非常男女》镜头组合分析3(采访2号男嘉宾片段)

镜号	机位	景别	摄法	画面内容	说明	图示
1	4	中景	固定	胡瓜:"没关系,你谈到你的原则我们很尊重,就是说谈恋情没关系但是还是不要发生那个,结婚那天才开封嘛,对不对?"	强调主持人的动作,展现人物的关系。	
2	1	近景	固定	王楚铭:"对,我觉得这个可能深深受到我们儒家思想的熏陶。"	强调人物的表情。	
3	3	近景	固定	高怡平:"很好。"	强调主持人的表情。	
4	4	中景	固定	胡瓜:"您的会馆在……好,了解了。我们尊重他。来,掌声鼓励一下。"	强调人物的神情和动作。	
5	5	中景	拉摇	(观众热烈鼓掌)	表现现场气氛。	

在这段谈话中,我们可以看到,镜头1、镜头4都是在一个镜头里包容了胡瓜与2号男嘉宾的中景镜头。可以说,胡瓜的"滑头"与2号男嘉宾的憨厚腼腆共存在一个画面中,形成了强烈反差;同时,胡瓜的快速出言与2号男嘉宾的语速慢悠形成了节奏不和谐的喜剧效果。正是因为有了这样的包容谈话对象双方表现的镜头,他们之间从语言到表情的相互作用的效果才能够被保留下来。

4. 场面调整的定位需要

【案例分析】

《实话实说》之"走近体育明星"镜头组合分析 4(观众提问段落摘选)

镜号	机位	景别	摄法	画面内容	说明	图示
1	2	全景	固定	崔永元:"哪位朋友？你好。" 女观众甲:"你好,我想请问李小双一个问题。"	交代场面调度及提问观众的位置。	
2	1	近景	固定	女观众甲:"你有想去国外发展的想法吗?"	交代提问女观众的样子。	
3	3	近景	固定	(李小双认真地在听观众提问) 女观众甲(画外音):"如果出去了,你还会回来吗?"	交代被问嘉宾。	
略				……	……	
1	2	全景	固定	崔永元:"你好。" 女观众乙:"我想请问一下李小双。"	交代场面调度及提问观众的位置。	
2	1	近景	固定	女观众乙:"你今年有多大了?"	交代提问女观众的样子。	

续表

镜号	机位	景别	摄法	画面内容	说明	图示
3	3	近景	固定	李小双:“我啊,你看我有多大了?”	交代被问嘉宾。	
略				……	……	
1	2	全景	固定	男观众甲:“我想问一下朱建华。”	交代场面调度及提问观众的位置。	
2	1	近景	固定	男观众甲:“这个跳高吧,还有什么要求?因为我这个体形比较瘦。”	交代提问男观众的样子。	
3	3	近景	固定	(朱建华认真在听观众提问) 男观众甲(画外音):“跳高一直都……”	交代被问嘉宾。	
略				……	……	

通过上述案例分析,我们发现,每当一个新的观众示意要提问、主持人拿着话筒向他走去的时候,导播通常会调度2号机用全景来展现这个场面调度的过程。2号机所提供的全景镜头清晰地交代了提问观众在现场的位置、主持人的走动路线,并再一次展现了场景的全貌。

这种调机方法在谈话节目的制作中是非常通行的,用负责场景全貌的机位去表现场面的调整,一来可以使场面调度的过程被清晰呈现出来;二来全景镜头也可以将调整后的位置关系重新定位,便于电视观众继续观看。三来场景全貌的展现可以再次向观众强调“在这个谈话节目中”的收视信息。另外,全景本身在视觉节奏上的舒缓性也可以适度形成谈话进行中的必要间歇。

用一个包容性很强的全景镜头来满足场面调整的定位需要，这一调机策略与我们在情境剧的运镜规律中所谈到的“关注场面调度的变化”是相通的。

5. 导播调机的时间需要

如果现场的情况发生变化，导播就要针对变化对各机位下达新的调度方案。从导播下达调度指令到各摄像师实施完成镜头要求，势必需要一定的时间。因此，在各镜头尚未到位之前，导播如果保留一个机位提供包容性较强的镜头(例如，场面的全景或几个谈话参与者的中景)，就可以在不中断还原现场的基础上给其他机位的调整留出必要的时间。

比如，在“《实话实说》镜头组合分析 4”中，2 号机的全景镜头既能发挥以上各功能，又能为导播应对现场的变化去调度其他机位提供缓冲时间。在使用 2 号机的过程中，1 号机要找到刚刚站起来提问的观众并拍摄其近景，4 号机要跟随主持人的位置调整构图，3 号机要调整到被观众提问的那位嘉宾的近景。当它们都调整到位后，导播就可以继续进行下面的镜头组合了。

因此，用包容性较强的镜头在一些环节中进行过渡，也是从导播工作实务出发而做出的选择。

小结

导播在运行调机时，时常要用到“分割与包容”这一组相关的规律。它们的运用是出于对准确完成叙述、符合镜头衔接规律、满足节奏效果需求、关照导播工作实务等方面的综合考虑。我们可以看出，“包容”是“分割”的前提，也是“分割”的间歇；“分割”是“包容”的进展，也是“包容”的装饰。对于谈话节目的导播，这一相关的调机规律不是刻意遵循的结果，而是自然形成的需要。

二、镜头组合链条

如果说“分割与包容”是导播调机时对每一个机位所摄取的镜头在拍摄对象、景别和构图上的要求，那么，“镜头组合链条”则是导播在调机时对系列镜头所建立的连接顺序。我们说，导播的语言就是镜头与镜头组合的语言，因此他对表现对象的叙述方式以及对画面形式感的追求都会呈现在镜头流之中。

(一)叙述情境的需要

在谈话节目的制作中，导播也会面对不同的情境。虽然节目的内容以交谈的话语为主，但在导播眼里，他必须把节目划分为一个个情境形态。比如，“主持人逐一介嘉宾的情境”“主持人与嘉宾对话的情境”“观众提问嘉宾的情境”“男女双方辩论的情境”,等等。准确地叙述节目中不同的情境,就是导播要运用镜头与镜头组合来完成的工作。

因此,谈话节目的导播必须针对节目中不同环节下的情境特点进行分析,并在制作工作台本的阶段确定叙述不同情境的镜头组合链条,也就是设计在不同情境下如何搭建各机位的配合顺序。这样,在现场录制时,导播的调机思路就会非常清晰,各讯道摄像师也会对自身的任务以及与其他讯道的配合关系提前有所准备。

我们下面就以《实话实说》之“走近体育明星”为例,分析它在不同环节情境下的镜头组合链条。

【案例分析】

《实话实说》之“走近体育明星”镜头组合分析 5(嘉宾入场段落)

镜号	机位	景别	摄法	画面内容	说明	图示
1	2	近景	固定	崔永元:……在他们辉煌之前,在他们辉煌之后,这些世界冠军的甜酸苦辣可能并不为人所知,那么今天咱们《实话实说》呢就一起结识几个作为普通人的体育明星。	主持人开场词引出话题及嘉宾。	
2	3	小全	固定	(大屏幕上播放李小双的短片)	交代大屏幕信息。	
3	VCR			(播放李小双的短片) 崔永元(画外音):“这是谁?” 观众(画外音):“李小双。” 崔永元(画外音):“有请李小双。” (掌声响起)	嘉宾背景资料。	
4	2	全景	固定	(李小双上场)	交代全场环境及人物关系。	

续表

镜号	机位	景别	摄法	画面内容	说明	图示
5	4	中景	跟	（崔永元与李小双握手）	交代出场嘉宾。	
6	VCR			（播放李小双的短片）	嘉宾背景资料。	
7	3	近景	固定	（李小双坐在嘉宾席上）	表现李小双的神情。	
略	……	……	……	……	……	……
1	2	全景	固定	崔永元："看看我们还请到了哪位朋友。"	交代全场环境及人物关系。	
2	VCR			（大屏幕播放黄志红的短片） 崔永元（画外音）："这是谁？" 观众（画外音）："黄志红。"	嘉宾背景资料。	
3	2	全景	固定	崔永元："她高兴得像个孩子一样，有请黄志红。"	交代全场环境及人物关系。	

续表

镜号	机位	景别	摄法	画面内容	说明	图示
4	(补)	中景	固定	(黄志红进入现场)	交代出场嘉宾。	
5	3	小全	固定	(观众热烈鼓掌,黄志红向大家招手,与主持人握手)	交代场面调度、表现现场气氛。	
6	4	中景	跟摇	(黄志红向嘉宾席走去)	交代嘉宾调度。	
7	VCR			(播放黄志红的短片)	嘉宾背景资料。	
8	3	近景	固定	(黄志红坐在嘉宾席上)	表现黄志红的表情。	
略	……	……	……	……	……	……
1	2	小全	固定	崔永元(画外音):“我们还请到了一个朋友,这是谁?”	交代环境及大屏幕信息。	

续表

镜号	机位	景别	摄法	画面内容	说明	图示
2	4	小全	固定	（入场门口等待嘉宾上场） 观众（画外音）：“朱建华。”	交代环境。	
3	5	近景	固定	（朱建华在门口等待入场）	游动机位在场外拍摄即将上场的嘉宾。	
4	VCR			（播放朱建华的短片） 崔永元（画外音）：“有请朱建华。”	嘉宾背景资料。	
5	5	近景	跟	（朱建华向场内走去）	游动机位表现嘉宾入场。	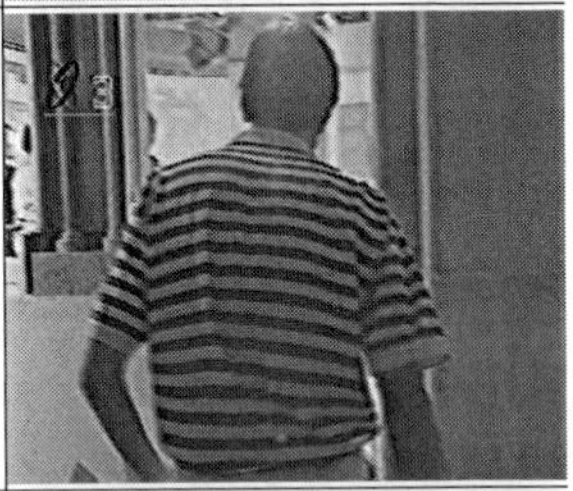
6	3	小全—中景	摇—推	（朱建华进场并与崔永元握手） 崔永元：“你好！请坐！” （朱建华向嘉宾席走去并落座）	交代场面调度。	

在“嘉宾入场”的段落中，三位嘉宾的入场方式是一致的：他们都从场景规定的入场门进入现场，与主持人相见握手再落座嘉宾席。按照这个情境的特点，画面叙述需要交代的是“谁要来→他（她）来到了现场→主持人和他（她）见面→他（她）的样子”。由此，导播就可以确定镜头组合的思路。

【李小双入场】

镜头组合链条呈现为：场面全景（嘉宾出现）→主持人与嘉宾双人关系→嘉宾近景

机位配合顺序为:2 号机→4 号机→3 号机

【黄志红入场】

镜头组合链条呈现为:场面全景(嘉宾出现)→嘉宾近景→嘉宾入场的小全景→主持人与嘉宾双人关系→嘉宾近景

机位配合顺序为:2 号机→(后期插入)→3 号机→4 号机→3 号机

【朱建华入场】

镜头组合链条呈现为:场面全景→入场门→嘉宾入场的跟移→主持人与嘉宾双人关系摇推至嘉宾中景

机位配合顺序为:2 号机→4 号机→游机→3 号机

虽然从完成的具体情况来看,这三次交代嘉宾入场的镜头组合在处理上略有不同,但我们可以明显地看出,镜头组合链条的搭建思路是一致的,其实就是"2 号机全景→4 号机双人关系→3 号机嘉宾近景"的基础组合方案。

镜头组合的链条就是导播叙述的方式,每一次组合的过程就是一次叙述的过程:虽然仅仅是"嘉宾入场"的简单情境,也需要通过画面叙述将它表达出来。同时,镜头组合链条也可以使各讯道摄像师明确此情境下自己的拍摄任务。

【案例分析】

《实话实说》之"走近体育明星"镜头组合分析 6(主持人与嘉宾访谈段落片段)

镜号	机位	景别	摄法	画面内容	说明	图示
1	4	中景	固定	崔永元:"大家见到你啊也特别高兴。"	表现主持人的神情。	
2	3	近景	固定	(黄志红微笑的反应) 崔永元(画外音):"因为你啊感觉就是一个乐天派啊,没有什么发愁的事儿。" 黄志红:"怎么可能没有呢?"	强调嘉宾的表情。	
3	1	小全	固定	崔永元:"但是大家知道的好像是这样,得第一和得第八都是这么高兴。"	强调主持人的神情和与观众的关系。	

续表

镜号	机位	景别	摄法	画面内容	说明	图示
4	3	近景	固定	黄志红："啊，怎么说呢。得第八也是我辛苦得来的嘛，虽然有点遗憾，但觉得这第八总比没有什么强吧。"	交代嘉宾的神情。	
5	4	中景	固定	崔永元："嗯，体育我不太懂，我也心里有一个问题特别想问你啊。体育有很多项目，为什么选这么一个没意思的项目，弄个铁球来回扔，有什么意思？"	交代主持人的神情。	
6	3	近景	固定	黄志红："确实是没什么意思，但是这个说起来话长，田径教练让我去练标枪。"	表现嘉宾的表情。	
7	1	近景	固定	（两位女观众认真在听黄志红讲话） 黄志红（画外音）："但是我柔韧性差一点，标枪需要肩关节的柔韧性。"	表现观众的反应。	
8	3	近景	固定	黄志红："所以这样琢磨你来了不干点什么也不行，那你就去扔铁饼去吧。好，我就去扔铁饼。扔铁饼我头晕，实在是没办法，所以我才去扔的铅球。"	强调嘉宾的神情。	
9	4	中景	固定	崔永元："再次欢迎黄志红。" （观众掌声热烈） 黄志红（画外音）："谢谢。"	强调主持人的表情。	

“主持人与嘉宾访谈”段落的场面情况比较简单，主持人、嘉宾的位置都是固定不变的，现场观众只发挥听众的作用。按照情境的特征，画面叙述只需明确“双方对话、有人在听”就可以了。因此，镜头组合的规律性很强。

镜头组合链条呈现为：

主持人(近景或中景)→嘉宾近景→主持人(近景或中景)→嘉宾近景……(中间插入观众反应)

机位配合顺序为：

4 号机→3 号机→4 号机→3 号机……(中间插入 1 号机)

【案例分析】

参见《实话实说》之“走近体育明星”镜头组合分析 3(观众提问段落片段)

在“观众提问嘉宾”的段落，每个提问的观众都是随机站起来的，然后主持人被调度到这位观众身边，继而是观众、主持人、嘉宾的三方交流。

根据这个情境的特征，画面叙述的过程应该是：

哪个观众站起来提问→他(她)什么样儿→被问的嘉宾是谁→主持人对观众的问题有何反应→嘉宾怎么回答→提问的观众听来有何反应

虽然具体到某一个观众站起提问，导播调机的方式会根据观众与主持人的具体位置而略有不同，但整体来看，镜头组合的思路是一致的。

镜头组合链条呈现为：

场面全景→提问观众近景→被提问嘉宾近景→提问观众近景(或主持人与提问观众双人中景)→被提问嘉宾作答的近景→提问观众反应……

机位配合顺序为：

2 号机→1 号机→3 号机→1 号机(或 4 号机)→3 号机→1 号机……

通过上述几个案例的分析，我们可以看出，对一档谈话节目中每个不同的环节情境，导播都会针对性地确定一个基础的镜头组合链条(机位配合顺序)，它是导播调机方案中最重要的组成部分。

(二)建立画面形式感的需要

除了对谈话对象与谈话情境进行准确的画面叙述的基本需要,导播还要通过镜头组合建立画面的形式感,从而实现特定的视觉效果。而对于一档成熟的谈话节目来说,画面特有的形式感也是它的重要标识。

【案例分析】

《非常男女》镜头组合分析 4“段落头尾”镜头搭配(“二见钟情”段落)

机位	景别	摄法	画面内容	说明	图示
2	大全 — 小全	前移	(全场观众热烈鼓掌)	交代环境和场面气氛。	
3	小全 — 近景	推 — 固定	胡瓜:“非常男女。” 高怡平:“二见钟情。” ……	表现人物的动作和表情。	
略	……	……	……	……	……
4	中景 — 小全	拉	胡瓜:“谢谢吴宗庭。” 高怡平:“谢谢。”	交代人物的动作及场面调度。	
2	全景	后移	(观众热烈鼓掌)	交代场面气氛。	

《非常男女》镜头组合分析 4“段落头尾”镜头搭配(“非常速配”段落)

机位	景别	摄法	画面内容	说明	图示
2	大全 — 小全	前移	(全场观众热烈鼓掌)	交代环境和场面气氛。	
3	小全 — 近景	推	胡瓜:“非常男女。” 高怡平:“非常速配。” ……	表现人物的动作和表情。	
略	……	……	……	……	……
4	近景 — 中近景	拉	胡瓜/高怡平:“非常男女,有缘千里。谢谢。”	强调人物的表情和动作。	
2	小全 — 大全	后移	(主持人与各位嘉宾握手)	展现环境。	

上面列举了《非常男女》中“二见钟情”与“非常速配”这两个段落的头尾镜头组合形式。其实,通观全片,每个段落的首尾在镜头组合上都体现了这个统一的形式。段落的开始,先以 2 号机摇臂全景前移的镜头形成“进入现场”的画面效果,再接 3 号机主持人双人小全景到近景的急推镜头形成“主持人开讲了!”的画面效果;段落的结尾,先以 4 号机或 5 号机主持人双人近景到中景的急拉镜头形成“这段说完了!”的画面效果,再接 2 号机摇臂全景后移的镜头形成“离开现场”的画面效果。在段落头尾,有章法的镜头运动形式(前移+推/拉+后移)与固定的镜头组合链条有效地对应了“首尾”的语义,形成了突出的画面形式感;同时,它作为一种能让观众识别出来的视觉效果,起到了强化本节目外部形象的作用。

《非常男女》作为一档以男女速配为服务功能、讨论婚恋问题的谈话节目,制作播出了多年,在节目形式与制作方式上都达到了相当成熟、稳定的程度。如上列所举的这种清晰固定的画面形式感就体现了导播自觉的调机策略，也是其在制作上成熟的标志之一。

就观众而言，其对一档谈话节目的识别记忆，画面的形式感所能起到的作用并不像主持人、场景特征那么直接。但对于常年播出的节目来说，它在画面形式上的稳定特征必然会对观众的辨识起到积极的作用，因此也是导播调机方案的必备内容。

小结

镜头组合链条是导播语言的重要体现，将其落实在调机方案中便形成了导播与各讯道摄像师现场工作的基础。有了它，制作团队就可以在录制时节省调机交流的时间，还可以尽量避免配合的失误。同时，它也是导播与各讯道摄像师长期配合而达成的共识，是导播对各机位整合能力的体现，是摄像师对本讯道功能与位置感意识的良好体现。

三、突发情况的处理

在上文中，我们讨论了机位设置的原则和调机的基本规律，但它们都是针对常态情况下的节目制作的，目的是找出规律，力求科学、合理、有效地解决导播工作中的相关问题。然而，对于多讯道的节目制作而言，再详细周密的方案也无法避免现场意外情况的发生。因此，对突发情况的处理就成为导播随时可能面对的问题。

【案例分析】

《实话实说》之“走近体育明星”镜头组合分析 7（“老外”提问段落）

镜号	机位	景别	摄法	画面内容	说明	图示
1	4	中景	固定	崔永元：“现场哪位朋友有兴趣跟黄志红对一对英语？”	表现主持人的表情及动作。	
2	1	近景—中景	拉摇	（观众的反应镜头以及崔永元发现提问者） 崔永元：“哦，在这儿呢。”	表现主持人的神情动作及场面调度。	

续表

镜号	机位	景别	摄法	画面内容	说明	图示
3	2	全景	跟摇	崔永元:“学英语的朋友。”	交代场面环境及确认提问者的位置。	
4	4	中景	固定	黄志红(画外音):“哈哈,他是老外啊。”	交代新出现的人物及与主持人的位置关系。	
5	2	近景	固定	老外:“How are you doing today?”	交代人物动作和视线。	
6	3	近景	固定	黄志红:“Oh ,I am fine. Thank you, and you ?”	表现嘉宾的神情。	
7	2	近景	固定	老外:“Very good, thanks. Are you nervous to be on the show ?”	强调人物的视线。	
8	3	近景	固定	黄志红:“A little bit。” 老外(画外音):“A little bit?” 崔永元(画外音):“说两句难的。”	强调嘉宾的神情。	

续表

镜号	机位	景别	摄法	画面内容	说明	图示
9	4	近景	固定	老外:“难的,我想想。” 崔永元(画外音):“难的他也不会。” 老外:“When you are competing, when you are most successful, how did you feel?”	变换了机位给人物近景,强调人物的神情和反应。	
10	3	近景	固定	黄志红:“Yeah! I feel great, really, yeah!”	表现嘉宾的神情。	
11	4	近景	固定	老外:“ Good! 我能不能问三位嘉宾一个问题呢? 我想问一下……” 崔永元(画外音):“等一会,你先告诉我们……”	强调人物的神情。	
12	2	全景	固定	崔永元:“刚才你们说半天都说什么了?”	强调人物位置,展现人物关系。	
略	……	……	……	……	……	

这个段落虽然是在“观众提问嘉宾”的情境中,但由于这位提问的“老外”的位置处于主要观众席之外(见图 3-18),因此原有的各机位任务与镜头组合链条就不适用了。

首先,“老外”就在负责拍摄观众的 1 号机旁边,1 号机为大型摄像机,机位固定,这样的性质导致它根本无法拍摄到“老外”的近景镜头。另外,负责主持人的 4 号机虽然跟拍主持人走到“老外”的旁边,但它所拍摄到的主持人与“老外”的双人镜头又使 1 号机严重穿帮(如镜头 4)。于是,导播调度各机位重新确定拍摄任务,形成了临场的镜头组合方式:

1 号机(观众全景摇)—2 号机(全景调整)—4 号机(主持人与“老外”双人中景)—2 号机(“老外”侧面近景)—3 号机(嘉宾近景)—2 号机(“老外”侧画近景)—3 号机(嘉宾近景)—4 号机(“老外”近景)—3 号机(嘉宾近景)……

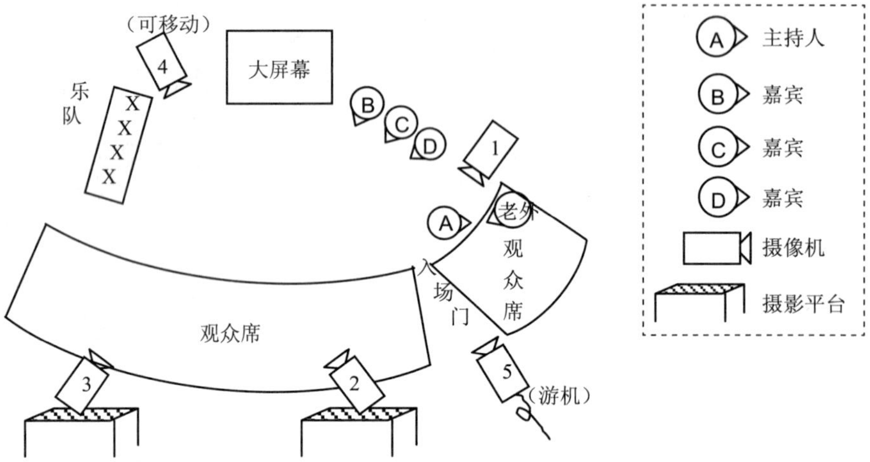

图 3-18 《实话实说》之"走近体育明星"场景与机位示意图 B

显然,突发情况打乱了各机位的原有配合,也给导播临场调机造成了一阵混乱。虽然导播与各机位的调整非常积极(2 号机去拍观众近景了,4 号机不管主持人了),场面的情况也算基本呈现了出来,但从画面效果来说,确实存在比较严重的问题。首先,导播两次切 2 号机"老外"的侧面近景(镜头 5、镜头 7),但这两个镜头都没能让电视观众看到"老外"的面部,新信息的交代显然不够完整清晰。其次,导播为了解决穿帮问题(如镜头 4),而将 4 号机调整成"老外"的单人近景(镜头 9、镜头 11),虽然这个"老外"算是让电视观众看清了,但此时主持人与他交流的很多重要表现都被遗漏在画框外了。可见,导播对于这一突发情况的处理虽然积极,但临场形成的调机方案并不理想。

针对这个情况,镜头组合方式可以设计为:

1 号机(观众全景摇)—3 号机("老外"近景)—2 号机(嘉宾近景)—4 号机(主持人单近景)—3 号机("老外"近景)—2 号机(嘉宾近景)……

也就是说,从"老外"与嘉宾的位置来看,交流的视线关系正好处于 2 号机、3 号机的对面一侧,因此用 2 号机、3 号机分别交叉拍摄嘉宾与"老外"是符合轴线关系的准确调整。同时,4 号机为避免穿帮可以放弃主持人与"老外"的双人中景而保持主持人的单人近景,这样就不会遗漏主持人的表现了。1 号机这时还可以拍摄一个观众席的全景作为备用镜头。

可见,面对突发情况,导播的调机还是以原有机位任务为基础的。但更重要的是,导播能够立刻识别出场面中临时出现的交流关系的新特征(比如,此时嘉宾与观众的交流视线关系和通常情况下有何不同),然后适当放弃原有机位任务的固定程式(比如,要思考负责拍摄嘉宾的 3 号机在此时最适合的任务是什么),从而形成合理应对的新的调度方案。

需要进一步指出的是，在节目录制中出现过的所有突发情况以及导播在现场的处理方案与之后的修正方案都应成为一种经验，在导播再次制定调机方案的时候，所有以前出现过的非常规情况的最佳处理方案都应作为备案列入其中。

小结

通过上述分析，我们可以明确，在谈话节目中导播所运用的调机方案就是对各机位适时运镜的具体要求、应对常规情境的各种镜头（机位）组合链条、对突发情况的多种机位组合备案这几个方面的结合。因此，优秀的调机方案形成的前提是：导播对谈话节目现场有充分的认识，对机位设置中各机位组合所具有的叙述功能有充分的研究，并有大量实践经验的积累。

第四节　导播在谈话节目中的切换依据

谈话节目是以交谈为主要表现内容的。因此，无论谈话的话题范畴、谈话进行的方式、谈话参与人员以及谈话现场的场景特征如何，语言始终是节目要传达的最重要的信息，也是节目中各个谈话参与者相互交流的最重要的依托。

可以说，谈话节目的导播对语言的认识是其画面切换过程中除技术外最重要的专业储备。虽然谈话本身似乎没有更多的专业特性，对导播的专业化要求也不像在制作戏剧、音乐、舞蹈、体育赛事节目中那么高，但能够掌握和预见语言的发出对象，迅速识别不同人的语言节奏，把握语言与反应的衔接效果却是谈话节目导播在进行画面切换时所必备的能力。

一、镜头组合链条的实现

在前两节中，我们已经详细分析了谈话节目导播设置机位与运行调机的基本规律，从中可以看出，有了详细周密的调机方案，导播的画面切换工作基本就是“照章办事”了。

我们已经明确镜头组合链条对于导播叙述现场情境、展现交流关系、建立画面形式感的重要性，但镜头组合链条的最终实现是在导播的画面切换过程中完成的。形象地说，链条的搭建是导播在调机方案中确立的“叙述公式”。公式本身虽然可以提供原则，却只是干巴巴的模板，切换的过程就好比向这个公式中带入各个数值进行运算，从而具体地实现这个公式的意义，而运算的结果则产生在电视观众的收视效果中。

导播在录制现场对谈话语言发出方的认领确定了切入镜头的选择,对每个人语言长短节奏的把握决定了镜头的滞留长度以及插入、转换的契机。因此,用“看人、听音、按键三者结合”来形容导播在谈话节目中的切换步骤非常形象。

二、切换频率的控制

在上一节对《实话实说》《非常男女》的系列镜头组合分析中我们可以看到,这两档节目在镜头的转换频率上有很大的差异。《实话实说》的镜头转换频率较低,画面衔接呈现出比较舒缓的节奏;《非常男女》的镜头转换频率则较高,画面衔接呈现出比较跳跃快速的节奏。

镜头转换的频率是导播在实施切换时所掌握的切换节奏,它形成了画面外在形式中非常直接的可感因素,并影响着电视观众对节目语言节奏风格的认领。

在《实话实说》中,无论是主持人还是三位嘉宾还是提问的观众,谈话参与者在说话时都是娓娓道来、不紧不慢的,形成了节目的整体语言节奏——“实话实说无需着急”。导播应对这一特点,将画面切换的频率降低,形成了舒缓的镜头转换节奏,从而在画面外部节奏和内部语言节奏上做到了统一,使电视观众的收视非常舒服自然。

而在《非常男女》中,首先是节目的话题内容定位在开放自由、轻松幽默、悦人悦己的基调上;另外,两个主持人出言随机、迅速、简短的特点又极大地带动了谈话中的交流节奏。因此,在这个节目中,快速变换的语言节奏特征是非常突出的。快速的画面切换频率对应这一特征,体现了导播对节目整体风格与语言节奏的准确把握。同时,突出的画面外部节奏也帮助节目强化了妙语连珠、随机多变的“秀口”魅力。

因此,在谈话节目中,导播对画面切换频率的控制来自于他对交流语言节奏的准确把握,并在此基础上选择对应语言节奏特点、强化语言节奏风格的切换方式。

需要指出的是,导播在切换节奏上刻意与谈话的语言节奏相对立的做法,在实践工作中并不多见。当然,我们有时也会看到,一场语言极其舒缓的谈话在呈现时导播却采用了快速的镜头转换,结果造成视觉上的不适。这样的导播如果不是缺乏语言的基本认识能力,就难逃炫耀切换技术的嫌疑。

三、反应镜头的把握

在谈话节目的切换中如何处理好反应镜头,往往是一个容易被忽视的话题。究其原因,是一些通常会有的认识在起作用。比如:现场有观众就得切观众反应镜头;现场观众只是谈话的陪衬,什么时候切观众的反应并不特别重要;某人的话太长了,插几个反应镜头调剂一下;某人的话说完了,掌声响起时得来个反应镜头……既然如此,还有什么道道儿可言呢?

如上的一些认识其实并没有错，但只是大概地将反应镜头视为补充或补漏镜头并不全面。其实，反应镜头在谈话节目中的功能是多样的，反应与语言的衔接效果也是非常复杂的。

（一）与谈话并行的反应镜头

与谈话并行的反应镜头就是在某人说话或某几个人对话的过程中插入的不说话的其他人（包括观众、主持人、嘉宾等）的镜头。

导播切入这样的反应镜头通常有几个方面的考虑：第一，也是最直接的作用，就是随时关照现场中其他人对说话人发言的反应（比如点头、摇头、微笑、撇嘴等）；第二，当说话人的发言段落太长太啰唆的时候，插入一些反应镜头可以调剂视觉上的节奏；第三，在表现某个或某几个主要交谈对象时，兼顾表现现场中的其他人，以达到随时提示整体场面位置关系的作用；第四，为强调说话人的某些语义而附加上能够形成“一加一大于二”效果的反应。

【案例分析】

《非常男女》镜头组合分析 5（采访 2 号男嘉宾片段）

镜号	机位	景别	摄法	画面内容	说明	图示
1	1	近景	固定	王楚铭：“但是绝对不可以有什么你们说的那个什么行为。”	强调人物的神情。	
2	3	近景	固定	高怡平：“不是我说的，瓜哥（说的）。”	强调主持人的反应。	
3	4	近景	固定	（胡瓜的反应镜头） 高怡平（画外音）：“瓜哥。”	强调主持人的表情。	

续表

镜号	机位	景别	摄法	画面内容	说明	图示
4	3	近景	固定	高怡平:“说的那个什么性行为。”	强调主持人的表情。	
5	1	近景	固定	王楚铭:“我觉得大家要注意,原装的还是比较好。”	交代人物的神情。	
6	3	近景	固定	(高怡平莫名其妙的反应)	交代主持人的神情。	
7	5	中景	固定	(观众大笑的反应)	表现场面气氛。	
8	3	近景	固定	高怡平:“原装?”	强调主持人的神情和动作。	

我们看到,当高怡平说:“不是我说的,瓜哥……”,话还没说完,导播就及时切入了胡瓜的反应(镜头 3),突出了胡瓜似乎“有口难辩”的样子。而当 2 号男嘉宾说“我觉得大家要非常注意原装的还是比较好……”时,导播及时插入了高怡平一扭头看天花板故做思考状的表情(镜头 6),又插入观众(其中包括 2 号男嘉宾的母亲)笑得前仰后合的样子(镜头 7)。女主持人的假装不懂、母亲笑儿子的“傻憨”,这两个反应镜头的切入在这里非常有趣地强调了男嘉宾所说“原装”的语义。可以说,导播在语言进行的

瞬间快速捕捉并果断切入的反应镜头，来自于他对反应与语言衔接所产生的效果的敏感。

(二)谈话间歇的反应镜头

谈话间歇的反应镜头，就是在交谈的自然段落间歇（比如一个人话毕之时或一段对话结束之时）插入刚才未讲话的其他人（包括观众、主持人、嘉宾等）的镜头。

导播插入这样的反应镜头是对现场谈话的自然节奏在镜头组合上的呼应，它像一个段落标点，起到承上启下的作用。这时，导播通常会选用能够包容集体反应的镜头，或从单人到群体的缓拉镜头，这样才会产生明确的段落间歇效果。

(三)具有特殊效果的反应镜头

除了上述两种情形之外，反应镜头的插入有时还会形成意想不到的特殊效果：它可能构成对说话人语言的语义反解，可以作为隐晦语义的外化延续，还可能造成歧义误会的喜剧效果。

【案例分析】

《实话实说》之"走近体育明星"镜头组合分析 8(观众提问段落片段)

在这个段落中，当李小双说"我比较喜欢短头发的女孩子……"时，导播在李小双的画面上停顿了片刻，转而切到刚才提问的那位女观众（短头发的"女孩子"）的近景镜头（镜头 10），她笑得非常开心，此时李小双的语言在这个反应镜头的画外延续："喜欢的原因呢，因为……"可以说，导播切入的这个反应镜头产生了特殊的情绪效果。因为，在这个反应镜头中，女观众的短头发正好对应嘉宾所言，她开心的样子似乎得到了嘉宾的认可与青睐。之后，当李小双说道："但不是说不斯文啊，我还是很喜欢斯文的。"导播又切到这位提问的女观众文静微笑的样子（镜头 14），形成了一种对位的效果。

反应镜头在这里与说话人的镜头相加，虽然有一定的歧义、错义、超义，但导播的处理似一个善意的玩笑，突出了现场谈话的幽默氛围。在电视观众的观看中，这样的镜头组合也会令人会心一笑。

《实话实说》之“走近体育明星”镜头组合分析 8(观众提问段落片段)

镜号	机位	景别	摄法	画面内容	说明	图示
1	2	全景	固定	崔永元:“你好。” 女观众乙:“我想请问一下李小双。”	全景交代出场人物、环境及人物关系。	
2	1	近景	固定	女观众乙:“你今年有多大了?”	强调女观众的表情。	
3	3	近景	固定	李小双:“我啊,你看我有多大了?”	交代李小双的神情。	
4	1	近景	固定	女观众乙:“我看不出来啊,我看你好像才有 18 岁啊。”	交代人物的表情。	
5	3	近景	固定	李小双:“谢谢,很高兴又回到了 6 年前。”	交代嘉宾的神情。	
6	1	近景	固定	女观众乙:“哦,那按正常的年纪来说,已经到了谈婚论娶的时候了。”	表现人物的神情。	

续表

镜号	机位	景别	摄法	画面内容	说明	图示
7	3	近景	固定	女观众乙(画外音):“那么你心目中的那个伴侣是什么样的,能和我们大家说一下吗?”	强调嘉宾的神情。	
8	4	中景	固定	(观众们热烈鼓掌)	交代场面气氛。	
9	3	近景	固定	李小双:“反正我们这个节目是实话实说,可能很多人会喜欢明星的一些隐私啊。我想我就实话实说吧。因为我呢比较喜欢短头发的女孩子。”	强调嘉宾的神情。	
10	1	近景	固定	(女观众乙开心大笑的反应)	表现人物的表情和动作。	
11	3	近景	固定	李小双:“喜欢的原因呢,因为比较有活力吧,比较青春派、活力派。”	强调嘉宾的神情。	
12	4	中景	固定	崔永元:“这可能跟你从事体育这个项目有关系。” 李小双(画外音):“对,有关系。”	表现主持人的表情及动作。	

续表

镜号	机位	景别	摄法	画面内容	说明	图示
13	3	近景	固定	李小双:“但不是说不斯文啊,我还是很喜欢斯文的。”	强调嘉宾的神情。	
14	1	近景	固定	(女观众乙微笑着看李小双) 崔永元(画外音):“喜欢短头发的女孩子。”	强调人物的神情。	
15	4	中景	跟	崔永元:“明天附近的理发店很忙啊。”	强调主持人的神情和动作。	
16	3	近景	固定	(李小双开心地笑)	交代嘉宾的反应。	
17	1	近景—小全	拉	(观众们热烈鼓掌)	交代观众的表情和动作。	

(四)反应镜头的长短

首先要说,反应镜头滞留的长短没有一定之规,它取决于几个相关的问题:

第一,反应镜头的长短与其功能密切相关。并行在谈话中的反应镜头不可能太长,否则就是主次不分了;作为谈话间歇的反应镜头不可能太短,因为它是由现场谈话的自然节奏决定的;有特殊效果的反应镜头,或长或短,因为不同的特殊效果的形成需要的时间积累是不同的。

第二，反应镜头的长短与节目整体的切换节奏有关。虽然在不同的节目中，因不同的导播对反应镜头需要的长短时间有不同的认识而处理起来不同，但总的来说，它应大致符合节目整体的镜头转换频率。

第三，这一点要特别说明，反应镜头是要让电视观众看清、看懂的镜头，它有自身存在的意义，因此不是导播手中的补漏法宝。反应镜头过短通常有两个原因：一是导播以为电视观众像自己一样看清了这个镜头（其实电视观众的读取需要更长一点的时间）；二是导播已调整好其他镜头，急于进行下面的镜头组合。反应镜头过长通常也有两个原因：一是导播期待着此时的反应会有更好的表现，迟迟不舍得切走；二是导播忙于调整其他镜头，忽视了此时反应镜头切出的时间已经太长了。

小结

对于谈话节目的导播来说，发挥反应镜头的功能、掌握其切入的契机、控制其滞留的长短会极大地提升对节目中语言内容的表现力，这也是导播功力成熟的一种体现。

第四章 类型文艺节目转播的导播案例

在研究类型文艺节目转播的导播案例之前，有必要先说明“类型文艺节目”的所指与大家所熟悉的“电视综艺晚会”的区别，以及我们为什么选择类型文艺节目的导播案例进行分析。

由不同电视制作机构制作的各种题材、类型的综艺晚会，如节日庆典、主题活动、行业宣传、纪念回顾等，是将不同的价值功能负载于各种综艺节目上并装入“晚会”的容器，其成品多以电视产品的形式呈现并供电视台播出，它也是国内一大电视节目类型。虽然电视综艺晚会一般都是通过多讯道制作方式来完成的，但遗憾的是，如果从导播工作的角度来研究电视综艺晚会的制作，却往往陷入一个尴尬的境地。

观“综艺晚会”其貌，在一个演播空间中要演绎音乐、歌舞、相声、小品、戏曲、杂技、魔术等多艺术品种的节目，通常还会加入主持串联、现场访谈、信息播报、仪式行为、资料片播放等非表演性节目形态。

我们前面讨论过，导播工作的根本就是从对象的性质出发决定画面的表现形式，进行机位设置、调机切换的工作。然而，在一台电视综艺晚会当中，导播需要呈现的是不同的文艺节目品种，它们各自具有不同的品种特征和演绎形式。但从保证连续制作的工作实务考虑，导播又只能针对一台综艺晚会确定一套机位设置方案，从而相对地满足其中各种节目的画面表现需要。因此，可以说，在电视综艺晚会的多讯道制作中，导播无法做到应对每个表现对象(不同品种形态的节目)的性质来拟定导播方案，准确地布设机位，确定机位属性，勾画镜头组合秩序；他们往往以“全能”地呈现各品牌节目为基础，以突出表现演播现场的场景气氛和表演细节为亮点，在转播工作过程中不得不进行折中妥协的处理。

我们在这是里所说的“类型文艺节目”，指戏剧、戏曲，曲艺、音乐会、演唱会、舞蹈舞剧、典礼仪式等专场节目。类型文艺节目的转播就是对某个品种的文艺节目进行的电视多讯道现场录制。因为，每一种艺术形式都具有不同的品种性质，其表现在外部形态上的不同特征也必然要以不同的画面表现形式来呈现。因此，对导播而言，类型节目转播的专业性需求就非常突出，这就要求他必须深入了解这种文艺形式的性质、这个具体节目的内容细节与表意诉求、甚至这次演出的演绎呈现特征，以便设计规划整体的转播方案。

对比来看，电视综艺晚会虽然也是导播工作的一种专业类型，但其专业性更多地体现在应对综合表现多节目品种、呈现大规模演播现场、调度切换数目众多的讯道等复杂制作的实务性上。

因此，本章对类型文艺节目电视转播的导播工作进行研究，有两个主要目的：

其一，从不同类型文艺节目的电视转播个案分析入手，探讨此类型文艺节目电视呈现所应遵循的导播观念和工作方法。

其二，面对实践工作领域所需的大量的电视综艺晚会制作，分文艺品种进行导播研究可以为大家提供一定的借鉴和参照。因为，对不同品种的专场文艺节目电视转播观念和技法的辨识，一方面可以让我们明确电视综艺晚会制作中"综"所带来的机位设置局限性的具体原因，从而有可能在兼顾多品种节目呈现需求时做出更为理性的机位设置选择；另一方面，这有利于我们针对其中不同品种的每个节目更充分地发挥调机的功能，从而以更为合理的镜头组合方案来呈现对象的特征。

还需说明的是，本章主要采用经典案例分析的方法，这首先是因为，文艺节目涉及的品种繁多，我们不可能在书中探讨所有品种类型的节目转播；其次，就单一品种类型来说，具体到每一个不同的节目，其在内容与表现形式上又存在很大的差异，因此在电视转播上并没有普遍的导播规律可循，只有针对性的、适用性的导播方案。综上两方面，可以说，类型文艺节目电视转播的个案性很强，找寻普遍规律的做法并不符合其艺术表现多样性的本质。因此，本章采用个案分析的方法，意在达到提示导播思路、抽象沉淀导播观念的目的。

第一节　音乐会转播的导播案例分析

要研究一个音乐会电视转播的导播案例，在开始进行分析之前我们首先要反复观摩。在观摩之前，建议大家为自己设计几个问题，并将这些问题作为有层次的观察角度，在观摩的过程中着力去解答。

在本节中，我们一起研讨的案例是《1994 年雅尼雅典卫城音乐会》。

问题设计示范：

一、这场音乐会的演播现场在哪儿？它有怎样的空间特点？

二、这是什么性质的音乐会？

三、这场音乐会是否有主角？他是谁？

四、乐队是怎么构成的？它们是如何分布在演奏区当中的？

五、音乐的美感与乐队高超的演奏技术除了作用于听觉之外，又怎样通过画面传递出来？

六、什么样的画面最能打动我？

其实，这些问题与导播的工作思路密切相关。因此它们既关乎现场的工作条件，也关乎机位设置、画面表现、镜头组合的来源与效果，还关乎一定的转播个性的体现。

一、识别演播现场

希腊雅典卫城是世人皆知的名胜古迹，这场雅尼音乐会就在卫城的狄奥尼索斯剧场(始建于公元前5世纪，见图4-1)上演。音乐会的开场部分，几个高角度的全景镜头将这个标志性建筑的空间环境展现了出来(见图4-2)。可以说，表现空间环境的开场镜头组合，一下子将雅尼极具现代感的音乐融在了一种古老悠远的氛围中。

图4-1　狄奥尼索斯剧场日景

图 4-2 展示空间环境的高角度全景镜头

对于这场音乐会的导播来说，卫城狄奥尼索斯剧场的空间环境就是演播现场。认识这个演播现场的特点将决定两个方面的导播工作思路。

(一)依据现场条件布设机位

这个露天剧场是典型的外景实景演播环境。对于这样的场景，导播没有更改、调整的余地。因此，他要充分研究它的空间特点、建筑上的具体结构尺寸，分析现场多讯道工作的有利条件(比如现有的高大城墙可以提供高角度的拍摄位置)和场地限制(比如观众席与舞台的距离)，从而找出架设转播摄像机的可行“位置”。

也就是说，导播识别这个演播现场的目的是要充分利用场景空间的现有条件形成转播工作区。

(二)充分表现音乐会与上演环境的关系

在不同的场景中，同样的音乐也会呈现不同的演出效果。比如，雅尼的音乐会是在一个现代音乐厅、故宫的午门前广场上演，还是在狄奥尼索斯剧场上演？不同的场景会让观众对音乐形成不同的感受。这是空间环境氛围影响人内心感受的必然结果。一场音乐会的电视转播要用画面将这种特定的氛围传递出去。因此，导播要充分意识到场景空间对艺术感受的作用力，在转播的电视画面设计上，突出表现场景空间的特征(见图 4-3)，反映乐队和环境之间的关系(见图 4-4)。

图 4-3　表现场景空间特征的镜头

展现乐队与环境的镜头起幅——————————————→展现乐队与环境的镜头落幅

图 4-4　镜头的起幅和落幅

也就是说,导播识别演播现场的意义还在于他要充分表现这个现场,从而准确把握音乐会在此环境中上演的特有意境。

二、识别对象性质

导播在一场音乐会的转播中,通过画面要表现的对象就是音乐的演奏,包括"什么音乐""哪些乐器"以及"什么人在演奏"。

(一)音乐的性质

由于音乐会电视转播的专业化要求,导播必须具备深厚的音乐修养甚至良好的音乐方面的相关技能(比如精通作曲、某种乐器的演奏、声乐等),这样他才能够准确地把握一场音乐会中的音乐品种、流派与风格。毕竟,交响乐、民乐、爵士乐、摇滚乐、现代新音乐等都需要不同的理解和诠释。

雅尼的音乐会在全球巡演时,每到一处都会进行电视转播,而后出版相应的音像制品,而承担电视转播及后期制作的团队是与其长期合作的固定的专业电视制作机构。由于专业的背景和长期的合作,他们对雅尼音乐性质的把握堪称完美。

雅尼的音乐属于现代新音乐的范畴,它融合了了交响乐、电子乐与摇滚乐的特征,从而直接影响了他的乐队构成与布局。因此,转播的电视画面对应音乐的风格,设计出分解清晰的表现古典乐器的固定镜头(见图 4-5)、流畅地表现某一乐器部的运动镜头(见图 4-6)、从特殊角度表现电声摇滚乐手的手持拍摄镜头等(见图 4-7)。可以说,画面形式的多样性准确地呈现了雅尼音乐的混血气质。

长笛演奏　　大提琴乐组演奏　　圆号乐组演奏

图 4-5　各乐器分解清晰的镜头

小提琴组横移镜头起幅——→小提琴组横移镜头落幅

图 4-6　表现某一乐器部的运动镜头

电吉他手演奏　　爵士鼓手演奏

图 4-7　手持拍摄的镜头

(二)明星式的人物

雅尼无疑是雅尼音乐会的灵魂。在这场音乐会中,他是主角,他是最重要的,他是明星式的人物。导播在识别转播对象性质的时候,"人物"这一点非常重要。如果说对音乐性质的辨析是转播的基础,那么对灵魂人物的表现水准将决定转播的成败。

在案例中我们可以看到,突出雅尼单人表现以及反映雅尼与其他乐手关系的画面(见图 4-8)占据了相当大的比重。因此,观众既可以充分领略到雅尼的演奏技艺、个人风采与独特魅力,也可以体会到他与乐队成员之间相互欣赏、和谐默契的感人关系。也就是说,导播成功地抓住了雅尼的个人魅力与他作为乐队灵魂的核心凝聚力这两个方面来设计调度镜头,将这场音乐会中的明星表现得既夺目耀眼又亲善温情。

手部特写

演奏钢琴

演奏合成器

面部特写

与观众交流

乐谱前景特写

与指挥的关系

与黑人女乐手的关系

三人关系

图 4-8 表现明星式人物的系列镜头

(三)乐队的构成

一场音乐会通常由一支特定的乐队来完成各个乐曲的演绎，乐队的构成是由音乐的性质所决定的。比如一支管弦乐队，可以分为弦乐组、木管组、铜管组、打击乐组、拨弦乐器组、键盘乐器组。其中每类乐器都有不同的发声原理、不同的声音质感，传递着不同的情感性格与意象象征。其中，小提琴声音清澈委婉；大提琴声音沁人心腑；长笛有似少女曼妙的吟唱；单簧管（又称黑管）似少妇的性格，多变得让人琢磨不透；大管（又称巴松管）似老年男人般沉稳，低音酝酿黑暗恶狭，高音满怀辛酸痛楚；小号声音高昂，像革命家的激情演说；大鼓声音浑浊，营造了群众聚集的场面气氛；竖琴声音似水波流动，似天鹅飞翔……音乐诉诸听觉，可闻而不可见，种种音乐符号通过听者欣赏经验的传译，方可意象于脑海，促生幻觉。

在案例中，我们观察到，雅尼的乐队既有通常的管弦乐队的乐器组成部分，又有其特有的乐器组合方式和乐器种类(见图 4-9)。虽然它也分为弦乐组、木管组、铜管组、打击乐组、拨弦乐器组、键盘乐器组，但具体到乐器的种类上，雅尼乐队又与通常的管弦乐队有所不同。比如，雅尼本人既演奏钢琴，又演奏电子合成器；乐队后排的打击乐器是爵士鼓和特色手鼓；另外还有乐队后排的电吉他与左右两个电子合成器的参与。雅尼乐队的这种构成方式是因为其音乐在传统的管弦乐的基础上加入了相当多的电声乐的元素。

图 4-9　乐队全景

导播必须明晰乐队的构成，准确把握乐队中各种乐器的位置及其在演奏中的作用。

1. 音乐会电视转播准确性的基本需要

音乐会的导播不仅要还原一个乐队演奏的场面，还要按照乐曲的总谱进行画面的调度和切换，从而在视觉上呈现乐曲编织的层次与乐器之间的配合。简单地说，就是导播必须明确何时、哪个乐器或哪些乐器进入演奏，它或它们在乐队中的位置在哪里，它或它们持续演奏的时间有多长。因此，在导播的眼中，乐队的构成与乐曲的总谱必须吻合，他不仅要能听到音乐的流动还应该能看到音乐发生的过程。这便是导播最基本的画面组合依据。

2. 对不同乐器画面表现性格化的需要

既然不同的乐器具有不同的声音性格，表达着不同的情感意象，那么当导播用画面对它们分别进行呈现时，必然需要不同的表达形式，以便在电视转播当中通过视觉元素的加入对声音元素起到帮衬的作用。

针对不同的乐器特征，导播制定的画面形式往往具有明显的可识别性，主要表现在景别、角度、景深等方面。我们看到:无论是钢琴还是电子合成器,乐手手部在键盘上弹奏的特写大多用俯角或平角拍摄,景别与角度的配合可以突出手指在黑白相间的键盘上滑动的技艺(见图 4-10);位于小提琴组一侧的带脚轮的架上机位可以提供横移镜头,流畅地表现这个乐器组中各乐器演奏者之间的和谐关系(如图 4-6);为表现小提琴演奏时琴弦与琴弓交错的美感,导播多使用长焦镜头从乐手的侧面平角度拍摄小提琴的局部特写,这样不仅可以展现这一乐器的演奏细节,还可以通过画面中前后景深关系形成的虚实美感来呈现小提琴组各乐器之间的配合(见图 4-11);导播调度游机采用低角度拍摄爵士鼓的局部特写和电吉他的特写,画幅的自然晃动可以凸显该乐器激情躁动的声音质感;而同样由游机俯角度拍摄的特色打击乐又可以强调乐手手部在鼓面拍击的动感(见图 4-12)……

合成器键盘

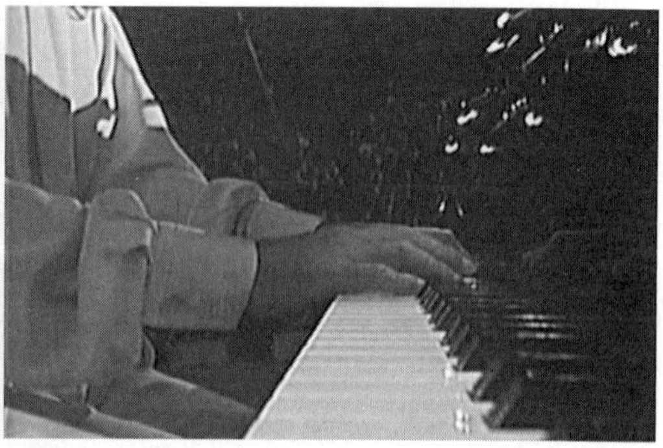
钢琴键盘

图 4-10 手指在键盘上滑动的特写镜头

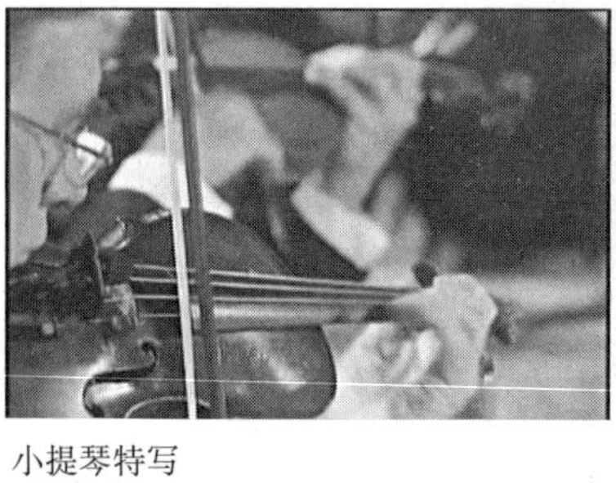
小提琴特写

小提琴特写

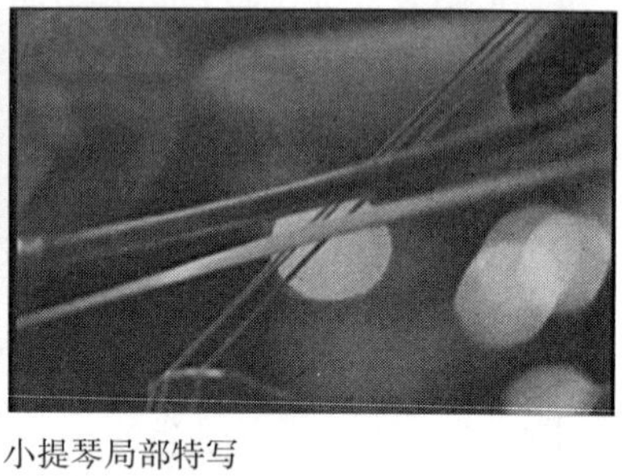
小提琴局部特写

图 4-11 小提琴演奏的特写镜头

架子鼓

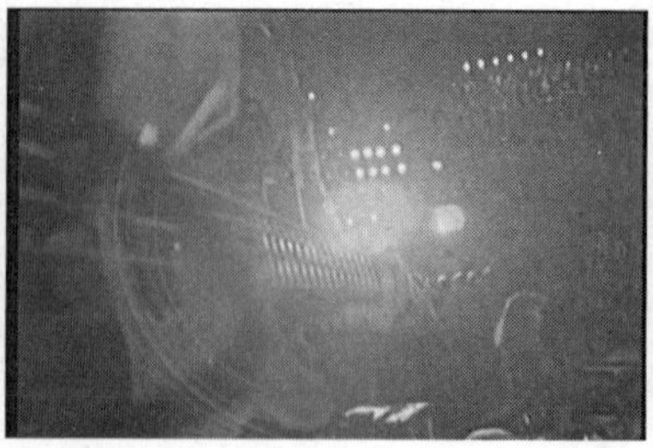
电吉他

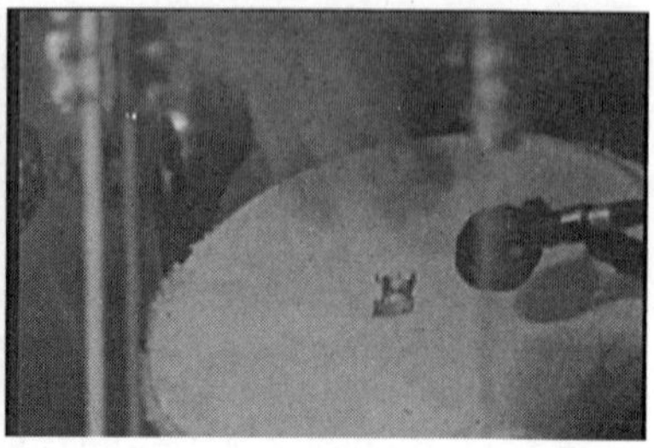
手鼓

图 4-12 游机拍摄的特写镜头

可识别的画面形式一方面对应了各种乐器所需的不同表现重点，外化了其特有的声音性格；一方面也帮助了电视观众更清晰地区分各种乐器，从而更好地理解它们在乐曲演绎中的角色。

三、制定个性化转播方案

前面提到，艺术类节目转播的导播方案具有很强的个案性。也就是说，它往往不仅体现了完成基础任务的通则，还凸显了这场转播特有的风采与性格。而这恰恰是让电视观众（区别于现场观众）得到特有视听享受并记住这次电视转播的原因。

（一）特有的观察角度

在本案例中，有非常多升降臂上的摄像机完成的镜头。

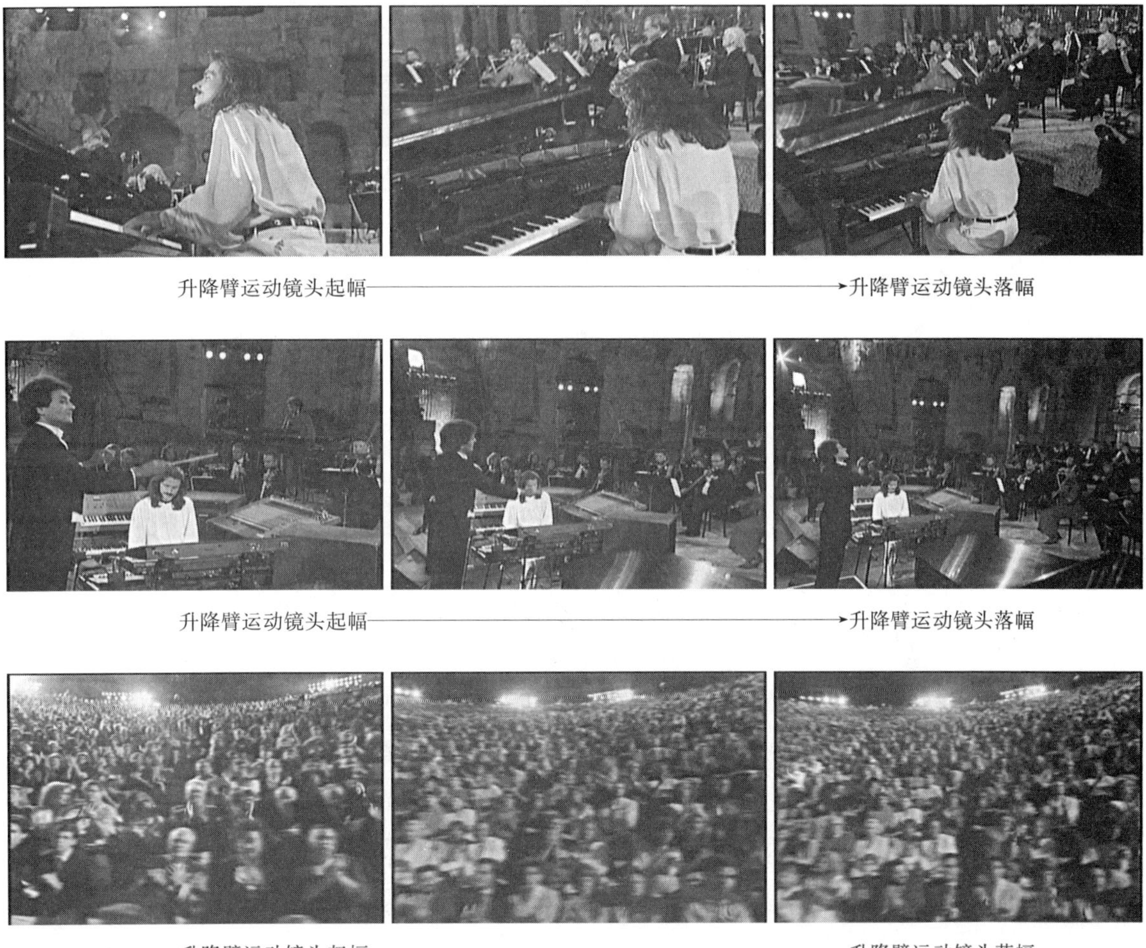

图 4-13　升降臂拍摄的镜头效果

如图 4-13 所示，无论是从低角度展现雅尼单人拉升到高角度展现整个乐队的升镜头(见图 4-13 第一组)，还是高角度俯拍乐手演奏的移动镜头(见图 4-13 第二组)，还是全景横移拍摄观众鼓掌的运动镜头(见图 4-13 第三组)，它们都是音乐会现场观众所不可能拥有的视觉经验。无疑，这是转播者通过电视手段赋予被观察对象的观察角度，并将这种特有的观看角度提供给了电视观众。

这支升降臂大约有 15 米的臂长，它的底座架设在舞台与观众席之间的轨道上，轨道铺设在舞台前沿从中轴到右侧台口的范围内，摄像机位于升降臂的顶端并可遥控进行 360 度的机身转动。这样，这个机位就具有了丰富的运动形式与较大的运动范围。

升降臂作为运动摄影辅助设备，可以提供视觉奇观式的观看效果(非日常生活所能获得的观察经验)。而任何特有的观察角度、观察方式总是和特定的情感表达需要相关的。这场雅尼音乐会的转播中，突出表现雅尼的风采、雅尼与整个乐队的和谐关系以及观众对乐队演奏的热烈反响是情感表达的核心，而上述升降臂所提供的画面能够在起幅(例如雅尼)与落幅(例如乐队全景)之间很好地建立起个体与整体的关系，将情感的表达诉诸一个具体的镜头之中。升降臂将摄像机吊在半空中横移拍摄观众席的镜头，使画面在运动中掠过的一个个观众的激动表情被展现出来，其逼真、贴近的画面效果所传递的情感情绪是一个高角度固定的大全景观众镜头所不能比拟的。

小结

在今天的电视转播当中，升降臂已经是比较常用的“家伙什儿”了。在转播者看来，它能提供长线的复杂运动，带来特殊的画面美感，于是用它来“添彩”。但仅有对其画面表现的外在形式功能的认识是远远不够的。通过本案例我们可以看到，特殊的观察角度本身就是一种独特的叙事方式，代表着转播者对对象的理解，从而实现音乐之外的情感诉求。关键在于，它直接作用于电视观众的视觉，唤起他们的情感认同。

(二)特有的观看距离

我们说，电视观看与现场观看有一个明显区别，那就是观看距离的变通性。现场观看，每一个观众观看的距离是相对固定的；而电视转播手段的介入使电视观众既可以远距离地观看现场的全貌，又可以贴近某个主体近距离地欣赏细节。这是电视转播的普遍优势，而具体到某个导播方案的个性，就是它怎样完成这种“贴近”。

在本案例中我们看到，导播调度游机完成了很多近景、特写镜头的拍摄。

1. 为什么要用游机

“游机”，顾名思义，指位置可以游动的摄像机，它通常由摄像师手持或肩扛进行拍摄。在录制过程中，游机一般在导播的指令下接近某个对象进行拍摄，完成任务后再以合理的路线撤离演出区域。游机拍摄具有以下几个优势：

第一，游机具有位置自由、便于深入场景之中进行拍摄的特点。对于这场音乐会来说，乐队的构成是比较复杂的，导播要想充分展现各乐器、各乐手的细节，通过位于乐队外围的机位长焦调拍会遇到角度上的障碍。而游机由于位置上的灵活性，便于进入乐队内部，近距离地摄取表现对象细节的镜头。

第二，游机的近距离拍摄可以在画面中形成贴近对象的情绪压力。如图 4-14 所示，低角度的黑人女小提琴手的近景、电吉他手的手指弹拨琴弦的特写和鼓面被敲击的特写，都似乎令电视观众感受到被摄主体的气息、温度与震动。这是由于游机近距离的拍摄角度，加之近/特景别本身所具有的观看强制性，它们一起作用于画面，使其具有了特殊的力量。这种力量对电视观众形成了有效的情绪压力，从而使之与被摄主体形成"共呼吸"的情绪节奏。

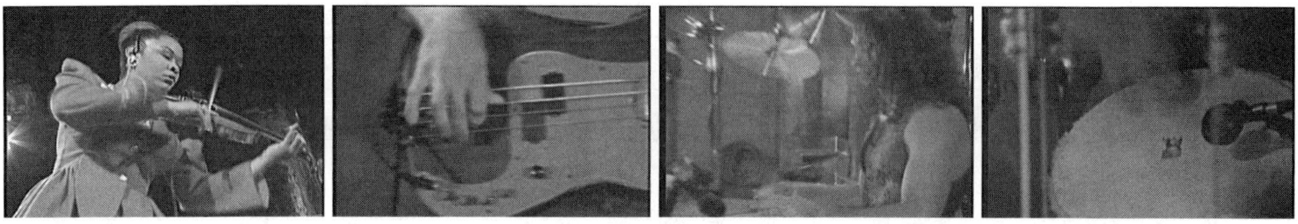

图 4-14　游机拍摄的近景、特写镜头

第三，游机镜头的自然晃动适用于拍摄主体的动感表现。导播在决定由游机拍摄哪些画面时，并非是随机和随意的。就像我们前文所说，不同的乐器需要不同的画面表现形式，用什么性质的机位来完成拍摄也影响着画面形式的达成。由于游机由摄像师手持或肩扛进行拍摄，因此画面带有因摄像师的步伐、动作和呼吸而形成的自然晃动感；同时，摄像师还可以根据被摄主体的动作和情绪变化而随时调整构图。在本案例中，我们发现，导播发挥了游机镜头的这一特点，多用它来表现电声乐、打击乐的乐器和乐手，这便使得画面本身的自然晃动更加符合被摄主体狂野不羁的性格特征。

2. 游机在这个现场怎样分工

然而，游机位置的灵活性往往容易使转播者忽视对游机的合理分工。于是，在很多电视转播当中我们便会看到"游机满场跑"的现象。的确，游机在现场的工作任务有时是比较盲目的，反正就是"抓取好镜头"。这不仅缺乏对游机的有效使用，而且由于游机在演出区内随意择位，致使穿帮现象比较严重。其实，研究游机在多讯道的制作现场如何布设分工是一个非常有价值的问题。尤其对于文艺节目的转播而言，仅从保证画面美观的角度出发，也要尽量避免机位穿帮的问题。

在本案例中，游机完成了大量的镜头拍摄任务：既有前台的雅尼、指挥的近景，又有中间黑人女小提琴手的近景和一些乐手的面部特写，还有后排打击乐、电声乐乐器/乐手的近景特写。可以说，游机拍摄的对象遍布乐队各处。因此，游机需要深入演奏区进行拍摄,但这往往容易造成游机在其他机位拍摄的画面里穿帮的问题。但从整个转播来看,又少见游机穿帮的现象。这取决于很多方面的因素,其中涉及导播的合理调机与各摄像师的现场工作意识,而游机在录制现场的数量以及它们的分工方式更是其中最重要的因素。

关于游机数目的问题,依然要遵循“有效的最少量”原则:游机数目太多,不仅会造成浪费,而且机位穿帮的问题也更难避免;游机数目太少,导播调度的需要又难以得到满足。在上一章的学习中,我们已经了解到,机位数目的多少取决于机位占据的位置与分工方式是否合理。所以,在本案例中,游机数目的问题其实是与游机如何分工密切相关的。

只有两部游机,并按照各负责乐队的左右部分进行分工,就是本案例中游机使用的特点。

首先,游机一左一右相互配合,可以满足导播连续调度的需要。如图 4-15 所示,在表现后排打击乐时,一系列的镜头组合中游机提供的画面连续出现。因此,导播至少要有两部游机才能调度完成这样的段落;而且两部游机可以分别从左、右两个方向以不同的景别来交叉表现同一对象的演奏细节,为画面组合提供可能。

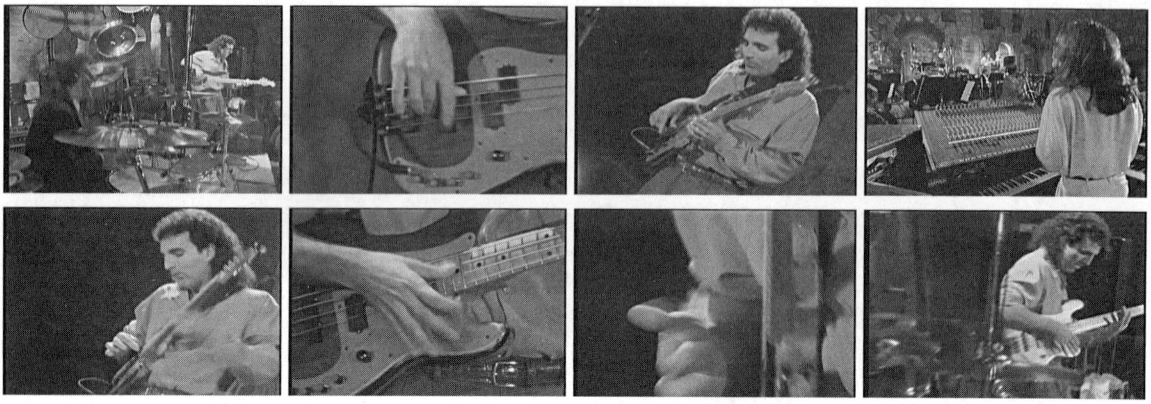

图 4-15　游机镜头组合示意

其次,游机左右分工的方式可以尽量避免穿帮。游机在现场的工作性质决定了它必须接近某个对象进行拍摄,再撤出表演区到一个相对隐蔽的地点。因此,游机的调度路线越短,越不容易在其他机位拍摄的画面中穿帮。在本案例里,游机按照左右区域分工,因此它们的调度路线主要集中在表演区外的左右两侧。这样,深入表演区、贴近对象的横向调度路线便较短。这种机位设置就可以相对避免游机穿帮的问题。

因此,导播对于游机同样要提出明确的分工。同时,导播对游机的“纪律性”规范既体现在调度它们何时何地拍摄哪个对象上,也体现在调度它们撤离拍摄对象的时机和路线上。

3. *游机摄像师的工作意识*

由于游机在现场工作的特殊性,因此游机的摄像师必须具备独特的工作意识,才能迅速、准确地完成导播的调度，同时尽量减少"暴露"自己的机会。

首先，游机摄像师必须具备敏感的躲避意识。除了导播对游机的分工与调度可以相对地解决游机穿帮的问题外，游机摄像师自身具备躲避意识与技巧同样重要。我们在一些电视转播的画面中看到游机摄像师大摇大摆地扛着摄像机找位置，严重地影响了正在被切出的画面自身的构成和美感。也就是说，要避免穿帮的问题，导播的要求是基础，摄像师在现场的工作状态是关键。因此，作为容易穿帮的游机摄像师，更应该全盘了解机位布局，了解导播的镜头组合思路，知道每时每刻导播切出的画面是哪个机位的镜头，这样才能选择自己避让的路线和时机。如果摄像师发现自己已经在切出的画面当中穿帮了，那么选择原地不动反而比积极躲闪更为明智，因为在一个有主体的画面中，其他庞杂的、静止的物体比运动的东西更不易被人察觉。

其次，游机摄像师应该具有良好的职业着装习惯。在本案例中，其实无论是游机还是其他机位的摄像师，全部身着黑色的服装，甚至有的摄像师还戴上一顶黑色的棒球帽。其用意，无疑是将自己隐藏在暗部。在夜晚灯光的演播现场中，在大多数乐手身着暗色演出服的乐队里，身穿黑色服装的游机摄像师手持深色机身的摄像机，他们即使暴露在画面里，其被观众识别出来的可能性也大大降低了。讯道摄像师（尤其是游机摄像师）的着装习惯在一定程度上体现了其对自身工作的理解，也体现了他的职业素养。

再有，游机摄像师要具备与其他机位配合的整体意识。我们说，单机摄像师每时每刻都要提供他认为的这个现场中的最佳镜头；而讯道摄像师则是每时每刻都要提供一个可供导播选择的镜头，因为他始终面临与其他机位配合的问题。因此，游机摄像师深入演出区拍摄的镜头首先不能在功能上与其他机位的镜头重复；其次要在对象选择、景别与角度的把握上与其他机位的拍摄形成有利于镜头组合的关系。有经验的游机摄像师会通过摄像机上的反送按钮随时关注导播切出的画面，以此来决定自己如何调整。也就是说，虽然有导播方案的指导和导播的现场调机，摄像师的自觉配合意识也会直接影响他拍摄出来的画面效果和使用价值。

小结

游机的使用在多讯道的节目制作当中可谓由来已久。它能够形成特有的近距离观看效果，这符合拍摄对象的需要，但在实施中也增加了制作的难度。而在雅尼雅典卫城音乐会的转播当中，游机的功能与使用方法表现突出，充分体现了其转播方案的独到之处，以镜头画面留存下了大量生动的瞬间。

（三）特殊关系的呈现

通观雅尼雅典卫城音乐会的电视转播，一种浓郁的情感氛围持续始终。通过画面，我们看到了一个因音乐而充满生命激情的雅尼，看到了一些痴迷于音乐和乐器的乐手,看到了他们在音乐中相互激发、彼此欣赏、爱慕之情溢于言表的场面。通过画面,我们还体会到转播者对雅尼、对这支乐队、对他们演绎的音乐同样饱含感情。可以说,情感的力量挥之不去,最终凸显了这场转播的风采与性格。

导播在以电视手段呈现这场音乐会的时候,调度了大量的关系镜头,将雅尼与其他乐手之间、指挥与乐手之间、乐手与乐手之间、乐手与音乐之间完美地勾连起来(如图 4-16)。

雅尼与指挥

雅尼、黑人女乐手、打击乐手三人

黑人女乐手与演奏小提琴的指挥

黑人女乐手、雅尼、指挥与观众席

图 4-16　各种关系镜头

前文中我们谈到,雅尼是这场音乐会最重要的核心。画面不仅要突出表现雅尼的个人风采,更要注重雅尼与其乐队整体的和谐关系。音乐的美妙无疑是各种声音的和谐律动,乐队的成熟无疑在于乐手对音乐演绎的默契协作。可以说导播紧紧抓住了这一主旨,并利用关系镜头的表意功能呈现了这支乐队中和谐的感人关系。于是,我们看到了雅尼与指挥的关系镜头、雅尼与黑人女小提琴乐手的关系镜头、黑人女小提琴乐手与指挥的关系镜头、前排与后排乐手相互交流示意的关系镜头、黑人女乐手/雅尼/指挥/观众席的多层关系镜头,等等。可以说,无论哪个机位、无论其拍摄的方向如何,导播在调机时都注意到了对对象关系的呈现。

没有关系就没有爱的发生,没有爱何谈情感的力量。因此,在这场音乐会的转播当中,关系镜头使观众强烈意识到,画面作为一种语言,它在诉说,诉说音乐之美,诉说乐手们对音乐之爱和他们的相互之情。画面传递的情感化为力量,打动着电视观众。

小结

通过上述分析我们可以看出，以电视手段展现一场音乐会，使观众获得的视听感受与其坐在家里听唱片之间具有很大的差异。视觉因素不仅为音乐定制了精美的包装，还从某个角度具象地展现了音乐中抽象的情感。毕竟，艺术是情感表达的有意味的形式。因此，在艺术类节目的转播中，如何通过电视画面来呈现情感也自然是导播个性化方案的核心。

第二节　演唱会转播的导播案例分析

一场演唱会，它可能是众多歌者参与的歌会，也可能是某个歌者的独唱音乐会。无论属于哪种类型，歌唱者、歌曲和演唱的现场都是一场演唱会最重要的构成因素。因此，对于电视转播来说，其外在形式有相似之处，导播需要辨别的是歌者的风格唱法、歌曲的曲风类型和演播现场的气氛特征。

在这一节中，我们研究的案例是《玛丽娅·凯莉纽约演唱会》。

玛丽娅·凯莉(Mariah Carey)被称为美国现代流行歌坛天后。从上世纪 90 年代初至今，虽然也遭遇事业上的起起落落，但她在乐坛上的成就与显赫地位依然无人能敌，围绕着她个人的生活故事与娱乐新闻也频出不绝，她精湛的唱功、旺盛的演唱激情、性感狂野的个人风采每每点亮歌迷心中的遐想，使她成为他们眼前最耀眼的“明星”。

明星演艺公司只有策划实现“星”的价值，才能使其音乐最大限度地“流行”。流行音乐与其他现代流行艺术一样，都在相当大的程度上依赖于大众传播媒介来促成其“流行”。其中，电子传播媒介对流行音乐的传播起到了巨大的作用。可以说，现代视听传播媒介为流行音乐的表现提供了新的形式与技巧，扩展了流行音乐的可感信息量。明星演唱会作为展现歌手风采、打造歌手与歌迷近距离交流的主力产品，其音像制品在更为广泛的大众中传播，对音乐的流行、对明星商业价值的增长具有更大的推广能力。

因此，明星演唱会的电视转播与演唱会的策划主旨必然要经历一场精心的“共谋”。导播方案的核心是什么？是以电视手段凸显明星身上的“耀眼光环”，还是强调舞台上下的距离，加强梦境的氛围营造，或是传递亲善融合的情绪气氛……？可以说，这是一个转播策略的问题。因为，电视转播通过画面语言“规定着”或者说“诱导着”电视观众对这个明星的认识、对这场演唱会的感受。从《玛丽娅·凯莉纽约演唱会》的电视转播来看，它的策略就在于确立一个与观众“平等”的明星。

我们先来看一下本案例中一首歌曲 *Make It Happen* 的电视转播画面。

1
2
3
4
5
6
7
8
9
10
11
12
13
14
15
16
17
18

19
20
21
22
23
24
25
26
27
28
29
30
31
32
33
34
35
36

37
38
39
40
41
42
43
44
45
46
47
48
49
50
51
52
53
54

55
56
57
58
59
60
61
62
63
64
65
66
67
68
69
70
71
72

图 4-17　镜头组合示意

一、"群体"的划分与认同

通过《玛丽娅·凯莉纽约演唱会》的电视转播，我们看到的与其说是一个明星在演唱，不如说是一群人在尽情共唱同欢。这种观看效果的达成首先取决于这场演唱会的策划主旨。可以说，凯莉演唱会的策划者在这里"预谋"了一场群体的认同。

流行音乐的欣赏方式是"肆意"的，甚至故意反叛那些所谓"高雅音乐"的欣赏规范。因此，在流行音乐的演出现场，观众可以穿着牛仔裤、T 恤衫，戴着棒球帽，可以站立摇摆、随声歌唱、高声呼喊，可以在任何时候鼓掌喝彩……总之，他们可以尽情表达自己的情绪而不必有所顾忌，他们不仅要感受别人的音乐也要感受自己。因此，"能否参与到音乐中来”已经比“是否会欣赏这个音乐”更为重要，它甚至决定着流行音乐受众的去留。流行音乐之“流行”，在很大程度上就来自它们与受众之间这种相互认同的关系。因此，凯莉演唱会的策划者非常注重营造一个群体共欢的场面。这种气氛不仅会影响现场的每一个人，也会感染通过电视转播观看演唱会的每一个人。

画对这样一个共容的现场，如果电视转播者再冷静去划分歌者与观众，冷静地去表现演唱与聆听，那肯定是游离在整体的策略之外了。导播要用电视画面呈现舞台上下的“齐奏”，表现一个高度认同的群体。

(一)大全景展现私密热烈的现场气氛

在上述镜头组合示意中，我们看到，在镜头 1、4、11、38、51、67、81 等全景画面中，舞台光效错综斑驳、影影绰绰，明星与其伴唱、伴舞演员在暗色的服装里“不分你我”，观众区人头攒动、身影晃动，现场笼罩在昏暗之中。这不是什么辉煌的盛典，不是对一个明星的顶礼膜拜，而是“物以类聚”的一群人热烈而私密的聚会。大全景的镜头总在歌曲开端和乐句的高潮位置出现，不失时机地凸显了这个现场的气氛特征。大全景又总是随着音乐的节奏缓缓拉开，“万众聚集”的画面效果似乎夹带着炙热的温度诉诸电视观众的感受。

(二)长线运动镜头连接明星与观众

在这场演唱会的转播中，现场靠舞台前沿的左右两侧各设有一个升降臂机位(见图 4-18)。

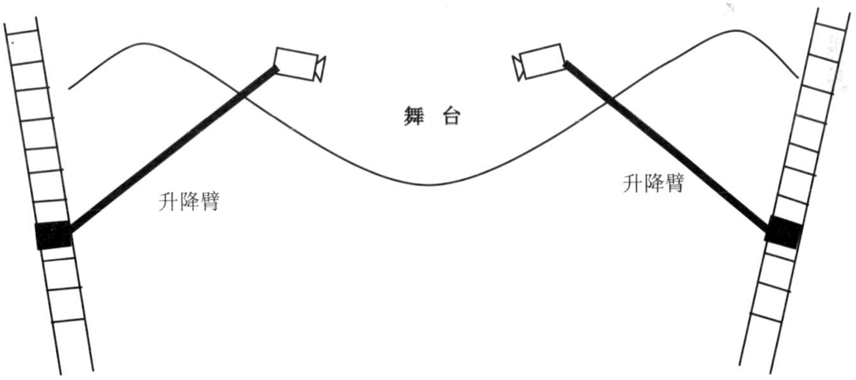

图 4-18　左右两侧的升降臂机位架设示意

如图 4-19 所示，本案中大量运用了升降臂拍摄的长线运动镜头。由于升降臂摄像机擅长通过复杂的运动摄影形成景别与角度的多样变化，因此它可以在一个镜头中将舞台上的凯莉与舞台下的众多观众在起落幅之间联系起来，将他们一同随着音乐歌唱、一同随着节奏摇摆的感染力完整地呈现出来。可以说，画面的形式有效地确认了这个群体在音乐中情感表达的一致性。

图 4-19　升降臂拍摄的镜头效果

小结

电视画面的语义是潜在的，但对于当今电视观众的读解能力来说，它的作用是直接的。导播通过电视画面呈现演唱会现场的群体认同，最终影响电视观众，唤起他们的认同感，从而扩大这个群体的范围。

二、对明星势能的“消解”

在电视观众看来，玛丽娅·凯莉在整场演唱会上的表现就像一个活泼俏皮、招人喜爱的邻家女子。一身样式简单的黑色衣裤、随意披散的金色卷发、薄施粉黛的润泽脸庞、自然走动的身姿步伐、与音乐节奏契合挥舞的手势……一切都显得那么真实、亲切。虽然没有标新立异的外部造型，没有多姿炫目的舞台动作，但朴素自然的外表依然掩盖不住她特有的激情与性感。可以说，演唱会的策划者在用人物塑造的“减法”消解她身上的耀眼光芒，使其显得更加可亲可爱。

在此策划思想的基础上，电视转播者通过“距离的障眼法”进一步消减了明星高高在上的距离感。

(一)平视的明星与仰视的观众减小了舞台上下的落差

在图 4-17 的镜头组合示意中我们看到，镜头 5、7、13、16 等凯莉的近景特写与镜头 31、78、82 等凯莉的小全景都是平角度拍摄的，它们在镜头内部没有强化凯莉身处高于观众头顶的舞台之上的位置；与此相对，镜头 32、47、60、70、84 等则采用游机深入到观众当中近距离、仰角度进行拍摄，也没有依据凯莉的视点从高角度来拍摄观众。面对明星与观众，镜头角度的着意选择与相互配合，模糊了舞台上下的落差，也模糊了明星与观众之间的视线高低，在画面上制造了“平等”交流的假象。

(二)长焦镜头拉近了明星与现场其他人物的实际距离

位于现场观众席中间、正对舞台中心、架设在摄影平台上(平台的高度一般会在观众的头顶之上)的机位是演唱会转播中的常设机位，它可以获得平视舞台中心位置演员的拍摄角度。由于位置上的优越性，不同的演唱会可以根据需要，在这个机位架设两到三部摄像机，以便捕捉不同的拍摄对象或对同一对象摄取不同景别的镜头。

在图 4-17 的镜头组合示意中我们看到，镜头 8、20、50、65、85 等都是由这个机位通过长焦距镜头拍摄的。画面或以观众背影的剪影为前景，或以伴唱演员为背景，凯莉作为画面主体与前景和背景的距离看上去十分贴近。长焦距镜头在视觉上对画面纵向空间具有压缩的作用，因此在这里拉近了明星与观众、明星与伴唱歌手之间的距离，在画面上制造了“融为一体”的假象。

小结

对于演唱会现场的观众而言，一个事实摆在面前——明星玛丽娅·凯莉在舞台上。现场中，靠后靠边的观众甚至看不到她的细节。因此，与明星的距离感实质上是无法消除的。而上述分析使我们看到，电视手段的介入能在一定程度上改变这种感受，从而进一步“消解”明星的势能，使电视观众比现场观众更容易对凯莉产生亲近感。

三、“我在现场”的观看效果

在明星演唱会中，明星歌手好似“星星落地”，现场观众对其可感可触。近距离的交流可以激发观众对明星原有情感的浓度，掀起痴迷的狂潮。因此，演艺公司对演唱会的功能尤为看重，总会倾力打造歌星每年在某地的重头出场。然而，演唱会耗资巨大，门票收益为演艺公司赚取的利润终归是有限的。要将演唱会的商业价值最大化，就必须依赖它的副产品——可供全球推广的演唱会电视转播(包括全网点击率分账)及音像制品。

因此,在演唱会策划者与其电视转播者的"共谋"中,就会分别侧重现场与电视两种不同观众的观看需要。前者着力营造现场观众的感受,后者负责"诱导"电视观众的情绪。在电视观众看来,通过演唱会的电视转播,自己能获得比现场观众更多的观看视点,还能获得与现场观众相似的情感体验,这样的演唱会电视产品才会物有所值。因此,如何让电视观众"身临其境"就成为电视转播的又一要义。

(一)以现场观众为前景的镜头使电视观众产生"我在看"的感受

在这场演唱会的电视转播中,导播调度了大量以观众背影为画面前景的镜头来表现舞台上的凯莉,如图 4-17 镜头组合示意中的镜头 8、35、46、55 等。我们说,这样的镜头具有类似主观镜头①的功能。而在一个镜头中既表现观看者(一般呈现为以其背影为画面前景)又表现被看对象,由于模糊了视线关系,因此不能形成准确的主观视角。但这样的镜头在画面的语义上又有类似主观镜头的作用,它也能让观众体会到与画面中的观看者类似的视觉经验,从而产生身临其境的感觉。

因此,在本案例中,导播之所以运用大量以现场观众为前景的镜头调度,目的就是引起电视观众产生"这是我在看"的心理感受,从而将电视观众观看的旁观性调整为类似身临其境的参与性。

(二)现场观众的镜头使电视观众产生"我就是他"的指认

由于这是一个同唱共欢的现场,因此导播在表现凯莉、表现她与众人关系的同时,还将很多镜头用来单独表现现场中的观众,如上述镜头组合示意中的镜头 43、47、60、70 等。观众瞬间的细节表现不仅提供了现场观众群情激越的气氛依据,还使电视观众看到了真实存在的现场观众。

在电视观看的过程中,电视观众习惯从中找到与自己契合的角色(在观看电视剧情片时这一特点表现得尤为突出),从而获得与其相似的情感认同,完成观看的愉悦过程。这通常被称为欣赏过程中的"移情"。

在本案例中,现场观众被呈现为专注地盯着舞台、手拉着手摇晃身体随声歌唱、因凯莉指过来的一个手势而激动相拥……可以说,这些画面表现对电视观众具有煽动效能,能"诱导"他们产生与现场观众类似的情绪。于是,电视观众的愉悦之情就产生在"我就是他"的"移位"指认之中了。

---

① 主观镜头,就是模拟观看者的视点和视觉印象拍摄的镜头。它一般需要一个被建立的过程,即通过把表现观看者的镜头和表现被看对象的镜头组合在一起,完成一个"看与被看"的意义。

小结

能够在演唱会上欣赏明星的风采，参与并感受音乐气氛的人数毕竟有限。流行音乐与明星歌手的推广需要现代传播手段的深度介入。电子传播媒介为一场独特的明星演唱会带来了不可估量的广泛受众，它的力量不仅在于提供了视听可感性，还在于它具有可以反复被读取、反复被感受的留存性。因此，电视转播的观念与实施手段将深刻地影响明星演唱会的场外传播效果。

第三节　舞蹈转播的导播案例分析

面对“舞蹈”，你或许很熟悉，或许很陌生。

舞蹈，可以说是一门人体动作的艺术。它是以人体为基础材料，以人体动作为物质媒介，以人体动作意象为审美特征的艺术。由于它采用人类与生俱来、敏感而有力的身体动作作为艺术表达的工具，而人体的动作又是生命的本质存在，因此舞蹈比其他艺术形式与人类生活更为贴近。正是舞蹈具有的这种生命本质的特征，使每个人在面对它时似感熟悉。

人体的动作是一种运动形式，更是一种人类表情。它既具有实际的生命功能，又传递着人类的情感、意愿，甚至思想、观念。因此，人体的动作又是一种抽象而模糊的语言，它的表现形式以及接受方式具有特定的通路。舞蹈中的人体动作是经过提炼、组织和美化、富于鲜明节奏感和韵律感的人体语言，它来源于对人的各种行为和情感动作及大自然各种运动形态的模拟，并在此基础上逐步脱离与生活的联系而具有了独立的形式美。正是因为具有模糊抽象含义的肢体动作演化成了舞蹈的语汇，舞蹈又成为一种难于理解的艺术。人们面对舞蹈的陌生感有时就源于对其表情达意的准确读取的难度。

同时，舞蹈又是无法用文字记录的。它的基本手段是人体的动作流，因此它是在一定时间过程中流动展开的艺术，过程性和流动性是舞蹈艺术在时间和空间呈现方式上的特点。于是，这个人类用充满情感与活力的肢体去张扬生命感觉的产物又变得难以留存。“舞终艺止”，既是舞蹈在呈现上的特点，也是其在艺术留存性上的遗憾。从某种意义上说，直到照相术和摄影术参与到舞蹈的记录中，舞蹈才有了真正具体的流传依据。

舞蹈之美、舞蹈之境界能否被更多的人触及？能否便于更多的人接受理解？能否在更多的人心中激荡起生命的活力与激情？这是舞蹈自身生命力的话题，也是现代视听传播手段之于特有艺术形式传播功能的话题。

可以说,电视转播之于舞蹈,具有其之于音乐、之于演唱不同的意义。如果说电视画面对表现音乐与演唱的意义在于它在一定程度上形象地表达了抽象的情感,那么,电视画面对呈现舞蹈的意义就在于它用另一种形象的秩序表达了一种本存在于形象之中的情感。对舞蹈进行电视转播的导播掌握着电视画面的形象秩序,因此他必须具备观看舞蹈的准确、独到的专业眼光,才能将舞蹈语言生动地"翻译"为画面语言。

在本节中,我们就以《王者之舞》(*Lord of the Dance*)的电视转播为例,对这一问题进行说明。

迈克尔·弗莱利(Michael Flatley)是爱尔兰家喻户晓的踢踏舞明星,他的舞技登峰造极,个人魅力又足以令人眩晕。他所在的舞蹈团(属麒麟娱乐演出公司)每年在世界各地的主要城市进行巡演,用踢踏舞的形式将爱尔兰民族人尽皆知的古老传说重新演绎为一场场令人眼花缭乱的现代演出。1996 年,他们在爱尔兰首都都柏林的顶点剧院(the Point Theatre)上演的《王者之舞》堪称经典,而这场演出的电视转播又是他们在剧场表演转播中的完美典范。

我们先以镜头图示看一下其中一段完整的男舞呈现。

53
54
55
56
57
58
60
61
62
63
64
65
66
67
68
69
70
71
72
73
74
75
76
77
78
79
81
82
84

85
86
87
89
90
91
92
93
94
95
96
97
99
101
103
104
105
106
107
108
109
110
111
112
114
115
116

118
119
121
122
123
124
125
126
127
128
129
130
131
132
133
134
135
136
137
138
139
140
141
142
143
144
145
146
147
148

图 4-20 镜头组合示意

一、突出肢体动作的特色重点

舞蹈既然是一种人体动作的艺术，那么对舞者肢体动作的准确表达就必然成为其电视画面呈现的关键。虽然舞蹈之美有赖于舞者肢体动作和谐完整的美感，但不同民族、不同风格的舞蹈又侧重于不同的肢体局部运用，强调不同的动作构成。可以说，有关节的部位就有律动，有肌肉的地方就有力量。头部、颈部、肩部、手指、手臂、腰部、胯部、双腿、双脚，都可以成为不同舞蹈中强调的重点肢体部位。但由于不同的肢体部位具有不同的生命功能、形态模拟功能，因此当舞蹈动作的发生源于不同的肢体部位时，舞蹈也就具有了传情达意的不同指向。

踢踏舞起源于爱尔兰，一度风靡世界。舞者穿着特制的可踏出清脆声响的舞鞋，踢踏地板发出声响，与欢快的音乐相互呼应。虽然踢踏舞主要强调脚部动作，却也非常细腻复杂，因为脚尖、脚掌、脚跟、脚的内侧、外侧都要非常灵活，才能踏出不同的节奏。因此，舞者的脚部动作无疑是踢踏舞肢体动作的特色，脚部的“踢踏”构成该舞独特的语言。踢踏的节奏是鲜明的，因此其语义的表达往往也是强烈明确的。

在《王者之舞》中，不同舞者，或同一舞者在不同的情节段落中，脚部的踢踏动作呈现出不同的力量、速度和重心的变换，分别承载了和谐、欢快、爱慕、愤怒、对抗、胜利、喜悦等不同的情绪情感。电视转播的导播为突出这一明确的肢体动作细部，主要采用了两种方法，以求用电视画面语言对应它的舞蹈语言。

(一)提供可识别性的观察角度

在上述列举的镜头组合图示中，最为特别的应该是对迈克尔脚底板仰拍的特写镜头(如镜头 52、54、60)，它来自本场转播的特色机位设置：摄像机置于舞台的地板下，透过局部的透明地面(舞台上主角的中心位置点)进行仰角度拍摄，并以特写来呈现主角的脚底动作。我们说，转播者设计的这个拍摄角度使其画面具有了极强的视觉效果和可识别功能。

1. 识别“踢踏”的发源地

应该说，平角度、俯角度的脚部特写都具有突出脚部动作的功能。但在这里，仰角度的使用却非常直接地凸显了脚底板的存在，凸显了其与地板的接触撞击，而这正是“踢踏”的发源地。虽然，对踢踏舞有一定了解的人都知道”踢踏”的发声原理，但位于剧院现场的观众无论如何都不可能拥有这样直接的观察视点，进行“考据式”的观看。可以说，电视转播通过设计这个“奇异”的拍摄角度，使电视观众在观看的过程中不断强化对这一动作的识别。

2. 识别“踢踏”的节奏

仰角度拍摄的脚底板在地面敲击的特写，似乎让电视观众感受到了地板的震颤、尘土的旋动,感受到了来自舞者身体的力量。因为,极致的镜头角度与景别的搭配在这里具有很大的观看强制性,它作用于观看的心理,使观众将来自画面主体的动作幅度感受为力量。观看心理的变化进一步作用于生理反应,使观众的心跳随之变化,形成与“踢踏”节拍的共振。因此,以电视画面的特殊角度对舞蹈特色动作细部进行呈现,能使电视观众从视觉到心理再到生理与踢踏的节奏相契合,从而对舞蹈节奏形成深刻的记忆。

3. 识别舞蹈主角的动作

有意思的是,观此案例全片,我们发现,虽然其他舞者的脚部动作技艺也极为炫目多彩,但这个仰角的拍摄角度只用于表现迈克尔的脚底板。可以说,导播对这个特殊机位的使用是非常“吝啬”的,只用于一个舞者,那就是全场的焦点——迈克尔·弗莱利。由此,电视观众只要一看到这个特殊的画面表现形式,就能清晰地识别出这就是主角的舞步。拍摄角度在使用上的唯一针对性,严格地划分了角色层次,突出了主角的舞蹈技艺,从而将舞者的明星风采通过电视画面进一步加以确认与强化。

小结

特殊的观察角度代表着一场舞蹈的转播者的独特眼光。导播将自己对舞蹈肢体动作特色的认识、对舞蹈节奏力量来源的理解、对明星舞者的强制性塑造,都幻化为一种准确而特殊的视角和视觉效果。重要的是,这种特殊的观察角度所带来的视觉上的凸显性,又使得电视观众更容易识别这个舞蹈动作的本质。当然,从另一方面来说,提供可识别的观察角度,也是一场电视转播的导播方案的独特性的重要来源。

(二)提供有动力的画面运动

在上述镜头组合图示中,镜头40-51的组合完美地呈现了舞者在舞台前沿快速移动、跳步踢踏的过程。在画面中,舞者以脚部为支撑点带动腿部运动的快速舞步极具力量与速度之美。舞者肢体动作的细部特征与一个完整的动作流在运动镜头与运动镜头的组合中被强烈地凸显了出来。

1. 与对象运动契合的镜头运动形式

对于运动镜头来说,如果没有画面内部的主体运动契机和动力作为支撑,往往就会显得虽有运动但缺乏动感。在体育赛事的转播中,无论是百米赛跑中跟随运动员一起启动直至冲过终点线的电子遥控摄像机(俗称“电兔子”)所拍摄的运动镜头,还是跳水比赛中与运动员同步垂直入水的电子遥控摄像机所拍摄的运动镜头,都体现了与拍摄对象的运动高度契合的镜头运动形式,因此呈现出运动镜头特有的价值与魅力。舞蹈也是一种运动形式,因此,在舞蹈的电视转播中如何用恰当的镜头运动来表现舞者的运动也是一个值得研究的问题。

在本案例中，脚部作为舞蹈肢体动作的重点，除了舞者在某一位置的原地踢踏，其余的就是快速的跳步踢踏。面对迈克尔跳步踢踏形成的精彩台前横向移动，导播调度了一系列镜头，以横向移动的方式来跟拍舞者。在这里，横移的镜头在运动形式与运动速度上与舞者的跑动完全吻合。可以说，导播将舞者的跑动视为画面运动的契机与动力，从而合理地规划出了相应的镜头运动形式。对于电视观众来说，一方面，他们在感受画面运动的外在形式时，加深了对画面主体运动美感的认识；另一方面，动感十足的画面运动可以向他们传递力量，唤起他们去感受舞者通过脚部快速运动传递出来的生命激情。

画面的运动本身只是一种形式，因此，那种“空穴来风”式的镜头运动对观众毫无影响力。运动镜头要想获得生命，必须找到与画面主体运动相契合的形式，从对象那里获得运动的原动力。

2. 相似运动成组搭配的画面组合秩序

一种独特的画面表现形式如果孤立地存在，其视觉效果虽有可能精彩突出，但也会造成孤掌难鸣的遗憾；而将相似表现形式的画面组合在一起，就会形成一种富于形式感的画面秩序。这就好比在任何表达形式中，感性的灵光闪现都需要理性的组织安排。运动镜头的单独使用与成组使用之所以会有效果上的差异，也是同样的道理。

在这个段落中，我们看到，导播不仅调度了与对象运动形式相契合的运动镜头，还通过快速的镜头分切，把具有相似运动形式并以不同的视距、角度、景别来表现对象运动的镜头有序地组合在一起。镜头组合如下：

《王者之舞》镜头组合分析 1

镜号	景别	摄法	画面说明
40	大全	俯角横移	俯视舞台大全景，迈克尔从舞台右侧面朝左侧开始启动
41	小全	仰角横移	跟随迈克尔向左跑动
42	大全	俯角横移	角度同镜头 40，跟随迈克尔向左跑动
43	中景	仰角横移	角度同镜头 41，跟随迈克尔向左跑动
44	特写	平角横移	跟随迈克尔向左跑动，展现脚部动作
45	小全	仰角横移	角度同镜头 41，跟随迈克尔向左跑动、停顿转身、向右返回
46	特写	平角横移	角度同镜头 44，跟随迈克尔向右跑动，展现脚部动作
47	大全	俯角横移	角度同镜头 40，跟随迈克尔向右跑动
48	小全	平角横移	跟随迈克尔向右跑动
49	特写	平角横移	角度同镜头 44，跟随迈克尔向右跑动，展现脚部动作
50	小全	平角横移	角度同镜头 48，跟随迈克尔向右跑动
51	小全	(背)平角横移	从舞台背侧反拍，迈克尔已移动到舞台与队列中心的位置

高角度俯视舞台的大全景移动镜头(镜头40、42、47)展现了舞者的运动路线;位于舞台前沿的近角度特写移动镜头(镜头44、46、49)将舞者的轻盈步伐、跳动的幅度与双脚交替的重心变化清晰地呈现出来;仰角度跟随舞者的小全景、中景移动镜头(镜头41、43、45);在运动的过程中,顶棚灯光被舞者的身体时掩时现,舞台地排灯作为画面前景快速划过,仰角拍摄对动作的夸张以及光线的闪烁都增加了画面炫目的动感。

在这一段画面组合中,一方面,不同角度与景别的镜头对舞者动作的展现具有不同的功能,而且角度与景别的跳跃性搭配适应踢踏的跳动节拍;另一方面,连续的画面呈现为相似的运动形式,横移镜头的成组搭配使这个画面段落具有了协调一致的动力。此外,快速的画面切换频率与具体的切点选择又对应了舞者肢体运动本身的节奏与变化契机。因此可以说,面对一个舞者精彩的动作流,导播设计了一个具有鲜明形式感的画面组。在这组画面中,各个镜头在角度与景别上的跳跃性和在运动形式上的统一性,共同构成了富于形式感的画面组合秩序,并最终将存在于舞者身体内的动力有效地表现了出来。

小结

能否提供有动力的运动画面,取决于导播对舞者肢体运动形式的认识程度和对肢体动作中情感力量的发掘深度。以某种画面运动的形式和运动组合的秩序来表现舞蹈的动感,是电视转播"翻译""强调"舞蹈语言的重要手段。

二、呈现舞蹈群舞队形的独特美感

在舞蹈中,舞台的场面调度形式体现为舞蹈构图的问题。

一方面,在舞台上,舞者按照一定的方向和线路运动,根据不同的情节和不同的时空变化,在不同的调度和线性构图中,给人以不同的审美感受。例如,上文提及的迈克尔在舞台前沿快速横向移动的过程,就是按照"丛林规则"①进行的直线运动的舞蹈调度形式。它的目的性、指向性很直接,锋芒毕露,具有强烈的动势,其进攻体语给人以挤压、紧迫感。因为,按照舞蹈的剧情,此时,舞者的角色正在展现自己的力量,准备迎接一场与恶势力的争斗。

另一方面,舞蹈中的构图也体现为群舞的调度形式。因为,在"空间距离也是舞蹈语言"的概念得到确认后,按照空间交往规则创造出符合人物感情状态的空间距离的语言形式,就成了必要的表现手段。第一部芭蕾舞剧——《皇后的喜剧芭蕾》几乎就是用平面几何与立体几何的形式调度跳群舞的人们来展现封建宫廷的生活状态的。

踢踏舞的群舞可以说是其舞蹈呈现的主要场面形式。因此,群舞的调度形式在很

---

① 即"空间领地"的规则,指人的身体对于生存空间的占有形式而首先呈现出来的动物性。——著者注

大程度上决定了踢踏舞的舞蹈构图形式。整齐的动作、规整的队形、富于规律的队形变化使踢踏舞的群舞具有非常鲜明的形式特征。

为了凸显踢踏舞群舞在调度上的形式特征，电视转播如何设置相关机位、组建画面秩序来呈现这种形式的美感呢？

(一)成组设置系列机位展现队形的几何美感

通观案例全片，我们可以发现，在这场踢踏舞的演出中，群舞的队形呈现出非常鲜明的几何特征。无论是男子群舞还是女子群舞，或是男女混杂的群舞，舞蹈的队形多呈现为一字形、矩形（二字形）、V 字形/Λ 字形、M 字形、W 字形、○形和×形，并在这些图形中变化。这些图形的共同特点就是左右对称。因此，在这场踢踏舞中，群舞的队形在构图上的特点就是左右对称。

对于左右对称分布于舞台的群舞队形，如何用镜头画面突出它们的几何特征、突出队形的规整性呢？导播必须设计、调度出适于表现队形特征的机位。简单地说，就是让观众从什么视角来看才能看出这种对称的美感。由于是左右对称，所以如果从齐队形的中心轴线观看，便最能观察到它的队形特点。因此，在本案例中，导播设置了齐舞台中心轴线的系列机位来展现这种舞蹈队形的几何美感（见图 4-21）。

在图 4-20 镜头组合示意中，镜头 61-67、镜头 78-89 等段落的画面组合都凸显了这段男子群舞的 V 字形队形特点。导播调度齐舞台中心轴线的若干机位，从面向舞台的近、中、远的不同视距以及从舞台的背侧，以不同的景别进行拍摄，既充分展现了队形的全貌（系列全景镜头），又突出了队形的中心位置（特写脚部镜头——V 字形的底角）。

在同轴上成组设置若干机位——这一思路对应了舞蹈队形左右对称的形式特征，从而获得了具有相似构图形式的系列镜头。将这些不同景别却均左右对称构图的画面组合在一起，就形成了富于形式感的画面组合段落。当然，具体的切点还必须以舞蹈动作节奏的变化和音乐与灯光变化为契机。

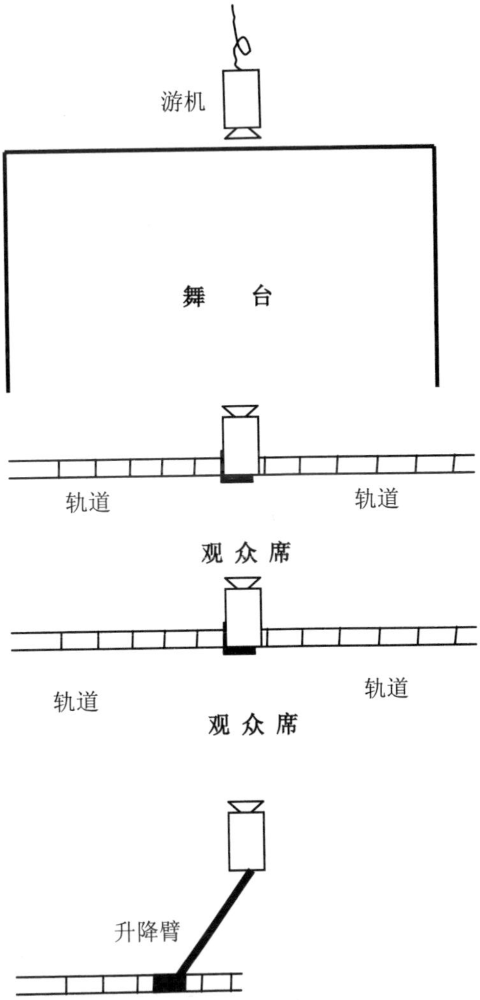

图 4-21　齐舞台中心轴线的系列机位布局示意

(二)设置特殊角度机位展现队形变化过程

通过镜头组合图示,我们可以观察到,在这段男舞的画面呈现中,一共出现了六次顶角度的俯拍全景镜头:

镜头 19:展现前后两排舞者,每两个左右相邻的舞者互换位置的过程;
镜头 29:再次展现调整后的前后两排舞者;
镜头 33:(镜头转动)交代迈克尔在两排舞者身后从左向右走动调整位置;
镜头 64:(镜头转动)交代舞台上的队形已经调整为 V 字形,迈克尔位于 V 字的底角;
镜头 82:再次展现 V 字队形;
镜头 116:交代群舞后排舞者向前排靠拢,并融为一字排开队形的过程。

这些镜头通过吊挂在舞台天棚轨道上的电子遥控摄像机拍摄。通过遥控,导播可以调整摄像机的具体位置,并旋转镜头形成角度的变化。从画面效果来看,顶角的拍摄角度最为直观地呈现了舞蹈队形的几何图形特征,并清晰地展现了群舞队形在不同的图形中变化的过程。

顶角的拍摄角度在展现队形特征的过程中起到了随时俯视队形变化和定位队形状况的作用,它与上述齐舞台中心同轴设置的系列机位相配合,形成了上下与纵深交叉的空间视点关系。

小结

对于踢踏舞,群舞的队形特征是其舞蹈构图形式的重要组成部分。导播清晰地识别出队形所呈现的鲜明的几何美感,并以机位组合的几何感进行诠释,强化了舞蹈本身所具有的外在形式。

三、帮衬人物塑造的独特手段

通过案例中男舞的镜头组合图示,我们发现,在呈现这段舞蹈的过程中,导播很少涉及表现舞者面部表情的镜头,其原因主要有两个:

一方面,舞蹈是以人体动作为物质媒介的,因此,舞者是舞蹈的承载者,他对于舞蹈而言是一个“可以跳动的符号”。也就是说,“舞者是谁”并不重要。因此,在电视转播中,表现舞者的要义并不在于突出演员,而在于呈现他的舞蹈动作。如果电视画面过多地关注舞者的面部表情,就会喧宾夺主,影响电视观众对舞蹈本身的观看和理解。

另一方面,虽然人类自然的形体语言由表情、姿势、体态、动作四个层次共同构成,但舞蹈的形体语言是对自然形体语言的凝练。它不仅逐渐脱离了与日常生活动作的联系，还在传情达意上运用了形体语言构成的不同方面。如果说突出体态与动作是所有舞蹈品种共有的特点，那么，讲求眉目传情或许只是某些舞蹈品种的需要。对于踢踏舞而言，舞者表情的功能在其舞蹈语言中被明显弱化。因此，本案的导播也无需在表现舞蹈的过程中过多关注舞者的面部表情。

有意思的是，虽然在舞蹈的进程中导播很少调度表现舞者表情的镜头，但当这段精彩得令人窒息的舞蹈停顿下来、所有演员站定在舞台上、观众热烈的掌声响起时，导播并没有调度镜头去表现情绪高涨的观众，却将镜头依然对准舞台并以大量的镜头反复表现舞者的面部表情。镜头组合如下：

《王者之舞》镜头组合分析 2

镜号	景别	摄法	画面说明
134	大全	固定	俯视舞台大全景，迈克尔及全体群舞演员站立原位
135	中景	固定	侧面展现迈克尔的样子
136	大全	拉	角度同镜头 134，舞台全景拉开带出观众席，展现全场的热烈气氛
137	近景	固定	正面平视（长焦调拍）迈克尔的表情，突出他喘气的样子
138	全景	俯角移动	从舞台右侧展现台上与台下的关系
139	中景	仰角移动	台前近角度表现迈克尔，他头顶的眩光夺目
140	大全	后移	展现全场的热烈气氛
141	特写	固定	侧面展现迈克尔的表情，突出他的眼神
142	全景	俯角固定	角度同镜头 138，从舞台右侧展现台上与台下的关系
143	特写	固定	角度同镜头 141，侧面展现迈克尔的表情，突出他的眼神与笑容
144	大全	推	角度同镜头 134，展现舞台全貌
145	特一近	拉	角度同镜头 137，正面平视迈克尔的表情，他频频向观众点头示意
146	大全	推	角度同镜头 134，展现舞台全貌
147	近景	固定	角度同镜头 141，侧面展现迈克尔向舞蹈队员挥手示意退场
148	大全	固定	角度同镜头 134，演员们退场，灯光渐暗

首先，我们看到，在这段画面组合中，导播调度了大量近景、特写镜头来关注舞者站定不动的样子和细腻生动的面部表情。一系列近景、特写镜头突出了迈克尔有力的呼吸、左顾右盼的眼神、诡异的笑容、频频的点头。可以说，在现场观众的欢呼中，他毫不掩饰自己的骄傲与得意。在舞蹈的进程中，癫狂激越的舞蹈动作使迈克尔扮演的人物积蓄了巨大的能量，塑造了他不可阻挡的“王者”气度与力量；而当舞蹈动作停顿后，所有演员保持着队形站定不动，刚才在舞蹈中所释放的能量被急速聚拢收回。此时，电视画面又不失时机地突出了舞者面部表情的细节，从另一个层面塑造了“王者”志得意满的状态。

其次,一系列包容现场观众与舞台的全景镜头突出展现了迈克尔置身于中心位置的辉煌感。他既是舞台的中心,也是全场的中心。舞者动作的停顿与整个剧场的沸腾所形成的强烈反差在全景镜头中被直观地呈现出来。可以说,镜头的表现帮衬塑造了人物身上所具有的帝王气质,他的势能与感召力弥漫在舞台上下。

本案的导播将动作的停顿处理为舞蹈情绪的延续,并将其视为人物塑造的重要组成部分,在画面表现中抓住这个"舞蹈动作休止"的空当,突出人物表情与中心位置感,从而帮衬塑造了"英雄式"的角色形象。而在舞蹈停顿的时候关注舞者,则对展现舞者魅力形成了独特的意味。

小结

舞台上的舞者既是舞蹈的一个载体、一个符号,又是一个内心世界丰富的人物。由于现场观众观看的自主性,因此它们常被统一到一起诉诸观众的感官。在电视转播当中,导播可以通过画面调度的侧重点与画面组合的秩序来区分清晰的表现层次,构成有意味的表达方式。

第四节　颁奖典礼的导播案例分析

颁奖典礼一般指对在某领域或行业做出突出贡献的人进行表彰、授予荣誉、颁发奖励而为此举办的仪式典礼晚会。例如,众所周知的奥斯卡金像奖(The Oscars,全称为"美国电影艺术与科学学院奖",Academy Awards of Merit,俗称"奥斯卡奖"),就是一项表彰电影业有突出成就者的年度奖项,旨在鼓励优秀电影的创作与发展。作为全世界最有影响力的电影奖项之一,其每年的颁奖典礼都会在100多个国家进行电视直播。另外,针对音乐的格莱美奖、针对电视的艾美奖、针对戏剧的托尼奖每年也都会举办举世瞩目的颁奖典礼并进行高水准的电视转播。我国每年也要举办一些经典的行业颁奖典礼,例如电影行业的百花奖、金鸡奖、华表奖、香港电影金像奖、台湾金马奖;电视剧行业的飞天奖、金鹰奖;流行音乐领域的华语音乐榜中榜、香港十大中文金曲奖。此外,其他行业领域也有例如感动中国、体坛风云人物颁奖典礼以及CCTV慈善之夜等兼具行业特征与主流价值传播影响力的颁奖典礼。

对于电视转播录制来说,无论哪种颁奖典礼,其电视呈现的外部面貌都可以抽象出相似的特征,即用相对稳定的镜头组合序列来呈现场景空间、诠释颁奖程式,用精心设计的镜头画面营造典礼的形式感和特定氛围。

在这一节中,我们将以《CCTV慈善之夜2013年度慈善人物颁奖典礼》(下文为行文和记忆方便，简称《CCTV 慈善之夜颁奖典礼》）[①]为例，研究具有普遍适用性的颁奖典礼导播方案。

一、导播风格与典礼性质

导播团队在与《CCTV 慈善之夜颁奖典礼》节目导演组沟通后，深入了解了节目的策划背景、制作播出规格、奖项设置、慈善获奖者、慈善受助人及典礼中的表演性节目等内容，掌握了关于该颁奖典礼的基本信息、举办性质和风格基调。

第一，从主题意义上看。"CCTV 慈善之夜"是一场大型公益宣传活动，是中央电视台继"寻找最美乡村教师""寻找最美乡村医生""寻找最美消防员"等大型系列公益活动后，作为国家主流媒体，在引导舆论、凝聚共识、树立典范等方面发挥积极作用的又一重要举措。该活动意在发挥中央电视台自身的传播力和影响力，以凝聚社会各界力量，共同推动中国慈善事业的发展。活动以"致敬中国慈善践行者，关怀中国慈善受助者，引领中国慈善发展方向，构建中国慈善文化"为主题，梳理中国慈善年度新气象，聚焦中国慈善发展的新力量。[②] 中央电视台于 2013 年 12 月 14 日在新台址为这场大型公益活动举办了一场颁奖典礼，旨在通过颁奖典礼的方式表彰评选出来的年度慈善人物，并通过典礼让更多的中国人了解中国社会慈善事业的现状，感受慈善的精神和力量。因此，电视转播导播风格的把握一定要与该颁奖典礼主流权威、庄严厚重、仪式感强的规格与基调相匹配。

第二，从典礼结构上看。《CCTV 慈善之夜颁奖典礼》由"希望、祈盼、责任、渴望、守望"五个板块构成，在每个板块设立相关的颁奖环节，同时配以精心编创的朗诵、歌曲、舞蹈节目和主题视频短片，构成典礼的主体内容。基于这样的板块式结构，导播要在展现典礼的整体框架、颁奖环节的程式化行为及单个节目的个性与细节这三个方面构想画面的呈现方式。

第三，从演播空间上看。《CCTV 慈善之夜颁奖典礼》的演播现场是一个典型的围合式场景，它由承担颁奖功能的主舞台、承担表演展示功能的 1 号分舞台、承担启动"慈善版图"功能的 2 号分舞台、承担场面调度与仪式感营造功能的"慈善之路"，以及主舞台背后的主视觉大屏幕和跨 1 号、2 号分舞台背后的半环状大屏幕、晚会主题奖杯和双侧观众席共同构成（见图 4-22）。面对这样一个多舞台区域、多调度空间、需全视角观看的复杂场景，导播既要考虑空间方位的交代，又要避免各机位之间相互穿帮，还要考虑如何最大限度地发挥各机位的功能，以便在不同的环节中随时调度、调整，适应不同情境的拍摄需求。

---

① 2013 年 12 月 14 日 20:07 于 CCTV—12 首播，2013 年 12 月 14 日 22:38 于 CCTV—1 重播。

② 资料来源：百度百科。

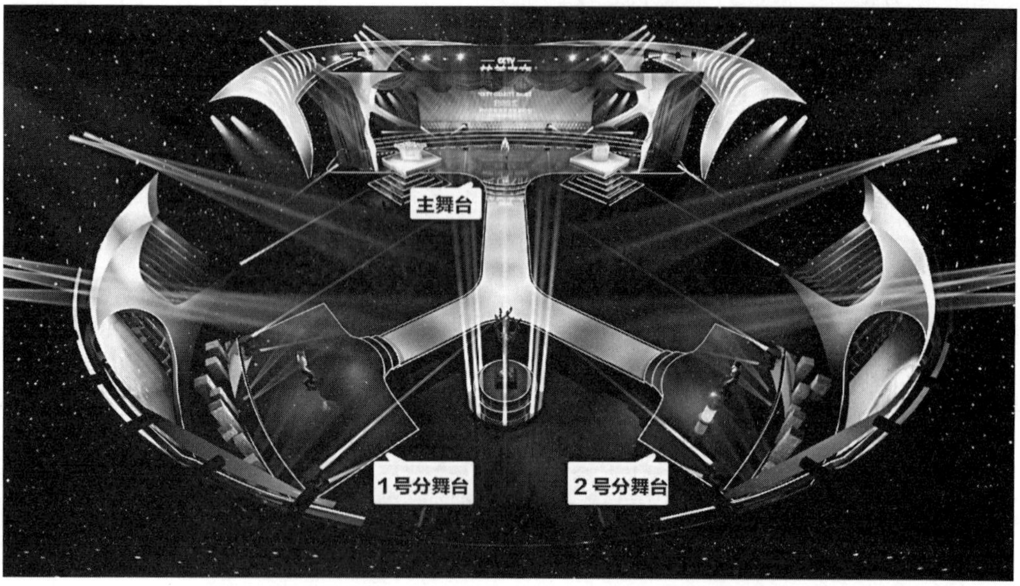

图 4-22 《CCTV 慈善之夜颁奖典礼》舞美设计图(俯视图)

小结

基于对主题意义、晚会结构、演播空间的识别,导播团队明确了此次颁奖典礼的性质,确立了与之相契合的电视转播呈现风格——仪式叙述清晰,全貌细节兼顾,情感表达庄重。而要贯彻这一既定的导播风格,则要从机位设置、镜头设计、画面组合几个方面加以落实。

二、机位设置与多维功能

我们先给出这次颁奖典礼电视转播的总体机位设置方案(见图 4-23),再来逐个分析其设置的思路。

基于场景构成及颁奖典礼的环节需求,导播最先确定了主视角的机位,即在主舞台对侧方向的制高点上架设一个配有广角镜头的 1 号机位。这个机位不仅可以提供面向主舞台方向的场景全貌画面,同时可以在画面中兼顾主舞台上的调度及大屏幕上播放的视频内容(见图 4-24)。

在 1 号机的对侧架设一个与其视角及拍摄范围反向互补并配有广角镜头的 2 号机位,用以提供主舞台对侧的高角度全景画面。这个机位可以将 1 号分舞台、2 号分舞台、“慈善之路”、环状 LED 屏以及巨型晚会主题奖杯这几者的空间位置清晰定位,同时兼顾舞台调度、视频变化、灯光效果等内容的综合呈现(见图 4-25)。此机位提供的画面与 1 号机提供的画面相呼应,既可以补齐场景构成的丰富信息,也可以在正反向全景组合中对仪式感的营造发挥重要作用。

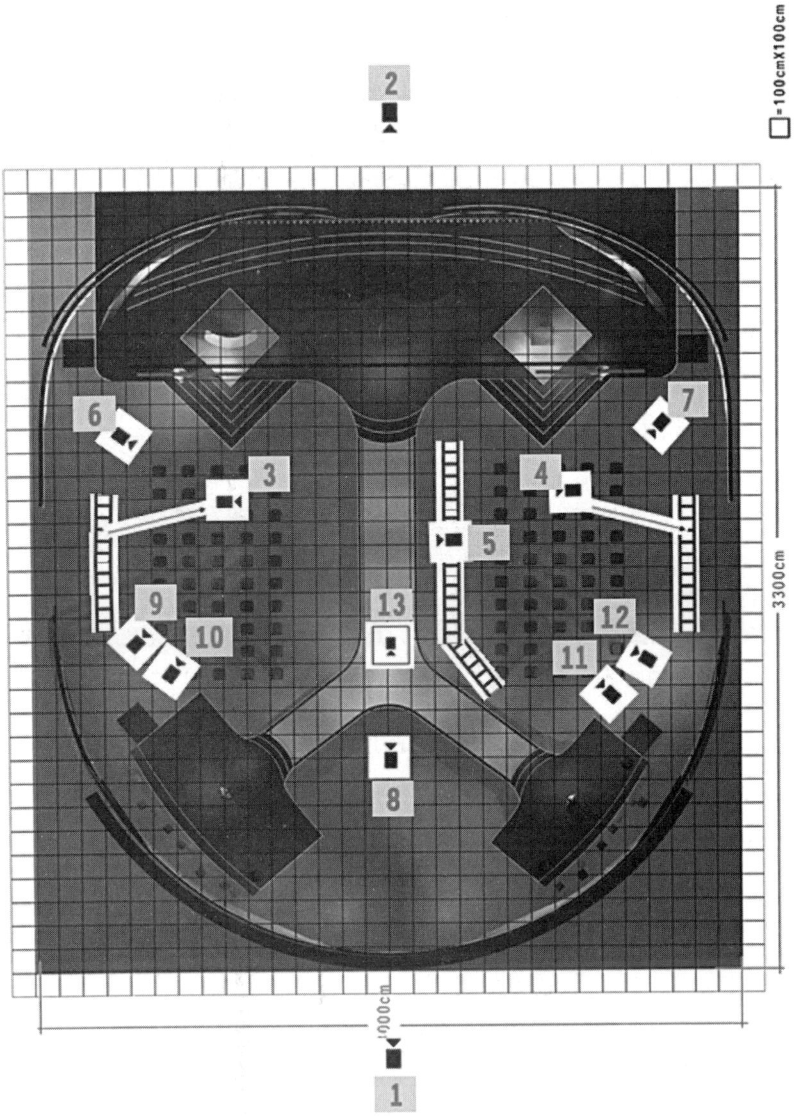

图 4-23　《CCTV 慈善之夜颁奖典礼》机位图

图 4-24　1 号机拍摄的画面

图 4-25　2 号机拍摄的画面

在确定了1号机、2号机两个高角度全景机位后,导播在主舞台与1号分舞台之间设置了一个摇臂机位,即3号机,并给此机位配以广角镜头和8米直轨,使其具有更大视野范围的拍摄能力,可以提供有设计的长线运动镜头,也便于灵活调整拍摄位置和角度,实现多机位的使用功能。具体来说,当这个机位的机身和镜头朝向主舞台时,它可以展现颁奖环节的场面调度和现场观众的情绪气氛(见图4-26);当反向调转机身和镜头,此机位则可以兼顾两个分舞台上的表演或行为活动(见图4-27)。另外,由于此机位的辅助设备特性,因而可以为1号分舞台上的节目呈现带来更具表现力的镜头设计可能性。

图4-26　3号机拍摄的画面(朝向主舞台)

图4-27　3号机拍摄的画面(朝向分舞台)

同时,基于此场景空间设计的对称性及功能区域的呈现需要,导播在3号机的对称方向同样设计了一个摇臂机位,配有广角镜头和8米直轨,即4号机。这个机位在主舞台和2号分舞台之间,其性质和功能与3号机大致相同。不同的是,它在位置上更靠近主舞台的下台口,这样便可以凭借摇臂机位的拍摄特点获得不同视角、视距的镜头画面。具体如下:

图4-28　4号机拍摄的画面(奖杯特写)

第一,4号机的机身可以借助臂长和轨道的辅助探伸到舞台内,提供近距离观看奖杯被升降台缓缓托起的细节画面,以凸显仪式感和神圣的气氛(见图4-28)。

第二,当此机位镜头朝向主舞台以全景拍摄时,可以在3号机的对称位置提供不同角度的舞台侧面全景(见图4-29)。

第三,在展现“慈善之路”以及“慈善版图”的行为时,此机位还可以调转拍摄方向,在镜头组合链条中提供一个可以清晰交代空间关系且在画面构成上极富形式感的镜头(见图4-30)。

图 4-29　4 号机拍摄的画面(舞台侧面全景)

图 4-30　4 号机拍摄的画面(反角度全景)

以上四个机位的拍摄功能已经基本解决了场景空间与重要场面调度呈现的问题，接下来导播就要为内容细节和特色行为活动的表现设置机位了。由于导演在该颁奖典礼中精心设计了一个“慈善之路”的环节，即每一轮获奖嘉宾都会有一个从主舞台踏上“慈善之路”去 2 号分舞台完成启动“慈善版图”的重要行为设计，以承托典礼主题，因此获奖嘉宾在“慈善之路”上的行进过程就成为导播要用镜头展现的重点。可是，“慈善之路”位于整个演播现场的正中央，如何避免拍摄时的机位穿帮呢？另外，如果要连续完整地展现此过程，又需要什么性质的机位呢？经过多方考虑，导播将此机位设计为一个“无人驾驶”的电子轨道摄像机(俗称“电兔子”)，即 5 号机。这种机位设置一来可以解决摄像师暴露在场景中穿帮的问题；二来由于这套设备自身的技术优势，有利于用单个镜头的长线运动来呈现行进过程的完整性。具体如下：

第一，在“慈善之路”环节，5 号机提供随获奖者同步行进的连续跟拍镜头(见图 4-31)，使观众获得一个与获奖者一同走过“慈善之路”的视觉体验。

横移镜头起幅————————————→横移镜头落幅

图 4-31　5 号机拍摄的画面(慈善之路横移效果)

第二，当 5 号机镜头朝向主舞台时，提供一个起幅为舞台低角度侧面全景、落幅为舞台上群人小全景的前移长线运动镜头(见图 4-32)，创造一种逐渐靠近舞台拍摄主体的渐进式观看效果，其运镜方式与主持人沉稳庄重的话语风范相吻合。

前移镜头起幅——————————————→前移镜头落幅

图 4-32　5 号机拍摄的画面(主舞台前移效果)

第三,当 5 号机镜头朝向 1 号分舞台表演区时,提供奖杯与 1 号分舞台的关系镜头以及以这个画面为起幅、1 号分舞台小全景为落幅的前移运动镜头(见图 4-33),并随衬底音乐的情绪节奏进行细腻的动态拍摄,提升画面的韵律感。

前移镜头起幅——————————————→前移镜头落幅

图 4-33　5 号机拍摄的画面(分舞台前移效果)

第四,当 5 号机在轨道中预先设定的位置停下时,则充当一个固定机位,提供其位置对侧的观众镜头(见图4-34)。

第五,在"慈善版图"点亮环节,5 号机提供一个在移动中缓推巨型奖杯的镜头(图 4-35),为此环节的电视呈现提供一个特殊的观察方式,也为渲染此环节的隆重气氛提供画面助力。

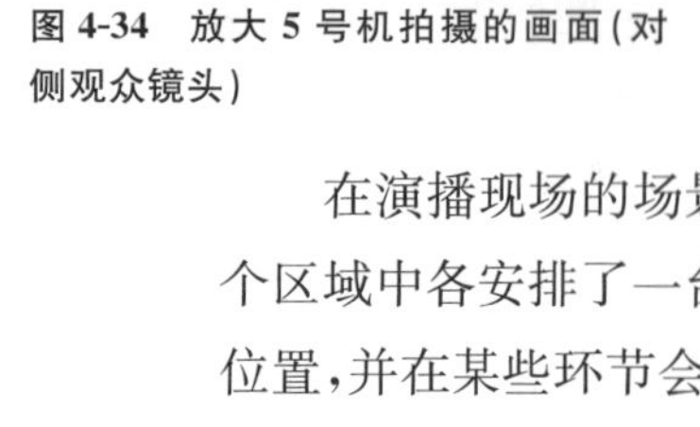

图 4-34　放大 5 号机拍摄的画面(对侧观众镜头)

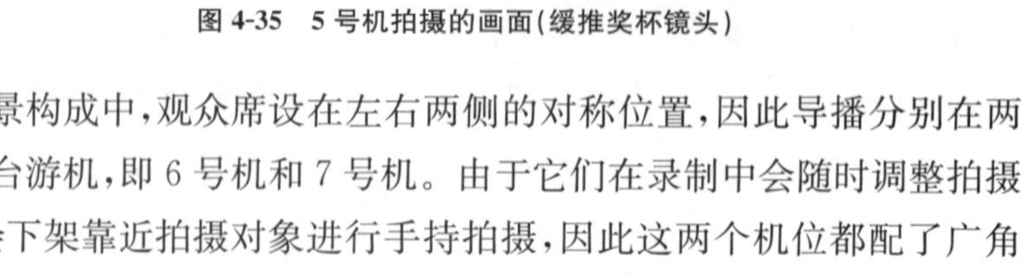

缓推镜头起幅——————————————→缓推镜头落幅

图 4-35　5 号机拍摄的画面(缓推奖杯镜头)

在演播现场的场景构成中,观众席设在左右两侧的对称位置,因此导播分别在两个区域中各安排了一台游机,即 6 号机和 7 号机。由于它们在录制中会随时调整拍摄位置,并在某些环节会下架靠近拍摄对象进行手持拍摄,因此这两个机位都配了广角镜头、目镜、带脚轮的三脚架并预留了足够长的讯道线缆。

6号机主要承担主舞台和1号分舞台之间的观众镜头以及1号分舞台和“慈善之路”上节目表演环节的节目内容的拍摄（见图4-36）。

观众镜头　　分舞台节目镜头　　慈善之路节目镜头

图4-36　6号机拍摄的画面

7号机主要承担主舞台和2号分舞台之间的观众镜头以及获奖者及颁奖嘉宾起身上台的跟拍镜头（见图4-37）。

观众镜头　　颁奖嘉宾上台镜头

图4-37　7号机拍摄的画面

为近距离展现巨型主题奖杯以及它与主舞台之间的位置关系，导播还设置了8号游机。它位于巨型奖杯的底座前，配了广角镜头、目镜和带脚轮的三脚架，主要负责提供巨型奖杯的仰角镜头；以奖杯为画面前景，展现奖杯、“慈善之路”和主舞台三者纵深关系的镜头；在点亮“慈善版图”的环节，低角度仰拍巨幅环状LED屏幕的全景镜头，为此环节的镜头组合链条提供营造仪式感的重要一镜（见图4-38）。

奖杯仰角镜头　　奖杯与主舞台关系镜头　　环状大屏幕仰角镜头

图4-38　8号机拍摄的画面

根据此次颁奖典礼的场景构成特征、场面调度形式与物件细节表现重点，导播设计完成了上述全景系列机位和移动、游动机位，接下来便要将能够提供中景、近景、特写的常规固定机位安排在合理的位置上。在场景中轴线的两侧，导播采用了双机并排的布设原则，以发挥成组布设机位的最大拍摄效能。这四个机位最终确定使用演播室大型座机，序号分别为9号机、10号机、11号机和12号机（如图4-23机位图），架设在摄影平台上,以确保获得与主舞台、分舞台均能平视的拍摄角度。其中,9 号机、10 号机位于主舞台和 1 号分舞台之间,共用一个摄影平台;11 号机、12 号机位于主舞台和 2 号分舞台之间,共用一个摄影平台。

当 9 号机的镜头朝向主舞台时,主要完成主舞台上其对角线方向的拍摄任务(见图 4-39)。

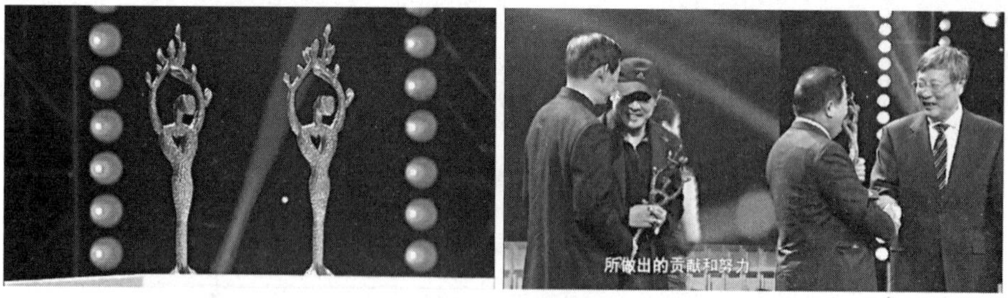

奖杯特写镜头　　　　获奖者和颁奖嘉宾关系镜头

图 4-39　9 号机拍摄的画面(朝向主舞台)

当 9 号机的镜头朝向分舞台区时,完成分舞台上其对角线方向的拍摄任务(见图 4-40)。

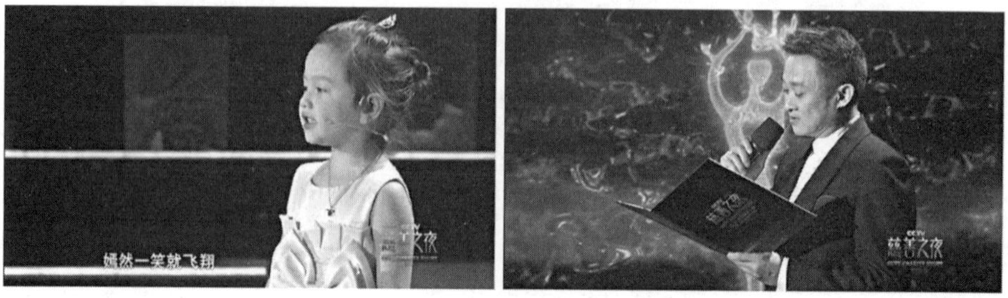

演唱者近景镜头　　　　朗诵者近景镜头

图 4-40　9 号机拍摄的画面(朝向 2 号分舞台)

当 10 号机的镜头朝向主舞台时,主要完成主舞台上其对角线方向的拍摄任务(见图4-41),与 9 号机形成互补。

多人关系中景镜头　　　　获奖者近景镜头

图 4-41　10 号机拍摄的画面(朝向主舞台)

在点亮“慈善版图”环节,10 号机调转机身,镜头朝向 2 号分舞台区,提供 LED 屏幕的特写镜头(见图 4-42),这是构建此环节镜头组合链条上的重要画面。

图 4-42　10 号机拍摄的画面(朝向 2 号分舞台)

当 11 号机的镜头朝向主舞台时，主要完成主舞台上其对角线方向的拍摄任务(见图4-43)。

主持人中景镜头　　获奖者近景镜头

图 4-43　11 号机拍摄的画面(朝向主舞台)

当 11 号机的镜头朝向 1 号分舞台时，主要负责提供分舞台上其对角线方向表演者的镜头(见图 4-44)。

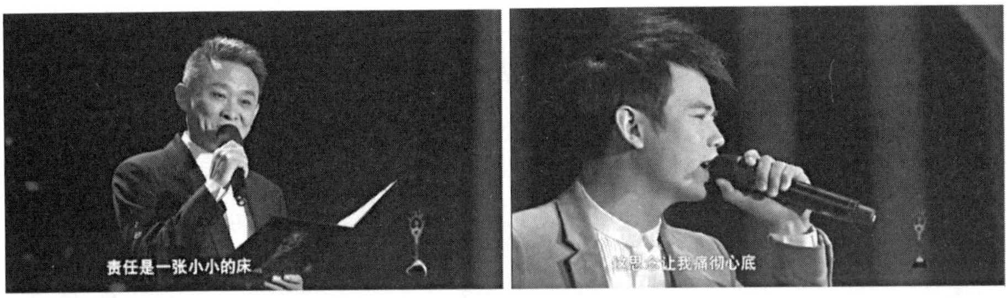

朗诵者近景镜头　　演唱者近景镜头

图 4-44　11 号机拍摄的画面(朝向 1 号分舞台)

当12号机的镜头朝向主舞台时，主要完成主舞台上其对角线方向的拍摄任务(见图4-45)，与11号机形成互补。

主持人近景镜头

双人关系镜头

图4-45　12号机拍摄的画面(朝向主舞台)

当12号机的镜头朝向1号分舞台时，主要完成分舞台上其对角线方向上的拍摄任务(见图4-46)。

多人关系镜头

表演者镜头

图4-46　12号机拍摄的画面(朝向1号分舞台)

为了展现"慈善之夜"颁奖典礼现场的重要标志物——巨型主题奖杯，导播设计了一个性质特殊的机位，即13号机飞猫索道摄像系统①。本次使用的二维飞猫®，其核心优势是可以横向进行远距离两点之间的可调速连续运动拍摄，并且可以在既定轨道上的任意一点进行悬停、调整转动机身方向、调整镜头焦距的定点拍摄，从而提供俯视演播现场的极致观看角度。这不仅为奖杯的展现提供了特殊的视觉奇观式画面效果，也为节目特定环节的镜头组合链条提供了最具视觉冲击力的画面。

首先，飞猫可以按预先设计的运动轨迹，提供飞过巨型奖杯顶部的长线运动镜头(见图4-47)。

其次，飞猫可以悬停在索道的左右两侧，镜头朝向主舞台或分舞台，提供固定的舞台远景镜头(见图4-48)。

---

① 飞猫®索道摄像系统按运动方式可以分为二维飞猫®索道摄像系统和三维飞猫®索道摄像系统。其中，二维飞猫®有两个支点，支点间用索道连接，索道上搭建承载摄像机用的小车，拍摄跨度可达1000米，适合大场景拍摄。(来源：百度百科)

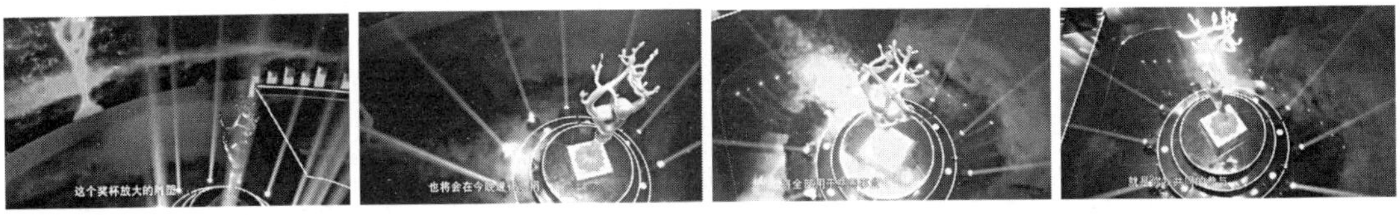

前移镜头起幅——————————————————→前移镜头落幅

图 4-47　13 号机拍摄的画面(横移拍摄效果)

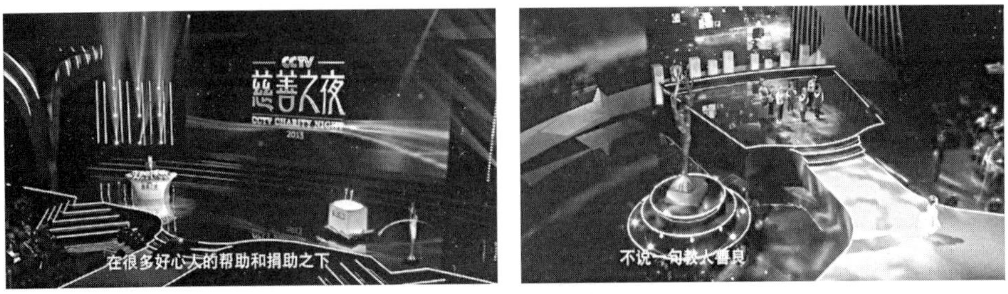

镜头朝向主舞台　　　　　　镜头朝向分舞台

图 4-48　13 号机拍摄的画面(悬停拍摄效果)

综上,本案例一共由 13 个机位组成,1、2 号机为高角度全景机位,3、4 号机为带轨道的摇臂机位,5 号机为电子轨道机位,6、7、8 号机为游动机位,9、10、11、12 号机为演播室大型座机机位,13 号机为飞猫索道摄像机位。可以说,全景系列机位提供的多视角广角镜头形成了符合此次典礼气氛的电视呈现格调基础;常规固定机位的配合则保证了对典礼内容的基本画面叙述;而游机和特殊机位提供的近景特写和奇观式视角又极具细节说服力和视觉感染力,使大型典礼的电视呈现细致、细腻。

小结

从各机位的设计思路和机位硬件属性的具体落实来看,颁奖典礼电视转播的机位设置始于分析、还原现场的多方面需求,着眼于各机位镜头造型的可塑性。可以说,各讯道摄像机的不同性能及辅助设备的技术特性为典礼的形式感画面呈现奠定了基础。接下来的工作便是将不同机位提供的镜头来源勾画整合为序列,针对不同情境环节设计相对固定的镜头组合链条,进一步明确对典礼仪式感及情绪情感表达的电视呈现方式。

三、镜头组合链条与典礼程式解析

对于颁奖典礼的导播来说,其工作的另一个重点是对典礼的主要程式环节进行相应的镜头组合链条的规划设计,以期在电视呈现中稳定地加以实现。

此次典礼设立了五轮颁奖,每轮有两位获奖者受到嘉奖,这十位获奖的慈善人物都会在发表慈善感言后踏上“慈善之路”去点亮“慈善版图”,这也是整个颁奖典礼的核心内容。对此,导播要构建既符合叙事逻辑又具有画面衔接美感的镜头组合链条。那么,怎样才能让观众清晰地识别年度慈善人物评选的奖项设置与颁奖方式、典礼的行为细节与物件设计特点,从而感受“慈善之夜”的情绪情感、主题意义呢?下面,我们将以“颁奖仪式”“慈善之路”以及“点亮慈善版图”三个环节为例,进行镜头组合链条与典礼程式的对应分析。

(一)颁奖仪式镜头组合分析

《慈善之夜》镜头组合分析 1

镜头序号	机位序号	机位性质	画面	说明
1	13	飞猫		主持人揭晓获奖者
2	7	游机		获奖者起身
3	4	摇臂		获奖者上台 主持人介绍颁奖嘉宾
4	7	游机		颁奖嘉宾起身

续表

镜头序号	机位序号	机位性质	画面	说明
5	5	电兔子		颁奖嘉宾上台
6	9	座机		颁奖嘉宾与获奖者握手
7	11	座机		颁奖嘉宾授予奖杯
8	10	座机		颁奖嘉宾与获奖者交流
9	7	游机		观众鼓掌
10	5	电兔子		主持人采访获奖者

此环节的镜头组合链条呈现为:飞猫在运动拍摄中完成俯角度的场面全景,交代现场气氛——游机跟摇获奖者起身上台——下台口的摇臂在长线运动中完成另一角度的场面全景,交代获奖者的调度路线和现场气氛——游机跟摇,交代颁奖嘉宾起身上台——电兔子匀速前移,提供低角度仰拍的舞台全景,交代舞台上的场面调度——左侧座机提供颁奖嘉宾向获奖者授予奖杯的镜头——由侧座机提供摇镜头,交代两位颁奖嘉宾为两位获奖者颁奖的过程——座机提供四人中景,交代颁奖后嘉宾之间的礼貌握手——游机提供观众鼓掌镜头,表现观众的饱满情绪——电兔子固定拍摄,提供仰角度舞台侧全景镜头,交代场面调度。

这一镜头组合秩序的叙事逻辑为:在什么样的空间环境中,谁宣布了获奖者,又由哪些颁奖嘉宾为获奖者颁奖,之后获奖者的感想如何。由于在整场典礼的五轮颁奖环节中,其程序安排和场面调度形式是一致的,因此这一镜头组合的叙事方式就贯穿于每一轮颁奖环节的电视呈现中,从而使此次典礼"颁奖环节"的统一镜头组合顺序固定了下来。

(二)"慈善之路"环节镜头组合分析

《慈善之夜》镜头组合分析 2

镜头序号	机位序号	机位性质	画面	说明
1	12	座机		主持人请获奖者踏上"慈善之路"
2	3	摇臂		交代大屏幕信息与场景仪式感灯光效果
3	5	电兔子		移动跟拍获奖者走上"慈善之路"

续表

镜头序号	机位序号	机位性质	画面	说明
4	VCR			大屏幕播放信息（插播片）
5	2	高架固定		交代获奖者继续走过“慈善之路”
6	VCR			大屏幕播放信息（插播片）
7	4	摇臂		交代获奖者继续走过“慈善之路”
8	VCR			大屏幕播放信息（插播片）
9	5	电兔子		移动跟拍获奖者走过“慈善之路”

续表

镜头序号	机位序号	机位性质	画面	说明
10	VCR			大屏幕播放信息(插播片)
11	8	游机		交代获奖者到达2号分舞台

此环节的镜头组合链条呈现为:座机提供主持人与获奖者三人关系镜头——摇臂提供场面全景,交代场面调度和灯光效果的变化——电兔子移动跟拍两位获奖者走过“慈善之路”的小全景——插播片:获奖者感言——中轴线上的高角度俯拍全景补充新的全景角度,交代场面调度——插播片:获奖者感言——摇臂提供长线运动镜头,交代随场面调度带出的空间环境变化——插播片:获奖者感言——电兔子移动跟拍两位获奖者走过“慈善之路”的步伐动作——插播片:获奖者感言 —— 游机提供低角度仰拍全景镜头,用独特的观察视点表现新的空间环境。

这一镜头组合链条建立的叙事逻辑即为这一环节的场面调度秩序:两位获奖者以主舞台为起点,走过“慈善之路”,到达终点“慈善版图”启动区。镜头反复在获奖者走过“慈善之路”与视频中获奖者的感言之间多次组合,意在强调走慈善之路的艰难和他们坚持不懈的精神,从而产生画面组合的意味。导播的这一镜头组合方式是利用重复蒙太奇形成语义的强调和视觉的形式美感。

(三)“点亮慈善版图”环节镜头组合分析

《慈善之夜》镜头组合分析3

镜头序号	机位序号	机位性质	画面	说明
1	9	座机		获奖者准备触发启动设备

续表

镜头序号	机位序号	机位性质	画面	说明
2	10	座机		获奖者触发启动装置
3	2	高架固定		展示空间环境及灯光效果变化
4	4	摇臂		展示空间环境及灯光效果变化
5	5	电兔子		展示空间环境及灯光效果变化
6	2	高架固定	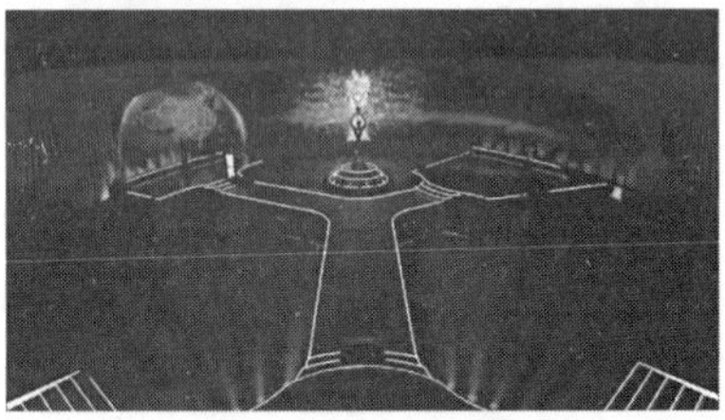	交代环状 LED 屏幕上的信息变化
7	13	飞猫		交代环状 LED 屏幕上的信息变化

续表

镜头序号	机位序号	机位性质	画面	说明
8	4	摇臂		交代现场实物奖杯与背景屏幕上视频奖杯图景之间的关系
9	8	游机	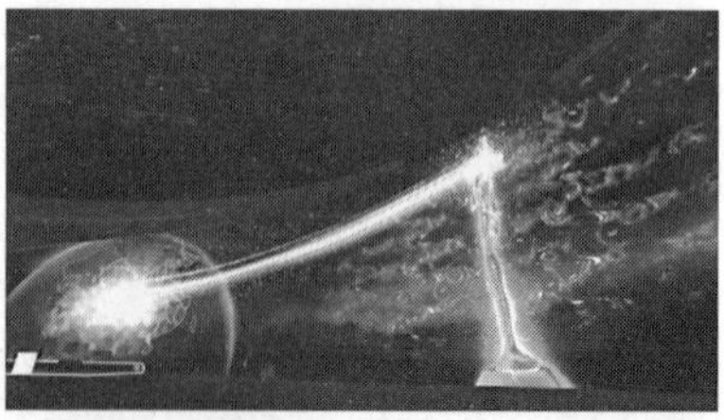	交代环状 LED 屏幕上的信息变化
10	13	飞猫		交代环状 LED 屏幕上的信息变化
11	10	座机	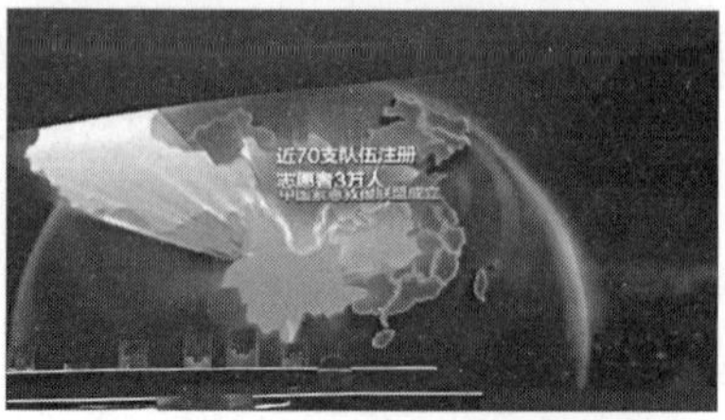	交代启动区屏幕信息
12	13	飞猫		展现灯光变化的气氛效果
13	2	高架固定		展现灯光造型下的现场氛围

这一环节的镜头表现重点有三部分内容：一是嘉宾按下启动装置的过程，二是具有标志性的灯光效果变化，三是两个主要区域的 LED 屏幕的内容展示。其镜头组合链条呈现为：座机提供礼仪人员与获奖者三人关系镜头，展示人物动作——座机提供特写镜头，强化动作细节——中轴线上的高角度全景，展示场景环境及灯光变化——摇臂提供长线运动镜头，交代场景空间和灯光效果的变化——电兔子前移、缓推镜头，展示灯光效果变化——中轴线上的高角度全景，交代由灯光变化引发的环状 LED 屏幕上的内容变化过程——飞猫悬停拍摄，补充交代巨幅 LED 屏幕上的内容变化——摇臂提供现场实物奖杯与屏幕视频奖杯图景之间的关系镜头——游机架上仰角度拍摄 LED 屏幕上的信息变化——飞猫悬停拍摄，提供环状 LED 屏幕上光束流动触发启动区主屏幕内容播放的过程——座机提供启动区主屏幕的小全景，交代视频内容信息——飞猫展示具有形式感的灯光变化——中轴线上的高角度全景，展示全场气氛效果。

"点亮慈善版图"这一环节的场面调度简单明了：两位获奖者按下启动装置，触发现场灯光及巨幅 LED 大屏幕上的一系列变化，最终引发启动区背后屏幕上"慈善版图"视频的出现。因此，导播设计镜头组合链条的叙事逻辑以交代这个行动过程为基础，同时更多地着眼于此环节中"慈善版图"出现之前场景空间的灯光效果变化，以及环状 LED 屏幕上的内容信息变化，通过镜头组接完善对这一富有形式感的行为过程的交代，积累情绪，凝聚期待，渲染气氛，以突出典礼主流权威的专业性和隆重庄严的现场氛围。

小结

通过分析上述镜头组合链条的设计，可以看出，其与颁奖典礼的程式化特征密不可分；而在转播录制中，对之前研究确定下来的镜头组合方案的实施达成，将会对典礼流程和仪式行为的呈现起到清晰有效的叙述作用，并以电视镜头组合的秩序感强化现场典礼仪式的形式感。

第五章　导播工作术语

在节目录制的过程中,导播需要时刻眼、耳、嘴、手并用。在第一章中,我们曾形容它是一份需要“眼观六路、耳听八方”的工作。其实,这种说法意在强调:合理分配注意力是一名合格导播的必备能力。

了解了多讯道节目制作的方式和特点,我们就不难发现多个画面来源对导播“眼力”的考验、复杂的声音组合效果对导播“耳力”的考验、操作视讯切换器对导播“手感”的考验。然而,在眼睛看、耳朵听、手下切的过程中,导播还需要随时与各工种进行语言交流。导播怎样说话?其实,这个问题在实践工作领域还没有引起普遍的重视。

在多讯道节目制作的现场,导播是各工种联合作业的核心。他不仅要决定整场节目或各段落的开拍、通过与重拍,还要随时将自己的构想、需要、安排与调度传达给相关的岗位。显然,导播要讲话,要和不同工作性质的人沟通。因此,在录制现场,导播要用特定的工作术语,清晰高效地传达自己的意图;另外,导播的口令必须具有指令的意义,它必须得到相关人员的认可和遵照,毕竟,导播是最终对节目录制质量负责的人。

优秀的导播通常具有良好的语言表达能力,很难想象心里有数却道不出来的人如何在现场制作错综复杂的情况之下与众多的人员沟通。清晰的语言、镇定的语气、善解人意的语词、安排合理的口令秩序对导播来说都是必不可少的。值得注意的是,在录制过程中,导播的语言方式往往是影响实施工作的一个微妙因素。

本章将对导播在录制工作中的术语规范和口令原则进行梳理。但有一点必须明确,这只能为导播的工作语言实务提供一个基础参照。因为,这个特殊的语言体系不仅仅是术语知识的积累,也是导播工作素养与工作风格的体现。在掌握专业术语的基础上,揣摩工作语言的技术和艺术是从事导播工作的人要不断去做的事。

第一节　导播工作术语在实践中的现状

一、师徒传承的语言习惯

目前，在国内各种电视节目制作机构中，凡涉及多讯道节目制作的部门，其工作人员所使用的专业术语并没有统一的规范要求。虽然，从整体上讲，电视制作已经进入了现代化的生产模式，但在集体作业的系统中，各工种内部往往沿袭着“师傅带徒弟”的工作习惯。因此，在工作方法上也就难免会有各种各样的“流派”。导播的工作岗位也同样具有这个特点。

导播工作中“师徒传承”的传统和事实在很大程度上影响着导播工作术语的规范和普及。“师傅怎么讲，徒弟就怎么学”，虽也算一脉相承，但在不同的制作机构，甚至在同一制作机构内部的不同部门或节目组之间，专业术语的使用和认定并不统一。不同导播对于同一任务的表达方式也许存在着很大的差异。

对于一名刚开始从事电视工作的年轻人或一名新转入电视制作机构工作的人来说，他必须仔细倾听该制作组织所使用的术语类型和一些特殊的“本土”用语，然后再调整自己的工作术语，努力适应工作环境的语言习惯。在这种状况下，坚持学习阶段的所得或原先的语言方式往往是行不通的。

二、相对通用与绝对专业

其实，导播的工作语言中并没有绝对专业的术语，只有相对通用的术语。也就是说，导播要尽量使用大家都能认可、理解的说法，才容易达到沟通的目的。这一点确实应该成为导播需要明确的岗位工作原则。

在制作实践中，导播的专业术语往往被口语、方言或个人的习惯所改装，但它们其实都来自同样的蓝本。在国内的电视制作机构中，导播所使用的基本术语多源于美国的专业术语。我们注意到，在美国本土的电视制作机构中，导播的口令、术语也不是完全统一的，相同的意思往往也会有不同的口令、术语表达方式。

我们举几个常见的例子：

Dolly out＝Dolly back＝Pull back	摄像机后退/后移
Music ready＝Ready music＝Stand by music	音乐准备
Music in＝Hit music	放音乐

2 Fade in=Fade in 2=Fade up 2	淡入 2 号机
Fade out=Fade to black=Go to black	淡出
Tilt up=Pan up	镜头上摇/摄像机抬头

可见,对导播的工作术语并没有硬性、统一的规定,它允许一些个人语言习惯的存在。既然术语有其语词运用与所指语义之间的复杂性,那么谁也不能说自己的术语就是绝对专业的表达。但在业内人员的实践中,还是有很多约定俗成趋于标准的术语,我们在下一节中要梳理的就是这些通用的术语。

第二节　导播工作通用术语

在现场录制中,导播要与众多的工种岗位进行语言沟通,其工作口令、术语的元素与构成极为复杂。在这里,我们只能择其重点,将导播面对摄像、录音、切换、开播、收播这几个关系最为密切的工种岗位和重要实施环节时所使用的通用术语(中英文)介绍给大家。需要说明的是,下面列举的只是一些术语元素(相当于术语单词),导播的每次实发口令都会是诸多术语元素的组合。

一、常用摄像术语

(一)景别术语

1. 最大远景	Extreme long shot	9. 特写	Close up
2. 远景	Long shot	10. 大特写	Big close up
3. 全景、人全景	Full shot	11. 最大特写	Extreme close up
4. 中景	Medium shot	12. 过肩镜	Over shoulder shot
5. 膝上景	Knee shot	13. 双人景	2-shot
6. 腰上景	Waist shot	14. 三人景	3-shot
7. 半身景	Bust shot	15. 组团景	Group shot
8. 近景	Medium close up	16. 群体景	Mob shot

(二)摄像机操作术语

1. 松景	Loose shot	3. 俯角	Low angle shot
2. 紧景	Tight shot	4. 仰角	High angle shot

5. 前移	Dolly in	11. 抬头/上摇	Tilt up
6. 后退	Dolly out	12. 低头/下摇	Tilt down
7. 左移	Truck left	13. 推	Zoom in
8. 右移	Truck right	14. 拉	Zoom out
9. 左摇	Pan left	15. 升高	Pedestal up(ped. up)
10. 右摇	Pan right	16. 降低	Pedestal down(ped. down)

17. 吊左/右、前/后　Tongue left/right, Tongue in/out

(三)画面调整术语

1. 头上留天	Head room	6. 演员出画	Let actor out
2. 脚下留地	Foot room	7. 跟随演员(活动)	Take actor(across set)
3. 对准焦点	Focus up	跟随演员(上台阶)	Take actor(up stairs)
4. 调整画面	Frame up	8. 准备演员起身	Stand by for rise
5. 演员入画	Let actor in		

二、常用音乐音效成音术语

1. 试音量	Sound level	7. 音乐停止	Cut the music
2. 开麦克风	Open boom/ Open mike	8. 音乐渐消	Fade out music/ Sneak out music
3. 准备音乐	Ready music/ Stand by music	9. 音乐降低	Music down
4. 放音乐	Hit music/Music in	10. 音乐衬底	Music to background
5. 放音效	Hit the sound effect	11. 音乐声音增大	Music up
6. 音乐轻起	Sneak in music	12. 音乐交叉	Cross fade

三、常用视讯切换器操作术语

1. 切 1 号	Take one	4. 叠化	Dissolve/Mix
2. 淡入	Fade in	5. 划	Wipe in/out
3. 淡出	Fade out	6. 叠印	Super

四、开播收播术语

(一)开播前 Before air time

1. 到开播还有2分钟	Two minutes to air	5. 准备音乐	Ready music
2. 到开播还有1分钟	One minute to air	6. 准备影片	Ready film/ Ready VCR
3. 开播镜头	Opening shots	7. 准备录像机	Ready VTR
4. 现场安静,准备开播	Stand by/Quiet in the studio	8. 准备淡入1号机	Ready to fade in 1
		9. 倒计时	10、9、8……

(二)播出时 At air time

1. 开录像机	Open VTR/ Roll VTR	9. 音乐消失	Music out/ Sneak out music
2. 放音乐	Hit music	10. 提示演员	Cue the actor
3. 放影片(插播带)	Roll film/ Hit the film	11. 化入2号	Dissolve to 2
4. 淡入1号/切1号	Fade in 1/ Take 1	12. 1号准备特写	1 on close-up
5. 音乐降低	Music down	13. 1号准备	Ready 1
6. 提示主持人	Cue announcer	14. 切1号	Take 1
7. 音乐起	Music up	15. 声像全消/淡出	Fade sound and picture out
8. 准备化入2号	Ready to dissolve to 2	16. 停止!	Cut!
		17. 不行,重来!	N. G. (No good)

【附例:开播收播口令示范】

开播口令	说 明
1. 到开播还有2分钟 到开播还有1分钟	导播通过与现场通话的麦克风,让演播室和导播控制室内的所有人员都能听到这个提示
2. 准备开播镜头	指令各机位摄像师按照台本的要求准备各自的第一个镜头
3. 到开播还有30秒 现场安静,准备开始	导播用耳机通话,告知现场导演,现场导演再将口令传递给现场所有人员
4. 片头准备,音乐准备,录像机准备	让放像人员准备片头,让录音师准备开场音乐,视频技术员开启录像机
5. 准备淡入1号	让切换人员准备组合开场画面

续表

开播口令	说 明
6.(倒计时)10、9、8、7、6、5、4、3、2、1	开播前10秒,导播高声倒计数,提示所有人员进入开播状态
7.放片头、放音乐、淡入1号(或简化为:淡入)	几个口令须一口气喊出,或提前约定简化口令
8.准备化入3号	提示切换人员准备化入3号的主持人近景(这个镜头开播前已准备好)
9.音乐衬底或停止	提示录音师降下音乐
10.麦克、CUE、化入3号	让录音师打开主持人的麦克风,让现场导演示意主持人开讲,让切换人员组合1号到3号画面的叠化(这三个口令应快速一口气喊出)
11.1号准备演员出场的小全景	1号机刚被使用完,让它去准备下一个镜头
12.准备切2号	提示切换人员准备选用2号的大全景(这个镜头开播前已准备好)
13.切2号	主持人的话音一落即让切换人员切2号
14.3号准备演员的特写	3号机刚被使用完,让它去准备下一个镜头
15.开演员麦克、切1号	让录音师打开演员的麦克风(同时录音师也知道要关闭主持人的麦克),看到演员一出场,即让切换人员切1号
收播口令	**说 明**
1.2号准备大全景收场镜头	在收播前30秒,让提供收场镜头的摄像机开始准备
2.音乐准备	提示录音师准备收场音乐
3.准备化入2号	在收播前15秒,提示切换人员准备组合收场画面
4.音乐起、化入2号	看到演出一完毕或主持人结束语话音一落,快速、连续喊出这两个口令
5.音乐减弱	看着计时表,到收播还有5秒之前发出此口令
6.(倒计时)5、4、3、2、1	导播提示时间准备收播,现场导演通过耳机接收到导播的口令,随即用手势提示现场人员
7.收播(或:切出/淡出)	看着计时表,时间一到即喊出口令

第三节 导播口令原则

一、语言使用原则

通过上一节对通用导播术语的梳理,我们可以体会到,导播的术语口令是一个非常复杂的系统。导播实发口令所说的话,其实需要将各种术语元素根据现场制作每时每刻的具体情况加以灵活组合,这样才能成为实际的导播语言。导播的语言基本上遵循两大原则。

(一)简单明了

导播在发口令时所使用的语言应力求简单明了，以使接受口令的人既容易听懂，又不致因信息太多而接受不了，这样导播的意图才能清楚地传达出去。

例如，如果你可以说“1号准备红衣女孩中景”，就不要说：“哎，老王，咱们换个镜头，你去拍那个女孩，不对，旁边那个红衣服的，松点儿，再紧点儿，好，等着一会用。”虽然它们表达了同样的意图，但在语言的使用上是完全不同的。前者口令简单明了，后者口令中则有太多不必要的语言，反而使指令混淆不清。我们必须注意，啰唆的口令会产生如下几个问题：

第一，废话太多，浪费了宝贵的时间，导致技术人员用来准备导播所分配任务的时间大大减少。这会影响任务完成的质量，也会破坏这位技术人员的情绪。

第二，导播一般不会只对单一工种发口令，因此，下达一个任务使用的时间太多，必然导致另外的指令由于时间仓促而快速喷出。处于杂乱现场、高度紧张工作状态中的技术人员听不清楚语速太快的口令，就势必影响其任务的实施完成。

第三，在节目录制中，每个工作人员都应该注意力集中、专心工作。太啰唆的指令、太随意的语言只会降低大家的警觉，“营造”涣散的工作状态(除非，有时你想有意调剂一下同伴们的情绪)。

(二)通用语言

前文我们已经描述了导播术语在实践工作中的现状。因此，导播发口令所使用的语言应尽量使用本地、本制作机构、本节目制作组通行的术语。

既然实际情况表明，美国的导播术语并不统一，中文的翻译或业已形成的术语也存在一定的差异，那么，我们完全可以暂且不论谁对谁错、谁更专业，而是面对现状，多了解一些不同的说法，以便适应工作环境。这并不是禁止大家去改良那些不恰当的说法、普及通用的导播术语，而是提醒大家，在工作伙伴一时还不习惯你的术语表达时，为了不影响工作效率和质量，你必须先与大家沟通观念、沟通语言。况且，导播术语的规范化还需要一个逐步推广的过程。

但是，我们还是建议，为了使集体工作协调默契，至少在一个电视制作机构内部，工作术语应该统一。甚至可以由节目主管部门规定大家必须使用的统一术语，并对术语所指予以明确。这样才可能避免由于语言理解上的偏差而造成工作的失误。

二、口令时机原则

在录制过程中，导播的口令可以分为预备口令和正式口令两大类。无论哪类口令，其发出的时机既关系到任务能否达成，又关系到导播如何在有限的时间内分配各种指令的先后和主次。口令的发出时机是否恰如其分是导播经验的重要体现。

（一）预备口令

在下列情况下导播需要发出预备口令：

1. 正式录制或直播前一分钟，导播要提醒全体工作人员注意。导播可以通过工作台上与现场通话的麦克风告知演播室内所有工作人员、演出人员和观众；也可以由现场导演在耳机中接收导播的指令后再传递口令。开播前的倒数计时10秒，导播必须关闭与现场通话的麦克风而用耳机（所有讯道摄像师和现场导演统一配备）的通话来高声倒数。此时，现场导演应随着导播的口令用手势向全场示意倒计时，以便现场和导播控制室的所有人员都做好相应的开播准备。

2. 节目间隙提醒主持人做好准备。在节目进行中，节目主持人会有一段一段没有任务的时间间隔，此时他可能会分心忙于下面的准备工作（例如补妆、看台本）。因此，当需要他再次上场或说话之前，导播一定要先提醒他做好准备。

3. 重新录制前给录像负责人员预备口令。节目在录制中，负责录像的人员在现场录制停顿期间可能去忙别的事情或暂时离开岗位，很可能导致再次开始录像时录像设备还没有进入录像状态。因此，导播在继续录像开始之前一定要给他预备口令，确认已在录像界面、进入录像模式。

4. 临近插播段落时给插播片负责人预备口令。负责播放插播片的人员也由于工作不太连续，中间可能出现分心的情况，导致没有准备好下一段插播片的起点。因此，在每次临近插播段落时，导播要给他预备口令，以免放错插播片而使全场录制停下来，这对于直播来说是无法弥补的失误。

5. 使用某机位前给相应摄像人员发出预备口令。某个机位可能在过去的数个镜头中都没有投入使用，因此当再次需要它的镜头之前，一定要让摄像师做好准备。其实，对于每一位摄像师，如果时间允许，导播最好都一一发给他们预备口令。

6. 调整机位或角度前给相应摄像师发出预备口令。需要某摄像机调整位置或角度之前，要让该摄像师提前做好准备并给他预留适当的调整时间。

7. 对于录音师，在节目进行中需要开启新一路麦克风或播放新的音乐、音响时，导播要发出口令，提醒他做好准备。

8. 对于切换人员，导播在需要他做叠化、淡入淡出、双视窗、画中画等特技效果之前发出口令，让他提前准备。

总之，凡是那些需要时间预先着手准备的工作，导播都要给予预备口令，以免错失时机、延误工作，甚至造成无法弥补的损失。

（二）正式口令

导播发出的正式口令要不早不晚，正好落在恰当的时机。这看似简单，实则需要导播一再练习，并通过长期的工作积累经验。正式口令的发出时机难以用几句话就说清楚，也不可能用绝对的时间数据来衡量。因此，我们在这里只是提供一些可供借鉴的原则。

1. 适应快慢不同的反应

只有适应了节目现场多变的情况，适应了反应快慢不同的工作人员和性能优劣不同的各种机器设备，导播才可能使自己正式口令的发出时机准确无误。

比如，切换在执行导播的正式口令时，时机必须准确无误，但从他接收口令到做出切换动作需要反应时间，所以，导播要根据切换人员一贯的反应快慢来决定正式口令发出的早晚(这是一个细微的差异)，以便获得最佳的切点效果。再比如，升降臂机位要完成一个从低角度特写到高角度俯视场面全景的长线运动镜头，摄影师已经准备好了镜头的起幅，在导播发出正式口令“升”之后到升降臂能够按照预想的速度启动，这个过程所需要的时间不仅和摄像师的反应有关，还与升降臂的设备性能有很大关系。

因此，导播既要了解工作伙伴的性格、反应，也要了解各种硬件设备的情况。

2. 简化口令，提前约定

在节目录制中，集结了多工种岗位同时作业的导播，其口令必然繁多、交叉，如果导播来不及将所有口令一一发出，就要简化口令。

比如，从上一个歌曲演唱的节目到下一个小品表演的节目自然转场，中间要连接紧密。在歌曲的尾声，导播的口令可能会是：“音乐渐消、2 号准备演员近景，开麦克风、给演员手势、化入 2 号。”如果导播觉得这样的口令比较复杂，而上下节目的转场时间又比较紧张，就可以将口令简化为：“麦克、Cue、化入”。这时，录音师会知道，先开启演员麦克风，当镜头一化入 2 号时，他应该自动停止上一个节目的音乐；2 号机摄像师会知道，一听到开演员“麦克”的口令，自己就要准备好演员的镜头；切换会预选好 2 号机的画面，应声化入。如果这样简化口令后导播仍然来不及，还可以用更简单的口令来代替，如“化入”。

当然，口令无论怎样简化，都需要导播在节目录制之前与各工种人员在工作会议上提前约定，并在工作台本的相应位置上标注该口令，以便大家达成共识、配合默契。

在不同的制作组织中，对简化口令可能有不同的习惯；也有某些工作根本不需要导播下口令，大家就会自动适时执行。比如，录音师当然知道一换场就关掉前一场的麦克风或停止音乐，执行下一场的拾音、还音方案。再比如，当全场节目结束，导播一说“淡出”，摄像、切换、录音、灯光、字幕等工种就会自动执行收播方案。

3. 齐发多工种口令的顺序

当导播面临两项或两项以上的任务需要同时发出口令时，如何安排口令的顺序确实是一个需要考虑的问题。

比如，此时导播需要在音乐声起时淡入画面的效果，他就既要向录音师说“放音乐”，又要向切换师说“淡入 2 号”。这两个口令的顺序应该是“放音乐、淡入 2 号”，反过来说“淡入 2 号、放音乐”就不妥——因为如果画面先出现音乐才放出来就收不到预想的效果了。

再如上文举例中的上下节目换场的情境，导播要面对现场导演、摄像、录音、切换几个工种下达口令。如果导播说“化入、手势(Cue)、麦克”，那么就可能出现演员的麦克风尚未开启演员的画面就被化入，而演员看到负责拍摄自己的摄像机切出灯一亮(镜头被化入)就开始讲话，于是他开头的几个字音就可能漏录的情形。我们在电视直播节目中有时会看到主持人或演员在说话开始时只见嘴动却没有声音的情况，就是这种配合失误所致。如果导播说“麦克、化入、手势(Cue)”，那么由于镜头在现场导演示意演员之前就已先化入，镜头里就可能抓住了演员“起范儿”(接受手势后的反应)的过程，看上去也不舒服。因此，导播的连续口令顺序应该是“麦克、手势、化入”(Mike、Cue、Dissolve)。

三、摄像指令细化原则

在现场录制中，导播的口令常被统称为“调机”。其实，我们知道，调机口令只是导播口令中的一部分，只是由于导播与摄像部门的交流在节目录制中最为频繁和重要，因此才有了这样的统称。这也是我们单独将导播对摄像师的口令进行讲解的原因。

(一)口令成组的原则

导播一旦使用完某一部摄像机，马上就要告诉该摄像师下一个镜头的要求，不要让他无所适从。要让摄像师养成习惯性的思路：“这个镜头使用完了，下一步做什么？”比如，导播的口令应该这样：“切 1 号、2 号准备电话特写——切 2 号、1 号保持不动、3 号准备跟男人中景——切 3 号、2 号准备全景——切 1 号、3 号男人近景……”

可见，导播的调机口令是成组发出的，每一组口令既包括了切出的正式口令，又包括了对其后续镜头要求的预备口令。这样，摄像师在耳机里听到的导播调机口令便也是成组的、有间歇节奏的。

(二)先叫机号的原则

导播应该养成先叫机号再发指令的习惯。比如应该说“2 号，准备摇伴唱演员”，而不应该说“准备摇伴唱演员，2 号”。之所以先叫机号，原因有两个：

第一，如果不先叫机号，会使此时正被切出的机位的摄像师误以为是对他的指令，于是摇向伴唱演员，结果反而把本该拍摄的主体丢掉了。

第二，处于预备状态的摄像机不止一部，如果发出的口令不是先叫机号，摄像师们就会迷惑不知该指令是给谁的,在“2 号”说出之前,就可能已有几个机位的摄像师去认领任务了,结果造成不必要的浪费,甚至导致机位之间陷入混乱而误失其他内容。

(三)确认景别的原则

在拍摄人物时,所谓全景、中景、中近景、近景、特写镜头,其规范虽然在专业教科书上有所明确(本书第二章也有相关说明),但其具体取景的大小范围,每个导播和摄像师的理解是有差别的。因此,在工作伙伴之间未形成默契之前,导播最好使用我们在前文“景别术语”中所介绍的“全身镜、膝上镜、腰上镜、胸上镜、头部镜”等说法。这样可以使指令明确、执行无误。

(四)口令多少的原则

调度摄像师摄取镜头时,导播口令的多少、繁简要根据各位摄像师对节目内容和各自任务了解的多少而定。

如果是经过事先反复带机彩排过的节目,摄像师都已经明确了自己的任务与相互间的配合,那么在正式录制时导播就可以减少调机口令。如果摄像师在前期准备阶段已拿到了详细的导播工作台本,熟悉了导播的分镜规划和镜头要求,导播也可以在口令中简化对镜头的描述语言,只提示谁去准备哪个镜头就可以了;但如果是摄像师不了解节目内容的临时录制任务或即时直播任务,导播的指令就必须面面俱到。

(五)听命与回应的原则

在录制前,导播要在与摄像部门的工作会上告诉各位摄像师在什么环节希望他们等候口令并严格按照指令去做,什么时候希望他们根据现场情况自由灵活地抓取镜头。在现场录制时,当导播通过监视器看到某位摄像师抓取到的镜头时,无论是否选用都要给他回应。导播可能会说:“1 号很好,保持!”(说明马上会使用他的镜头);或者说:“1 号换镜头,谢谢!”(说明不满意这个镜头)。

小结

通过以上讲解,我们可以知道,导播的工作术语及语言方式是衡量一位导播是否具有敏锐的眼光、清晰的头脑及扎实的专业基础的有效标志。同时,它也体现了一位导播的为人素养、全局意识及在同伴中的专业权威。因此,做一名合格的导播必须养成良好的工作语言习惯。

第六章　多讯道节目制作导播实习规范

多讯道的电视节目制作是多工种协同作业的复杂工作，某一个人的敬业与能力、某一个工种岗位的出色表现并不足以带来集体作业的成功。因此，整个制作团队必须科学合理地分工，高度默契地配合，充分发挥联合作业的团队精神。而且，团队中的每位工作人员除了要熟悉本岗位的工作以外，还要了解伙伴的工作，了解得越多就越容易沟通配合，越不了解就越容易产生误会甚至发生冲突。

为了培养同学们与他人合作的工作素养，并使他们了解每个工种岗位的基本工作性质，多讯道节目制作的初期训练以采取基本的通才训练方法为宜。即让每一位同学按顺序轮流操练制作实习中的每一个岗位，掌握基本的操作技法，并从中亲身体会每项工作的岗位职责，从而认识到多讯道制作的节目是一项多人合作的集体成果。要想成功，每个岗位都必须尽职尽责；反之，任何一个人一瞬间的疏忽错误都会给节目造成瑕疵，甚至造成无法弥补的遗憾。

导播是多讯道节目制作的核心，同学们对这种制作方式所必需的多工种协同作业的性质更要有深刻的理解。因此，导播的实习训练并不仅仅是使同学们掌握导播岗位的相关技能，更重要的是让同学们养成相互配合的自觉意识，遵循专业的工作规范，建立良好的工作习惯。这便是电视节目导播实习训练的要义所在。

第一节　导播实习的组织方法

初期的导播实习最好在三讯道的节目制作中进行。因为，三讯道节目制作既是多讯道节目制作的最基础形式，其制作规模对初学者来讲又相对简单、便于掌握。那么，三讯道节目的导播实习将如何组织呢？

一、实习小组的划分

不同的班级，学生的数目有多有少，但全班一起参加实习训练不仅针对性不强，还会造成制作实习现场混乱的局面。因此,在进入实习训练阶段后,需要将同学们按照理想的人数划分为若干个实习小组,每段实践教学时间只安排一个小组进入实习演播室进行训练。

对实习小组的人数没有硬性规定,它应根据训练作业项目的繁简以及实习演播室器材设备的多寡而有所变通。一般来讲,三讯道制作实习的基础岗位应包括:导播(调机)、切换、助理导播、录像、录音、现场导演、1号机、2号机、3号机。这样,我们就可以把每九名同学编为一个实习小组,让他们在小组内的每轮练习中都能轮流操练不同的岗位。如果实习小组人数过少,则各工作岗位不易分配,难免出现岗位空缺或有的同学身兼数职的情况,不利于初期的基础训练;如果小组人数过多,则必然会使有些同学在某轮练习中无事可做,白白浪费时间,还会使制作集体的注意力涣散,影响实习训练本应具备的紧张工作氛围。

可见,实习小组的理想人数是以每个同学在每轮练习中都能轮流操练到一个岗位为标准的。需要说明的是,多讯道制作中的视频技术、灯光控制等岗位在初期的制作训练中一般都是由实习演播室的技术指导老师来协助完成的。

二、实习岗位轮次表的制定

为了保证每个小组能够充分利用实习训练的时间,保证同学们能够有序地轮流操练每个岗位,就必须制定"导播实习岗位轮次表"。在实习中,小组内的各轮练习必须严格按照表中规定的岗位进行。

首先,在制定实习小组的岗位轮次表时,最好给小组内的每一位同学分配一个号码,用号码代替名字,这样可以使表格的书写变得简洁清晰。

其次,实习中的各种工作岗位,其工作量轻重与责任大小是不同的。在安排轮值岗位时,那些较重的工作最好分开排列,这样可以减轻同学们持续紧张和疲劳的压力。比较耗费体力的工作(如摄像)和容易让人精神紧张的工作(如切换),最好分开排列,中间间隔比较轻松的工作(如录像)。这样更容易调节实习工作的气氛,保证同学们的精力和兴趣。

【附例:三讯道导播实习岗位轮次表范例】

三讯道导播实习岗位轮次表

2012级广播电视编导专业第三组成员名单及编号

1. 张师迅　2. 尤　阳　3. 黄雪婷
4. 于天依　5. 王亦天　6. 袁怡婷
7. 陈　凡　8. 胡夕姮　9. 闫伊乔

轮次	调机	切换	助理导播	录像	录音	现场导演	1号机	2号机	3号机
1	1	2	3	4	5	6	7	8	9
2	2	3	4	5	6	7	8	9	1
3	3	4	5	6	7	8	9	1	2
4	4	5	6	7	8	9	1	2	3
5	5	6	7	8	9	1	2	3	4
6	6	7	8	9	1	2	3	4	5
7	7	8	9	1	2	3	4	5	6
8	8	9	1	2	3	4	5	6	7
9	9	1	2	3	4	5	6	7	8

2014 年 11 月

需要说明的是，我们将每九名学生编为一个实习小组，他们担任的是三讯道节目制作实习中的各录制岗位的工作。与此同时，他们还必须约请班内的其他同学配合节目的表演（人数取决于节目内容），方可进行制作实习。

第二节　各实习工作岗位的主要任务

一、导播（调机导播）

(1)在实习的准备阶段，需要设法约请到演员，组织反复排演；在排练的过程中应计算节目的精确时间，并在心里逐步形成分镜头的规划。

(2)将节目的文学脚本发展成分镜头的导播工作台本，明确导播方案。

(3)按节目内容及录制相关细节，在导播工作台本上注明相关导播口令。

(4)练习喊口令，达到简明有力的标准（汉语和英语术语都要练习）。

(5)进入实习演播室，组织小组成员各就各位；自己落座导播台前，戴上耳机，和各位摄像师及现场导演确认通话设备畅通无误。

(6)在开播前 1 分钟，应停止现场排演，喊“现场安静，准备开播”的口令。

(7)准备开播镜头。

例如：1 号机准备演员手中杯子特写；2 号机准备房间全景；3 号机准备演员中近景。

(8)开播前 10 秒，叫录像人员启动录像机。

(9)和现场导演一起高声倒数计时：“10，9，8，7，6，5，4，3，2，1，开始！”

(10)按照台本规定及现场情况调度各工种，注意导播口令的清晰明了。

开播口令如:"淡入 2 号、1 号保持特写——切入 1 号、2 号准备演员小全景——切入 3 号、1 号去准备电话机特写……"

收播口令如:"切入 2 号全景、各部门准备收播——淡出,全场结束,谢谢大家!"

(11)录制后,将导播工作台本和节目录像带交给指导老师进行评审。

二、切换

(1)在进入实习演播室之前,应当主动向导播同学索要分镜头工作台本,熟悉节目内容及导播方案,充分了解导播对镜头的要求及对画面切换方式的设想;参与导播组织的节目排练。

(2)为正确及时地执行导播指令,应非常熟悉实习演播室内的切换系统设备,并熟练掌握视讯切换器(切换台)的操作技术。

(3)开播前 10 秒,应把播出画面切换到黑场(模拟直播状态下此时的其他播出信号),随着导播的开播口令再淡入到本节目第一个镜头画面。

(4)在整个录制过程中,应始终全神贯注地监看各讯道提供的画面,以便掌握每个切点的最佳时机;按照导播指令,操作画面选择按钮和特技效果发生键,组合播出画面。

三、助理导播

(1)应该学习"助理导播报时规则"(见本书第 221 页附例)并遵照执行。

(2)排演时,在工作台本上注明每个段落所需要的时间并标注整个节目的时间进程,以便在录制过程中随时提醒导播和现场导演调整节目的进度和节奏。

(3)在节目录制过程中,帮助导播看工作台本,提前提示导播重点镜头要求、场面调度和转场信息,随时通报节目进度是否正常。

(4)若通话设备许可,助理导播也可佩戴通话耳机,在某些时候帮助导播直接向现场导演传达报时口令;否则,只报给导播,由导播通知现场导演。

(5)收播之后,将录制中的问题记录交给导播,以便导播在后期制作中修补或调整方案供下次改进。

四、录音

(1)实习演播室往往只配备几支麦克风,以供从不同角度收录声音。在节目录制之前,需要根据节目内容与演员调度来布局麦克风的位置与指向,并测试每位演员的音量大小。

(2)由于声音的来源比较简单,所以调音的工作并不复杂。要掌握调音台的操作,时常注意音量表,控制节目的声音指标。

(3)在开播前的排演阶段，要打开导播与演播现场直接通话的麦克风，使现场都能听到导播的指令；临开播前，听到导播喊“现场安静，准备开播”后，即将这路通话关闭，以免导播室的声音传入现场。

五、录像

(1)按照导播的口令操作录像设备的启动与停止。

(2)负责做好录像带的标签或录像视频电子文件的名称标记，标明班级名称、小组编号、训练作业项目等。

六、现场导演

(1)现场导演是导播在演播现场的代表，应全力协助导播组织现场工作。

(2)为做这项实习，现场导演的装备是头戴耳机、手拿工作台本、胸前挂着计时表。

(3)临近开播时，现场导演应站在演员面对的摄像机(提供开播镜头的机位)旁边，举起右手，与导播一起发出倒计时口令(最后 3 秒不发声，而是用手势示意)，并随着导播的开播口令，立即用右手向演员示意开始表演。

(4)节目录制过程中，现场导演由耳机接受导播口令，随时传达给相关的工作人员；根据导播的指令，用手势示意演员调整表演速度的快慢、声音的高低、站位的前后疏密等。

(5)熟悉助理导播的报时规则，适当向演员出示报时卡。

七、摄像

(1)实习演播室中，三台讯道摄像机中的任何一位摄像师都要明确三位摄像师之间的配合十分重要。

(2)在自己动手操作之前，务必仔细听指导老师关于实习演播室所配备的讯道摄像机的操作方法；在自己操练的过程中，如有疑问要随时请教现场的技术指导老师。

(3)应养成一到某摄像岗位先戴上耳机的习惯，并向导播通报自己已经到达岗位、正在等待命令。

(4)在开始录制之前，打开摄像机相关的操作旋钮，以便摄像机的运动和操作。

(5)录制中，按照工作台本的要求，听从导播现场的指令确定拍摄对象、景别及运动方式，并随时调整画面构图与焦点。

(6)摄像机的 TALLY 灯一亮，便说明你的摄像机所提供的画面正在被导播切出。切记，当 TALLY 灯亮时，绝不可以随意晃动或变换拍摄对象，以免造成播出画面的动荡，甚至丢掉了本该表现的主体。

(7)节目录制完毕后，切记固定好摄像机机身与脚架(旋紧在操作前打开的相关旋钮)，以免机器倾倒，造成严重损失。

第三节　导播口令的练习方法

在多讯道的制作实习中,导播岗位的工作最为复杂,责任也最为重大,需要事前单独进行案头准备和口令练习,才能在实习现场从容地领导小组其他工作人员联合作业。

导播方案的设计与导播工作台本的制定,这些案头准备工作是实施录制的重要基础,而录制的成功与否还要依靠导播在现场的综合执行能力。其中,导播的工作术语就是初学者需要面对的一道难关。只通晓导播术语的说法和发口令的原则远远不够,要想在实战工作中脱口而出,喊得准确、流利,就必须在此之前大声练习、反复练习。

在上一章中我们已经谈到,导播在录制现场指挥全体工作人员的口令常被统称为“调机”,因为导播的口令看上去以指挥各机位的摄影师适时运镜拍摄为主,而实际上它包括了导播在录制中对所有相关工种岗位下达的一切口令。导播在录制工作中时常面临同时向多工种人员发布口令的情况,所以,对于切换、摄像、录音、现场节目演出等方面的实施情况与问题,导播不仅要了然于胸,关键还要把对这些方面的要求说得有条不紊。观摩资深导播在录制中的工作,他们的口令会让你觉得清晰有序、干脆坚定,听来是一种享受。但要知道,达到这样的水平并非一日之功。

由于导播口令繁多复杂,我们建议初学者使用从对单一工种到对多工种交叉的口令练习方法。也就是说,不可急于求成,必须由简入繁、渐进练习。

为练习导播口令,我们先设定一个三讯道制作谈话节目的情境:主持人致开场白,然后介绍两位嘉宾;接着进行主持人与嘉宾的访谈;最后以主持人结束语收场。现在,假设你是这个节目的导播,那么可以先设想在录制中都有哪些要做的工作,然后逐一练习怎样准确地用术语表达自己对工作伙伴的相关要求,最后再模拟整个节目录制过程,进行综合的导播口令练习。

练习一:指挥切换人员操作开播、收播画面

想做什么	口令
1. 我必须提醒大家录制快开始了	现场安静,准备开播
2. 让切换人员准备组合开播画面	准备淡入 1 号
3. 时间到了,让切换淡入开播画面	淡入 1 号
……	……
4. 节目快结束了,让切换人员准备收播画面	准备 2 号全景淡出
5. 时间到了,让切换组合收播画面	淡出

练习二：在“练习一”的基础上，增加让主持人说开场白、结束语

想做什么	口　令
1. 我必须提醒大家录制快开始了	现场安静，准备开播
2. 让切换人员准备组合开播画面	准备淡入 1 号
3. 提醒录音师开启主持人麦克风	开麦克风
4. 时间到了，让现场导演示意主持人说开场白，淡入开播画面	手势，淡入 1 号
……	……
5. 示意主持人开始说结束语	手势，切 1 号
……	……
6. 节目快结束了，让切换人员准备收播画面	准备 2 号全景淡出
7. 听到主持人结束语刚一说完，让切换组合收播画面	淡出

练习三：在“练习二”的基础上，增加让 1 号摄像师拍摄主持人介绍嘉宾的镜头

想做什么	口　令
（前四步同练习二）	
5. 主持人开场白快说完了，将要介绍嘉宾，想让镜头拉开带出两位嘉宾	1 号准备拉开
6. 主持人开始介绍嘉宾——看着 1 号监视器，镜头拉开的幅度已足够	1 号拉开——1 号落幅
……	……
（后两步同练习二）	

练习四：在“练习三”的基础上，增加调 3 号机拍摄嘉宾的近景镜头，然后再调回 1 号机拍摄主持人的近景镜头

想做什么	口　令
（前六步同练习二）	
7. 让 3 号准备主持人先要采访的嘉宾甲的近景	3 号准备嘉宾甲近景
8. 嘉宾甲一讲话就让切换切入他的近景，并让 1 号机调整回主持人的近景镜头	切 3 号，1 号准备主持人近景
9. 嘉宾甲讲完，主持人采访嘉宾乙，让 3 号准备嘉宾乙的近景	切 1 号，3 号准备嘉宾乙近景
10. 嘉宾乙一讲话就让切换切入他的近景	切 3 号，1 号保持
……	……
（后两步同练习二）	

练习五:在"练习四"的基础上,增加调2号机拍摄全景镜头

想做什么	口　令
(前九步同练习四)	
10. 嘉宾乙一讲话就让切换切入他的近景,并让2号准备三人交谈的全景	切3号,1号保持,2号三人全景
11. 嘉宾乙讲完,主持人与两位嘉宾讨论	切2号,1号保持,3号双嘉宾中景
……	……
12. 示意主持人开始说结束语	手势,切1号
13. 让2号准备收播画面	2号准备场面全景
14. 从主持人近景过渡到场面全景	化入2号
15. 结束语快说完了,让切换准备收播画面	准备2号全景淡出
16. 听到主持人结束语刚一说完,让切换组合收播画面	淡出

从练习一到练习五,从指挥开播、收播到提示现场演出,再到同时调度三个机位适时运镜拍摄,我们意在提供一个循序渐进的导播口令练习方法。本着这样的思路,还可以进一步增加对录音、录像等岗位人员的口令练习,以使自己能够同时指挥的工种岗位越来越多,最终形成能够发出多工种交叉口令的能力。

练习六:模拟整个节目录制过程,练习综合导播口令

想做什么	口　令
1. 确认各摄像师是否到达岗位	1号、2号、3号(分别等待回应)
2. 提醒大家离开播还有1分钟	1分钟准备
3. 让各摄像师准备开播镜头	1号主持人近景,2号全景,3号嘉宾甲近景
4. 提醒大家离开播还有30秒	30秒准备
5. 提示录音、录像	录音准备,录像准备
6. 提醒大家录制快开始了	现场安静,准备开播
7. 提醒录像师开启录像机	开录像机
8. 让切换人员准备组合开播画面	准备淡入1号
9. 看着播出表进行倒计时	10,9,8,7,……
10. 时间到了,提醒录音师开启主持人麦克风,让现场导演示意主持人说开场白,让切换淡入开播画面	麦克,手势,淡入(或简化为"淡入")
11. 主持人开场白快说完了,将要介绍嘉宾,想让镜头拉开带出两位嘉宾	1号准备拉开
12. 主持人开始介绍嘉宾——看着1号监视器,镜头拉开的幅度已足够	1号拉开——1号落幅
13. 提醒录音师开启嘉宾麦克风	开嘉宾麦克
14. 让3号准备主持人先要采访的嘉宾甲的近景	3号准备嘉宾甲近景

续表

想做什么	口　令
15.嘉宾甲一讲话就让切换切入他的近景，并让1号机调整回主持人的近景镜头	切3号，1号准备主持人近景
16.嘉宾甲讲完，主持人采访嘉宾乙，让3号准备嘉宾乙的近景	切1号，3号准备嘉宾乙近景
17.嘉宾乙一讲话就让切换切入他的近景，并让2号准备三人交谈的全景	切3号，1号保持，2号准备三人全景
18.嘉宾乙讲完，主持人与两位嘉宾讨论	切2号，1号保持，3号双嘉宾中景
……	……
19.示意主持人开始说结束语	手势，切1号
20.让2号准备收播画面	2号准备场面全景
21.从主持人近景过渡到场面全景	化入2号
22.结束语快说完了，让切换准备收播画面，让录音师准备收播声音处理	准备2号全景淡出，准备声音淡出
23.听到主持人结束语刚一说完，让切换组合收播画面，录音做收播声音处理	淡出
24.让画面在黑场（静音）中停留10秒后可停止录像	录像停
25.可以结束了	全场停！谢谢大家！

经历了如上的练习过程，并且可以应对录制中的各种情况去灵活掌握了，导播口令的学习算是基本入门了。同学们开始学习的时候难免会觉得很复杂，似乎总会丢三落四，并且常有嘴不够用的感觉，这都非常正常，不必紧张。只要多练习，就可以熟能生巧，慢慢养成职业习惯。一名职业导播应该能够做到：每当身处制作情境，各种相关术语口令就能自然出口。

【附例：助理导播报时规则】

在多讯道的电视节目制作中，时间观念非常重要。尤其是现场直播的节目，更是要求准时准秒地开始和结束。对于节目时间、播出时间（或录制时间）的准确把握是导播的一项重要职责，而计算时间的工作一般由助理导播承担。在节目录制中，助理导播要随时向导播和现场导演报告时间，因此他需要有规则地进行这项工作。

（一）计时工具

1.排练时使用秒表计时。

2.录制时使用秒表并监看导播室监视系统中的播出表进行计时。

（二）助理导播计时、报时职责

1.排练时，将每个节目的进行时间、整个节目的时间进程以及连排长度都记录在工作台本上，并向导播和现场导演汇报。

2. 开播前,每分钟向导播报时一次,如:“离开播还有×分钟”;临近开播1分钟时,应每15秒报时一次。

3. 开播后,随时向导播报告每一段落的时间误差;节目后半程,随时向导播报告离收播还有多少剩余的时间。

4. 节目临近收播,助导报时更需果断清楚。有的导播要求助导把最后10秒读出,如:“10,9,8,……3,2,1,0”,以便导播准确组合收播画面。

(三)助理导播报时口令的时机

1.“准备”(Prepare)

发此口令时应该提前5秒。如:离开播还有35秒时,向导播报告“准备30秒倒计时”。

2.“出示”(Show)

让现场导演向演出人员出示报时卡或报时表,“出示”的口令要提前2秒。如:离收播还有1分零2秒时,口令为“出示1分钟”。

3.“收场”(Wrap)

发“收场”的口令时,提示导播离收播还剩15秒。

4.“完”(Cut)

发“完”的口令时,提示导播离收播剩5秒。

可见,助理导播向导播或现场导演的报时总要有一定的提前量。这样,当助理导播的报时口令说完,导播或现场导演再去传递实施时才能正好赶上口令中所说的时间点。

(四)助理导播报时训练

1. 1分钟节目报时训练示范

节目进程	助导报时口令
0:00:25	准备30秒
0:00:28	出示30秒
0:00:40	准备收场
0:00:43	出示收场
0:00:45	收场
0:00:50	准备结束
0:00:55	完

2. 3分钟节目报时训练示范

节目进程	助导报时口令
0:00:55	准备2分钟
0:00:58	出示2分钟
0:01:55	准备1分钟

续表

节目进程	助导报时口令
0：01：58	出示1分钟
0：02：25	准备30秒
0：02：28	出示30秒
0：02：40	准备收场
0：02：43	出示收场
0：02：45	收场
0：02：50	准备结束
0：02：55	完

第四节　导播实习工作台本的制定

在进入实习演播室进行导播实习之前，每个实习小组必须制定详备的导播实习工作台本。首先，导播实习工作台本是实习训练的基础，它明确了实习训练的项目、内容、要求与实施目标，也规定了小组成员岗位循环的秩序。另外，小组成员如何分工协作、如何达到导播观念与制作标准的共识，导播实习工作台本也是他们共同参照的重要依据。因此，导播初学者必须养成制定规范导播工作台本的良好习惯。

一、三讯道导播实习的适用训练项目

三讯道的导播实习并非适合所有的节目类型。实习演播室场地的大小、硬件设备的技术条件以及同学们在参与初期导播训练时操作技能的局限性，都要求实习训练项目要难易适度且具有实施的可能性。

在第二章中我们讲到，情境剧的现场制作可以说是多讯道节目制作中最为基础和简单的形式。三个讯道的机位数目、程式化的机位布局、经过反复排练的场面调度及固定的演员台词，使情境剧在节目内容与制作技术上都比较容易为初学者所掌握。因此，“三讯道现场制作情境剧片段”应该成为导播实习的首选训练项目。这项训练的主要目的是使同学们建立起基本的三讯道制作的概念，将对情境剧导播技巧的理解付诸实践，并培养同学们在导播切换过程中严格执行分镜头台本要求的能力。

在第三章中我们讲到，谈话节目由于构成（谈话参与者、谈话场景）的不同以及制作技术条件的差异，使多讯道制作的繁简程度存在很大的区别。虽然在实践领域中既有三讯道制作的谈话节目，也有八讯道制作的谈话节目，但我们知道，其导播的根本都是它要符合谈话的性质，符合交流场的特征。因此，若以“三讯道现场制作谈话节目片段”作为导播实习的训练项目,同学们只要设计出规模适度的谈话现场(谈话参与者的人数与位置布局),就可以在制作实践中体会谈话节目的导播规律。这项训练的主要目的是锻炼同学们根据谈话参与者的交流关系布局机位的能力,按照话题进行的层次段落设计镜头组合链条的能力,以及灵活掌握现场交流气氛变化,及时捕捉、准确切出反应镜头的能力。

二、三讯道导播实习工作台本的制定要求

(一)设计三讯道现场制作情境剧片段(5 分钟)的导播工作台本

台本要求:1. 故事梗概(150 字以内)
2. 分镜头台本(注明各镜头的机位)
3. 场景示意图、场面调度图、机位布局图(合图)
4. 导播方案阐述
5. 三讯道导播实习岗位轮次表

(二)设计三讯道现场制作谈话节目片段(5 分钟)的导播工作台本

台本要求:1. 话题内容(小组成员每人一题)
2. 场景示意图、场面调度图、机位布局图(合图)
3. 导播方案阐述
4. 三讯道导播实习岗位轮次表

【附例:三讯道导播实习工作台本·学生范本(一)】

三讯道导播实习工作台本
情境剧《宿舍轶事》片段
2012 级广播电视编导专业第二组
指导教师:郑月

实习岗位轮次表

1. 李轶群 2. 刘鞣子 3. 辛 苑 4. 王佳怡
5. 王俊淇 6. 杨凯博 7. 吴慧娴 8. 季佳歆

轮次	调机	切换	录像	录音	现场导演	1 号机	2 号机	3 号机
1	1	2	3	4	5	6	7	8
2	2	3	4	5	6	7	8	1
3	3	4	5	6	7	8	1	2

续表

轮次	调机	切换	录像	录音	现场导演	1号机	2号机	3号机
4	4	5	6	7	8	1	2	3
5	5	6	7	8	1	2	3	4
6	6	7	8	1	2	3	4	5
7	7	8	1	2	3	4	5	6
8	8	1	2	3	4	5	6	7

故事梗概

【剧本】《宿舍轶事》片段

【人物】周末　万嘉宝　刘本贤　李玉强

【故事梗概】

周末是某高校文学院的一名大四学生，临近毕业，他满心想着自己暗恋了很多年的姑娘——南芳。马上就要各奔东西，周末心急如焚。周末的三个室友：风流倜傥的花花公子万嘉宝、爱装神弄鬼掉书袋的刘本贤、四肢发达的东北壮汉李玉强，他们都是周末的好兄弟，眼看周末一直没有什么行动都为他着急，准备怂恿周末大胆向南芳表白。于是，便有了文学院男生宿舍里的这段插曲。

分镜头台本

镜号	机位	景别	摄法	画面内容	说明
1	2	全景	固定	万嘉宝在屋子里踱步。刘本贤抱着一摞书上场。 万嘉宝："毕业季，人惶惶，爱情、事业两茫茫。"	全景交代出场人物和环境
2	3	中景	跟摇	刘本贤："两茫茫，欲何往，指点迷津看星象。"（说罢把书放在一张桌子上）	交代出场人物和手部动作
3	1	中近景	固定	万嘉宝："半仙儿我说多少次了，你能不能别老把你那几本破书放我桌子上？看星象找你，可这看姑娘的心思啊，（拍拍胸脯）非我莫属！"	交代人物动作和表情
4	3	中近景	跟摇	刘本贤边说边比划。 刘本贤："哟！不给你点儿颜色瞧瞧，你还不知道我刘大仙儿的厉害！红军不怕远征难，千里江陵一日还。夜观天象我发现，处女金牛有暗恋！两星吸两星抵，天机尽在我心里。不给你露两手，你就不知道本仙的厉害！"	强调人物动作和表情
5	1	近景	固定	万嘉宝："得了吧，净瞎掰。这人生如梦，姑娘如酒，品一品心潮澎湃，尝一尝翻江倒海。醉生梦死平常事，梦醒时分待何时？这姑娘的问题还是我比较在行。"	强调人物表情

续表

镜号	机位	景别	摄法	画面内容	说明
6	2	全景	固定	李玉强急匆匆上场。 李玉强:“开会!开会!都到齐了吗?”	全景交代出场人物
7	1	双人关系	固定	万嘉宝:“别动!强哥,(做出在强哥身上嗅闻的动作)玫瑰气甚是浓郁,大有龙舌兰的韵味啊!”	交代两人关系和动作
8	3	近景	固定	刘本贤:“龙舌兰?那是啥味儿啊?”	强调人物表情
9	1	近景	固定	李玉强:“说啥呢!那我说要开会不是因为我的事儿!”	交代人物动作和表情
10	3	近景	固定	刘本贤挠着头十分不解:“这个——那是为谁啊?”	强调人物动作和表情
11	1	近景	固定	李玉强:“不是,我说你俩就没听到点儿流言?”	交代人物动作和表情
12	2	全景	固定	万嘉宝、刘本贤:“哦——周末!”	强调两人的反应
13	1	近景	固定	李玉强:“哎呀,谁说不是,这小子急死我了!哎对啦,给你俩准备的那个家庭作业 homework 怎么样了?”	强调人物动作和表情
14	2	全景	固定	刘本贤:“宝哥,你先来。” 万嘉宝:“不,不,仙儿哥你来。” 刘本贤:“你来!” 万嘉宝:“你来!” 刘本贤:“好!我来就我来。”	交代两人关系和动作
15	3	中近景	固定	刘本贤又神神叨叨地比划了起来。 刘本贤:“手相、面相、德行相,八卦、星座、DNA。一五一十,三下五去二,四舍五入,六六三十六,九九归一,一个字儿——合!”	强调人物动作和表情
16	1	近景	固定	李玉强:“仙儿啊,咱们说点儿正常人能懂的呗!”	交代人物表情
17	3	近景	固定	刘本贤:“为天地立心,为生民求命,为往圣继绝学,为万世开太平,我刘半仙有求必应的。”	强调人物动作和表情
18	1	中景	跟摇	李玉强:“好好!仙儿继续保持!说什么玩意儿秃噜反账的,太不靠谱!嘉宝我主要想听一听你的意见。”	交代场面调度和人物动作
19	3	近景	固定	万嘉宝:“我的方案很简单,就是一个字儿。”	交代人物动作和表情
20	1	近景	固定	李玉强:“啥字儿啊?”	交代人物表情
21	3	近景	固定	万嘉宝:“酒!”	强调人物动作和表情
22	1	近景	固定	李玉强:“啥意思?”	强调人物表情
23	3	近景	固定	万嘉宝:“强哥,俗话说,酒壮怂人胆,酒后吐真言,老末儿这个病,就是要从壮胆切入,直达关键的吐真言环节,整个过程中都离不开一个酒,学名叫 C2H5OH。”	交代人物动作和表情

续表

镜号	机位	景别	摄法	画面内容	说明
24	1	近景	固定	李玉强："可老末儿他不喝酒呀？"	交代人物表情
25	3	近景	固定	万嘉宝："问题就在这儿！要是靠他自己，这病永远治不好。"	强调人物动作和表情
26	1	近景	固定	李玉强："你的意思是，咱哥仨——"	强调人物动作和表情
27	3	近景	固定	万嘉宝："整点酒——"	强调人物表情
28	1	近景	固定	李玉强："他不喝——"	强调人物表情
29	2	全景	固定	万嘉宝："咱们就——"	交代场面气氛
30	3	近景	固定	刘本贤："灌死他！"	强调人物动作和表情
31	2	全景	固定	李玉强边说边跑出去买酒。万嘉宝跟随李玉强下场。 李玉强："妥了！就这么定了！我去买酒啊！" 万嘉宝："我跟你一块儿！"	全景交代人物下场和场面调度
32	3	中景	跟摇	刘本贤："宝哥，强哥，你们都去哪儿啊？"	交代人物动作和表情
33	2	全景	固定	周末从另一侧上场，边走边喊。 周末："强哥！强哥！（看见刘本贤）唉？仙儿哥！"	全景交代出场人物和环境
34	3	中近景	固定	刘本贤："末末！"	交代人物动作和表情
35	1	中近景	固定	周末："哒！哎呀，仙儿哥啊，强哥还没回来啊？"	交代人物动作和表情
36	3	近景	固定	刘本贤："哎呀，有事体，找仙儿哥，这道理你还不晓得吗？"	强调人物表情
37	1	近景	固定	周末："哎呀，那仙儿哥你帮我算一算，这个强哥在哪里闲游啊？"	交代人物动作和表情
38	3	近景	固定	刘本贤："这个事体，GPS 告诉你！"	强调人物动作和表情
39	1	双人中景	固定	周末象征性地推了刘本贤一下。 周末："你可拉倒吧你。"	交代两人关系和动作
40	3	中近景	跟摇	刘本贤又开始了神神叨叨。 刘本贤："夜观天象我发现，处女金牛有暗恋。你看那巨蟹座的东方，呈现一片紫光，必是大吉大利之相！容我给你拆解拆解好不好！"	交代场面调度和人物动作
41	1	近景	固定	周末："仙儿哥啊，大学四年你跳了四年大神儿，你累不累啊！歇会儿啊。"	交代人物动作和表情
42	2	双人小全	固定	刘本贤："放肆！你看你，印堂发青、面色如土，青筋暴起，你必须找我给你拆解拆解！"	交代两人关系和动作
43	3	中近景	固定	刘本贤："我来了，不请自到！想我半仙，上知天文能拣瓦，下懂地理会掏沟，这么大的腕儿，给你送卦上门，还不赶快跪拜于我！"	强调人物动作和表情

续表

镜号	机位	景别	摄法	画面内容	说明
44	2	双人小全	固定	周末:“拉倒吧仙儿哥,今天这么着,弟弟我给你算算怎么样?”	交代两人关系和表情
45	1	近景	固定	周末开始装神弄鬼,闭上眼哼哼了几声。	强调人物动作和表情
46	2	双人小全	固定	周末:“哎呀,你看你印堂发青、眼球凸起。”	交代两人表情和动作
47	3	近景	固定	刘本贤一脸惊恐。 周末(画外):“面色如土,血光冲天呐!”	强调人物表情
48	2	双人小全	固定	周末:“真是鹰钩鼻子蛤蟆嘴,草包肚子罗圈腿,从面相上看 ,你这是有喜了!”	交代两人关系和动作
49	3	近景	固定	刘本贤:“哎呀呀! 完啦!”	强调人物动作和表情

导播阐述

【机位设置与调机思路】

本次三讯道导播实习采用2号机居中,1号机、3号机左右交叉的倒三角形机位设置的方法。

1号机:前半场主要负责万嘉宝的近景;中间李玉强上场后,负责李玉强的近景;后半场周末上场后,负责周末的近景。

2号机:负责场面的大全景以及展示人物关系的小全景。

3号机:前半场主要负责刘本贤的近景;中间李玉强上场后,负责万嘉宝及刘本贤的近景;后半场周末上场后,负责刘本贤的近景。

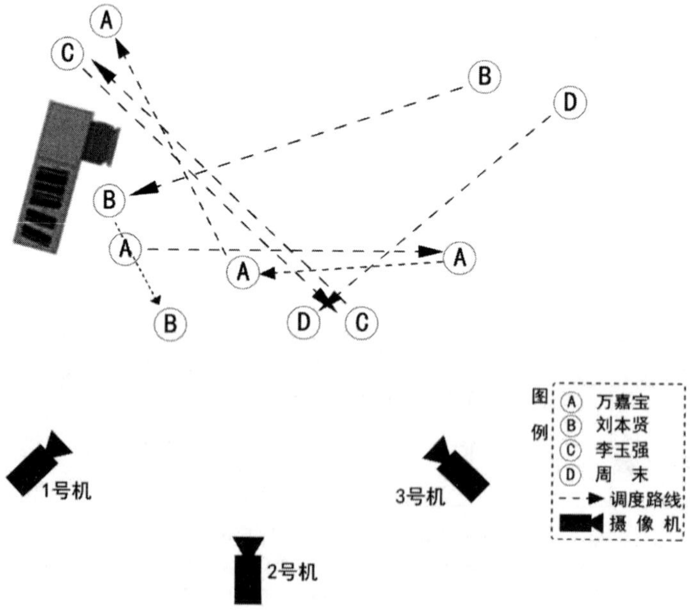

场景调度与机位示意图

【各机位的主要任务】

1 号机：

(1)万嘉宝的近景

(2)李玉强的近景

(3)周末的近景

2 号机：

交代场面的大全景与展现人物关系的小全景

3 号机：

(1)刘本贤的近景

(2)万嘉宝的近景

(3)刘本贤与万嘉宝的双人关系中近景

【镜头切换依据】

(1)关注说话人：镜头切换的主要依据为说话人的台词、神态与动作

(2)关注听者反应：在万嘉宝、刘本贤、李玉强三者的对话段落中，镜头切换要兼顾听者的反应

(3)关注动作细节：镜头切换不能遗漏重要的肢体动作

(4)关注场面调度：镜头切换要注意关照演员的调度过程

(5)关注人物关系：切 2 号机用全景展现场面情况和人物位置关系

【附例：三讯道导播实习工作台本·学生范本(二)】

三讯道导播实习工作台本

谈话节目片段

2010 级广播电视编导专业第一组

指导教师：郑月

实习岗位轮次表

1.李 铮 2.李 忱 3.项杨洋 4.张睿思

5.杨思媛 6.姚 岚 7.万文飞 8.王靖远

轮次	调机	切换	录像	录音	现场导演	1 号机	2 号机	3 号机
1	1	2	3	4	5	6	7	8
2	2	3	4	5	6	7	8	1
3	3	4	5	6	7	8	1	2
4	4	5	6	7	8	1	2	3
5	5	6	7	8	1	2	3	4

续表

轮次	调机	切换	录像	录音	现场导演	1号机	2号机	3号机
6	6	7	8	1	2	3	4	5
7	7	8	1	2	3	4	5	6
8	8	1	2	3	4	5	6	7

第一轮导播实习方案

一、话题介绍

《说出你的故事》

现代生活中,对于许多女性来说整容已经不再是一个陌生的话题,而男性整容却不常见。本期嘉宾就是一位通过整容变得更加帅气的男士。他为什么要整容?整容后给他的生活带来了哪些变化?身边的人又是怎么看待他的呢?本期节目《说出你的故事》和你共同解读一个男人的"美丽心经"。

二、节目脚本

《说出你的故事》

——一个男人的"美丽心经"

节目脚本

主持人开场白:

各位好,欢迎大家收看今天的节目,我是主持人XX。

爱美之心人皆有之。本期节目的嘉宾药先生就是一位时尚而又前卫的爱美先生。他很有个性,也很有勇气,而他的特别之处更在于他曾通过整容手术改变自己的形象。据药先生的整容医师介绍,像药先生这样来整容的男性并不多。毕竟,整容是一件需要时间、金钱和勇气的大事,任何一个人在做决定之前都会慎之又慎。现在请大家看看药先生整容前的样子(手持药先生的大幅照片),马上我们就会看到药先生的新形象。

主持人:下面让我们用掌声请出今天的嘉宾药先生!

药先生:(从侧台走出)大家好!

主持人:欢迎你!和他一起来到我们节目中的还有他的妈妈,有请!

药妈妈;(从侧台走出)大家好!

主持人:药妈妈,欢迎您……

主持人:药先生,你对自己现在的样子满意吗?手术达到你的预期效果了吗?

药先生:……

主持人:药先生,你为什么想要整容?

药先生：……

主持人：可是我们所有的同事都觉得你没整容前的样子也挺帅的，你想整容还有没有别的原因？

药先生：……

主持人：药先生，你从产生要整容这个想法到具体实施行动经历了多长时间？

药先生：……

主持人：在你要整容的这个过程中，最大的阻力是什么？

药先生：……

主持人：药妈妈，当时您的儿子跟您说他想要整容的时候，您是怎么想的？

药妈妈：……

主持人：药妈妈，那最后您是怎么想通的呢？

药妈妈：……

主持人：药先生，你现在有女朋友吗？

药先生：……

主持人：（有女朋友的追问）她能理解你吗？

（没有女朋友的追问）那你以后有了女朋友，会不会告诉她，你曾经整过容？

药先生：……

主持人：如果将来你的孩子也要整容，你有什么好的建议给他（她）？

药先生：……

主持人结束语：

感谢药先生和药妈妈来到我们节目，祝你们生活幸福！也感谢观众朋友的收看！

我们期待您走进我们的节目，敞开心扉，说出您的故事！再见！

三、机位布局与各机位任务

倒三角形三机位布局。

1号机主要负责台上左侧沙发上的主持人中近景或近景镜头。3号机主要负责台上右侧沙发上的嘉宾中近景或近景镜头。1号机、3号机在必要时还要提供关系镜头。2号机主要负责提供场面全景镜头。

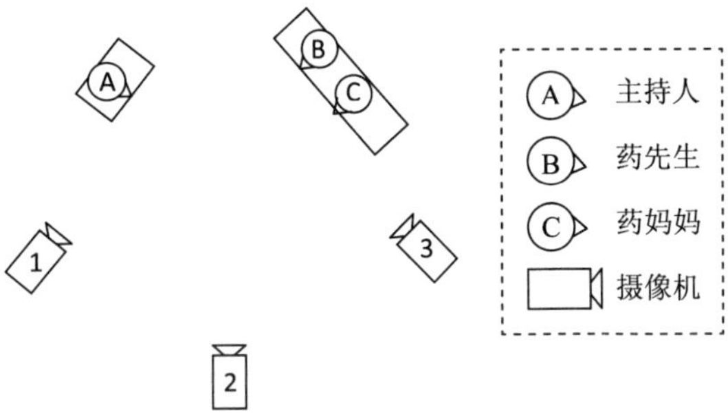

场景与机位示意图

四、切换依据

(1)以现场中说话主体的变化为主要切换依据。

(2)关照说话人的同时兼顾其他人的反应镜头。

(3)适当切一些带关系的过肩镜头,以便调节画面视觉效果并更好地完成切换节奏。

第二轮导播实习方案

一、话题介绍

《名校名师访谈》

高考临近,所有的考生和家长都在寻求着有效的方法,以便能够在最短的时间内尽可能地提高成绩,做好高考冲刺。本期嘉宾是从两个重点高中请来的经验丰富的毕业班任课老师。他们将各显神通,亮出绝技,为广大考生制订出各门功课的冲刺计划。内容精彩,敬请期待。

二、节目脚本

《名校名师访谈》

——备战高考需要一个好心态

节目脚本

主持人开场白:

每个人的人生都可以被分成若干个段落,而连接每个阶段的是一个又一个的转折。高考对很多人来说,就是其中的一个重要的转折点。对于很多刚刚迈入成年人行列的高三生来说,面对这样的人生转折,他们往往会显得紧张和迷茫。

今天我们的嘉宾是两位教学经验非常丰富的老师,而且他们还都是重点中学高三毕业班的班主任。好,让我们先来认识一下今天节目的嘉宾。欢迎两位老师来到我们的节目现场!

[两位嘉宾上场,与主持人握手,落座]

主持人:在我们的节目现场还有很多高三的学生和他们的家长,欢迎你们!希望今天两位嘉宾的经验能帮助大家解决备战高考路上所遇到的问题。

主持人:B老师您好,据说您帮助学生备战高考的方式很独特,因为您首先要求的是自己去迎战,能不能具体谈一下您的观点?

嘉宾B:……

主持人:师者授道解惑,B老师首先担起了自己的责任。C老师,您的观点和B老师有什么不同之处?

嘉宾C:……

主持人：两位嘉宾刚才谈到的备战理念，其实就是帮助学生迎接高考的最好策略。老师积极地备课、上课，加上与学生良好的沟通，这一切给学生营造了一个积极而轻松的备战高考的氛围。而高三的学生自身又该怎么做呢？我们再来听一听嘉宾给我们的建议。B老师，您觉得除了老师的努力外，学生在这一段时间最应该注意什么？

嘉宾B：……

主持人：C老师，您觉得呢？

嘉宾C：……

主持人：其实高考对于现今的社会来说，并不仅仅是考生和老师的事，它还牵涉到千千万万的家庭。在备战高考的过程中，家长的焦虑心情可以说一点也不比考生少。我们节目组收集并总结了家长的一些问题……我想两位老师一定能给家长们一些有效的消解困惑的建议。B老师，您先谈谈。

嘉宾B：……

主持人：C老师，您觉得呢？

嘉宾C：……

主持人结束语：

无疑，每个人都应该好好把握一生中所面临的关键时刻。虽然高考也许是孩子成长过程中所面临的第一次重要转折点，但还是希望考生、家长、老师都能以一种良好的心态去面对它，也许你看到的风景会不一样！

感谢两位嘉宾的到来以及他们提供的宝贵经验！希望同学们能取得好成绩！观众朋友们，感谢您的收看，再见！

三、机位布局与各机位任务

倒三角形三机位布局。

1号机主要负责主持人中近景或近景镜头。3号机主要负责嘉宾中近景或近景镜头。2号机主要负责提供场面全景镜头。

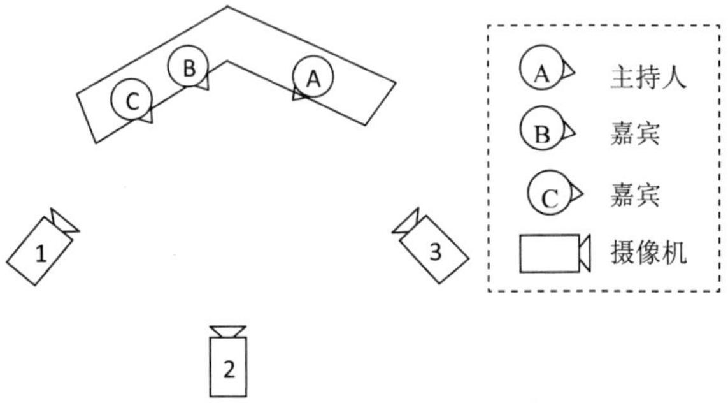

场景与机位示意图

四、切换依据

(1)关照说话人，切1号机、3号机交叉表现主持人与嘉宾。

(2)关照场面调度以及谈话现场可能出现的情况。

(3)切2号机交代两位嘉宾的上场以及与主持人的握手和落座。

第三轮导播实习方案

一、话题介绍

《敏民坊》

同居,从某种意义上来讲类似于一张信用卡,属于婚姻的提前消费,它是部分青年男女的一种生活方式。同居有着类似婚姻生活的模式,但却没有婚姻的法律契约。在同居生活中,如何处理双方的财务更是一个敏感的话题。本期节目将与一对同居情侣共同探讨如何处理同居中的财务问题,是统筹统分,还是各自为政?

二、节目脚本

《敏民坊》

——新同居男女

节目脚本

主持人开场白:

同居已经成为一种普遍的社会现象,我们的周围有不少青年男女在过着同居生活。虽然他们过着类似于婚后的日子,但是同居毕竟不是婚姻,他们的关系一般不受双方家庭的认可,更不受法律的保护。我们注意到,恋爱中的男女一般会认为谈钱会有失美感甚至会伤感情,但是财产却是同居男女难以避免的话题。

今天,我们的嘉宾就是一对同居生活了一年的情侣。我们和他们一起探讨一下同居生活的感受,以及如何处理财产分配的问题。欢迎两位来到我们的节目现场!

主持人:两位好,感谢你们今天参与我们的讨论。两位恋爱有多长时间了?

男嘉宾:……

主持人:我听说你们是大学同学,那么你们在学校里面的生活能大致跟我们描述一下吗?

两嘉宾分别:……

主持人:看来你们的生活样式跟一般人婚后的生活并没有什么本质的区别。当时你们是怀着什么样的目的选择同居的呢? B,你先说吧。

男嘉宾:……

主持人:那么 C,你觉得呢,你的目的跟 B 有什么不同吗?

女嘉宾:……

主持人:开始的时候,你们有没有考虑过两个人生活中财务方面的问题?

两嘉宾分别:……

主持人:首先请你们二位说说各自的工作状况吧。

两嘉宾分别:……

主持人：C，你们的钱放在一块儿吗？

女嘉宾：……

主持人：你们一开始就是这种经济开支方式吗？

女嘉宾：……

主持人：当初有没有为钱的问题发生过争执？

两嘉宾分别：……

主持人：有没有考虑过一旦两人分手，共有的财产怎么分配呢？

两嘉宾分别：……

主持人：就这个问题，你们有没有向家长请教过？他们怎么说的？

两嘉宾分别：……

主持人：你们周围的人怎么说？

两嘉宾分别：……

主持人：你们心中有没有比较理想的财产分配方式？

两嘉宾分别：……

主持人：非常感谢两位让我们分享你们的经验，最后请你们谈谈同居生活这一年来的感悟吧。

两嘉宾分别：……

主持人结束语：

在外人的眼中，同居生活可能是脆弱的，甚至是不理性的，但是我们也看到，同居男女似乎又有选择这种生活方式的充分理由。毕竟，现代人的生活方式日趋多元化，他们对感情有不同的理解，他们有各自实际的生活处境，更有自己选择生活方式的权利。

我们祝愿天下的有情人终有眷属！祝他们都有自己美满的生活！

三、机位布局与各机位任务

现场的采访桌是三角形的，所以将三个机位分布在采访桌的周围。

1号机、2号机、3号机各负责采访桌三边的谈话者。在需要的时候，调一台摄像机给出侧面的全景镜头。

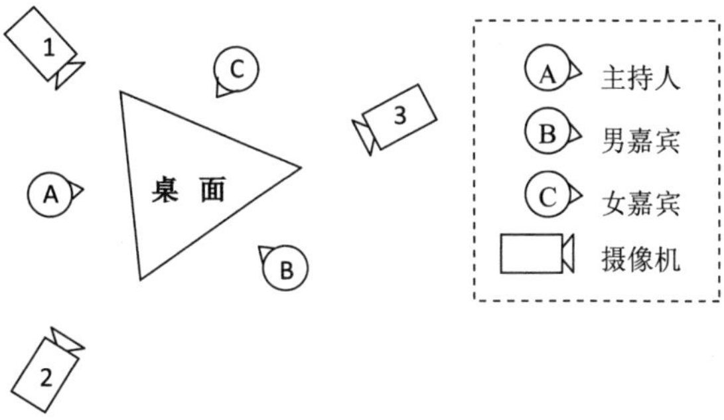

图 6-3 场景与机位示意图

四、切换依据

(1)关注说话人，及时准确地切出（由于本期节目内容涉及一部分个人隐私，所以当要选切嘉宾的近景镜头时，要提前提示摄像师做焦点虚化的处理,并采用背侧向角度拍摄)。

(2)在节目过程中适时选切听者的反应镜头。

第四轮导播实习方案

一、话题介绍

《色拉英语》

本期节目多情公鸡和倒霉蛋 Mr.G 先生将以地道的美语发音和滑稽荒诞的表演告诉大家在西餐厅如何正确地点餐、付费以及怎样优雅地品用西餐,大家在轻松愉快的收看过程中就能学到最实用、最地道的口语。

二、节目脚本

《色拉英语》

——今天吃西餐

工作脚本

主持人开场语:

大家好,随着对外交流的频繁以及城市的国际化发展,我们有越来越多的机会与外国友人去西餐厅共进晚餐,甚至有些时候同事、朋友之间也会选择去西餐厅吃饭聚会。可吃西餐的必备礼仪并不是每个人都了解和掌握的。今天我们请来了多情公鸡和倒霉蛋 Mr.G 先生,他们将以地道的美语发音和滑稽荒诞的表演告诉大家在西餐厅如何正确地点餐、付费以及怎样优雅地品用餐食。

我们欢迎多情公鸡和倒霉蛋 Mr.G 先生!

[多情公鸡和倒霉蛋 Mr.G 先生上场并坐定(两位均为卡通人)]

主持人:这样,今天的节目假设我就是一位对如何吃西餐一窍不通的人,先就我的着装方面,两位如何建议呢?

多情公鸡:……

倒霉蛋 Mr.G 先生:……

主持人:多情公鸡和倒霉蛋 Mr.G 先生告诉我们的去西餐厅着装的注意事项,大家肯定牢记在心了。衣服穿戴整齐了,接下来我就要出发去西餐厅了,可到了西餐厅难题肯定就又来了,面对西餐的菜式和英文的菜单,我们如何点菜呢?

多情公鸡:……

倒霉蛋 Mr.G 先生:……

主持人:通过刚才多情公鸡和倒霉蛋 Mr.G 先生的讲解,我们知道了在吃西餐的晚餐之前通常要喝点鸡尾酒。吃主菜之前,一般都要吃一道色拉,或将烤蘑菇和炸洋葱圈之类的东西作为开胃食品，叫做“头盘”，而牛排、猪排和鸡肉一般就是主菜啦。知道了这些，我们点菜也变得容易多了。现在两位就教我们一些常见菜品的英语说法吧。

多情公鸡：……

倒霉蛋 Mr. G 先生：……

主持人：点完了丰盛的饭菜，难题又来了。大家都知道，中国人习惯使用筷子，所以对于很多去吃西餐的中国人来说，正确使用刀叉可并不是一件容易的事情。我们让多情公鸡和倒霉蛋 Mr. G 先生给我们演示一下吧。

[多情公鸡、倒霉蛋 Mr. G 先生边讲边演示]

主持人：不知道刚才大家看明白了没有。总体上来说，就是左手用叉、右手用刀；并且在使用的过程中，动作不宜过大，刀叉与餐盘呈倾斜角，用叉将食物紧紧按住，再轻轻地移动刀子。注意，将刀子拉回时不可用力，而是在往前压下时用力，这样才能利落地将食物切开。

多情公鸡：（用英语讲解用西餐时的餐桌与餐具布局）……

倒霉蛋 Mr. G 先生：（讲解吃饭过程中与客人攀谈的常用英语）……

主持人：现在，一桌丰盛的饭菜吃完了，别急，多情公鸡和倒霉蛋 Mr. G 先生还有话要告诉我们。

多情公鸡：（讲解如何用英语叫服务员结账）……

倒霉蛋 Mr. G 先生：（讲解如何用英语叫服务员帮助打包剩余的饭菜）……

主持人：怎么样？原来吃完饭后也有学问，吃剩的食物要打包带回家，这可不是什么没有面子的事，这是一种节约的美德。

主持人结束语：

今天非常感谢多情公鸡和倒霉蛋 Mr. G 先生给我们讲解、演示了很多关于吃西餐的礼仪，相信大家有了这些知识就可以轻松地享用西餐了！祝大家都有好胃口！再见！

三、机位布局与各机位任务

1 号机和 3 号机为带脚轮的架上机位，可根据要求移动位置；2 号机为固定机位。

两位卡通人出现时，1 号机、3 号机跟拍主体移动；卡通人落座后，3 号机缓推并接 1 号机继续缓推到嘉宾（卡通人）近景。2 号机保证全景镜头的提供。1 号机在谈话过程中配合 3 号机的景别拍摄说话人或反应镜头。1 号机、3 号机分别拍摄嘉宾动作演示的细节特写。

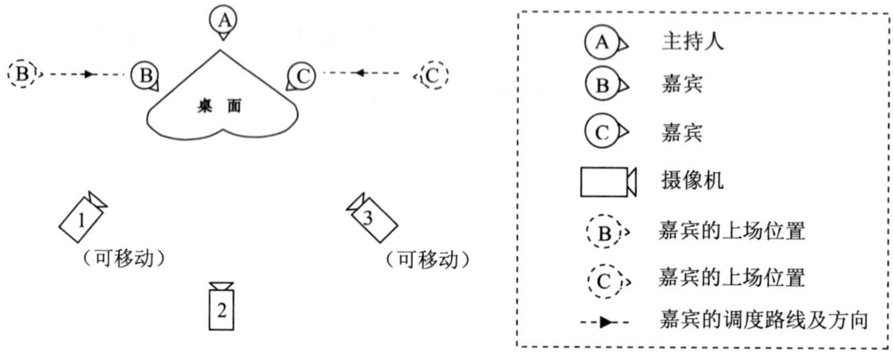

图 6-4　场景与机位示意图

四、切换依据

(1)注意在新元素介入时切到 2 号机全景,交代场面调度。

(2)3 号机和 1 号机的"接力"要做好切点的选择。

(3)切换过程中关照说话人,适当切反应镜头及关系镜头。

第五轮导播实习方案

一、话题介绍

《城市搜索记》

对于现代生活中的 OL(Office Lady)来说,参加各种各样的 Party 已成为她们的家常便饭。但如何让自己在 Party 中更光鲜亮丽呢?在哪里可以挑选到别致又不失高雅的礼服呢?本期节目将有神秘达人为大家揭开谜底。

二、节目脚本

《城市搜索记》

——聚会达人的高招

节目脚本

主持人开场白:

搜索城市新鲜生活,完美你的平凡人生!大家好!很高兴我们又见面了。

我相信,很多朋友会对我们今天的话题感兴趣。现代都市人参加聚会的机会越来越多,但也经常为聚会而发愁。例如,"没有合适的衣服去参加聚会怎么办呢?""今天的工作很忙,下班后没有时间回家换身衣服怎么办呢?"……别急,今天我们为大家请到了两位聚会达人,请她们和我们一起来分享在聚会中能穿着得体可人、举止言谈亲切大方的小高招!

主持人:欢迎温女士和郑女士!

温女士：大家好！

郑女士：大家好！

主持人：先给大家介绍一下她们俩。郑女士平时喜欢去一些大商场里买东西，觉得看得见摸得着，买着踏实；而温女士呢，是个典型的网购达人，基本上穿的、用的，甚至参加聚会的礼服都是在网上订购的。温女士，你是什么时候开始在网上买衣服的？

温女士：……

主持人：你在网上买衣服，你怎么就能放心呢？万一买回来不合适怎么办？

温女士：……

主持人：那么，在从网上买礼服应该注意哪些方面才能买到又合身又漂亮的衣服呢？

温女士：……

主持人：郑女士，你听她说了这么多，有没有点动心？下次也在网上订购件礼服？

郑女士：……

主持人：在商场里买东西也会有一些问题，比如很容易撞衫，或者衣服的品牌和价位也很容易被周围人知道，会不会觉得尴尬？

郑女士：……

主持人：参加不同主题的 Party，在着装上有什么技巧？有什么需要注意的吗？

郑女士：……

温女士：……

主持人：在没有时间换衣服的情况下，如果穿着上班时的正装赶赴聚会，我们可以通过哪些小妙招迅速变身？

郑女士：……

[温女士调度到采访桌前演示“变身”妙招]

温女士：(边说边演示)……

主持人：我特别想知道你如何在一个聚会里找到自己的位置，找到和大家攀谈的话题，快速融入人群？

郑女士：……

主持人：如果你觉得自己已经被大家疏离在谈话之外，会不会觉得难受，又怎么不露声色地打破局面？

温女士：……

主持人：在聚会中我们怎样和陌生人打交道，既消除陌生感而又不让人感到唐突？

郑女士：……

温女士：……

主持人结束语：

谢谢两位今天和我们分享这么多有趣的生活经验！也感谢观众朋友的收看和参与！

《城市搜索记》，明天和你相见！

三、机位布局与各机位任务

1 号机在左侧，2 号机、3 号机并机在右侧。

1 号机主要负责主持人，偶尔根据情况调整成侧面全景以展现环境；2 号机、3 号机负责它们对角线方向的嘉宾镜头；3 号机负责展示换穿服饰的嘉宾 C，提供从脚到头的上摇镜头；当 1 号机拍摄主持人近景时，2 号机则调整为场面的全景。

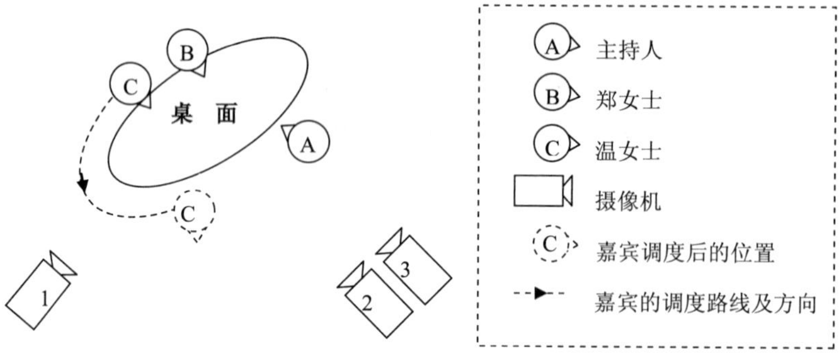

图 6—5 场景与机位示意图

四、切换依据

(1)关注场面调度，尤其是嘉宾和主持人位置变化的时候以及嘉宾 C 调度的时候。

(2)展示细节的上摇镜头要提前调机，保证切出时机。

(3)由于参与谈话者的交流频繁，语言有时会交杂在一起，所以要有重点地突出说话人，切出其近景或中近景镜头。

第六轮导播实习方案

一、话题介绍

《有一说一》

本期节目讨论的话题是“学历与能力在当今社会哪个更重要”。本期节目我们请到的嘉宾是一位博士、一位硕士和一位本科生，请他们基于自己的经历谈谈对这个话题的认识。

二、节目脚本

《有一说一》
——学历与能力在当今社会哪个更重要
节目脚本

主持人开场白：

大家好，欢迎您来到我们《有一说一》的节目中做客，我是主持人XX。

最近有位热心的观众朋友在我们栏目的微博留言，他说，他马上就要大四了，现在有点儿苦恼，不知应该及早地找一份工作发挥自己的专业特长，还是应准备复习参加研究生入学考试，为自己的未来就业增强一张资本凭证？其实他的苦恼来自于一个并不新鲜的话题：学历和能力在当今社会哪个更重要？

主持人：今天我们的直播室里请来了三位嘉宾。这位是毕业于中央民族大学的本科生左同学。欢迎你！

左同学：大家好！

主持人：他旁边的两位朋友，一位是毕业于北京大学的博士研究生闫同学，另外一位是中国传媒大学的在读硕士研究生龙同学。欢迎你们！

闫同学：大家好！

龙同学：大家好！很高兴来这个节目！

主持人：先给大家介绍一下你们现在的情况吧。你们现在分别在什么单位工作？对工作是否满意？收入如何？

龙同学：……

闫同学：……

左同学：……

主持人：左同学，你有没有遇到过用人单位招聘时要研究生，而实际上，他们的要求的工作你完全能胜任？

左同学：……

主持人：遇到这种情况时，你怎么办？是力争说服他们还是在心里默默沮丧？

左同学：……

主持人：你的工作伙伴中，有硕士或博士吗？

左同学：……

主持人：你觉得他们的工作能力如何？

左同学：……

主持人：遇到工作能力比你差的硕士生，而你们在工作中又有分歧时，你通常怎么处理？

左同学:……

主持人:我发现,闫同学刚才一直在笑。闫同学,我们也想知道,你在工作中有没有遇到工作能力比你强的本科生?

闫同学:……

主持人:那你会发自内心地欣赏他还是感到一种恐慌——天哪,我都读完博士了,竟然还不如一个本科生?!

闫同学:……

主持人:你当初为什么要读博士?

闫同学:……

主持人:读完博士后,你觉得比本科和硕士毕业后更好找工作吗?有没有后悔过自己读书延迟了几年就业的时间呢?

闫同学:……

主持人:龙同学,你为什么会选择读硕士?

龙同学:……

主持人:你还想继续读博士吗?为什么?

龙同学:……

主持人:在你们读研究生的过程中,最大的收获是什么?是获得了知识,还是那张文凭?

龙同学:……

闫同学:……

主持人:你们觉得研究生教育提升了你们个人的能力吗?无论是工作上的,还是生活上的?

龙同学:……

闫同学:……

主持人:左同学,如果再让你选择一次,你会去读研究生还是像现在这样选择工作?为什么?

左同学:……

主持人结束语:

到底是学历重要还是能力重要,我们无法简单地得出结论。但有一点是可以肯定的:学历能让你更容易一些地找到工作,能力则能让你长时间地做好一份工作。两者兼具可能才是硬道理。

好,感谢今天到场的三位嘉宾,祝你们在未来的日子里都能工作顺利并真正地拥有自己满意的事业!也感谢收看和参与本期节目的所有观众!我们下次节目再见!

三、机位布局与各机位任务

倒三角形三机位布局。

1 号机主要负责嘉宾的中近景、近景或三人小全景镜头；3 号机主要负责主持人中近景或近景镜头；2 号机主要负责提供全景镜头，或推上去调整到某嘉宾的近景镜头。

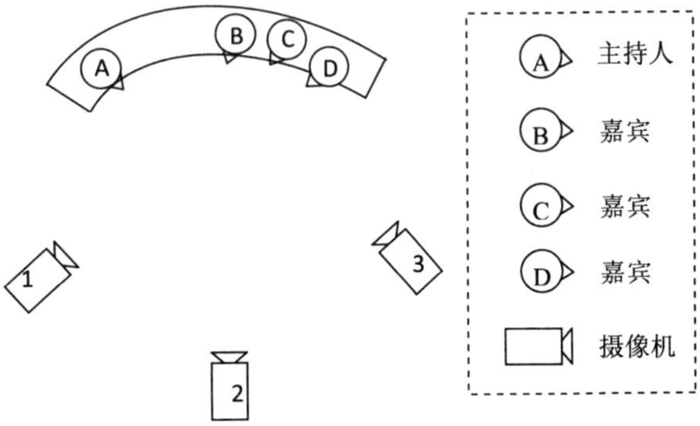

图 6-6　场景与机位示意图

四、切换依据

(1)关照说话人。

(2)由于三位嘉宾坐在同一侧，所以可利用 2 号机作为 1 号机的补充来提供嘉宾的近景镜头。而此时，3 号机应调整为侧面全景并作为过渡镜头被切出，给 2 号机留出调整的时间。

第七轮导播实习方案

一、话题介绍

《时事变、辨、辩》

在“居者有其屋”的传统观念下，中国人普遍倾向于自己买房居住。而今高昂的房价令大多数人这个朴素的愿望变得遥不可及。那么房价会持续攀升还是会有所下降？房屋价格在未来的变化趋势又将如何？本期节目请来业内资深专家对上述问题做出分析和预判。

二、节目脚本

《时事变、辨、辩》

——买房记

节目脚本

主持人开场白：

晚上好，欢迎您和我们一起关注时事，我是主持人 XX。如果说，中国的股市涨涨跌跌、变化无常，而近年来中国的商品房价格却在持续上涨。老百姓都有这样一个疑问，这房价何时能降？到底是应该趁早买房还是继续观望呢？

主持人：就此话题，我们请来了 XXXX 大学的经济学专家王教授为大家解读。王教授，欢迎您来我们节目做客！

王教授：大家好！

主持人：我们还请来了房地产问题专家李先生，欢迎您！

李先生：大家好！

主持人：王教授，能不能先给我们介绍一下最近几年房价的上涨指数？

王教授：……

主持人：催生房价上涨的主要原因都有哪些呢？

王教授：……

主持人：李先生，我们注意到，在房价上涨的过程中，买房人的热情不但没有冷却反而更加高涨，您觉得这是什么原因？

李先生：……

主持人：那么近几年买房的主力群体有没有发生什么变化呢？

李先生：……

主持人：现在很多老百姓买房子不是看每平(方)米单价，而是看总房款，这到底是什么原因呢？

李先生：……

主持人：现在我们发现买房子选地段已经不是最主要的因素了，很多人原来觉得住在市中心最方便，现在觉得在郊区住也很舒服。这样一来，大家的选择就更多了，同时城市人口居住的郊区化也在带动城郊经济的发展。王教授，您觉得这种现象对城市的发展有什么样影响？

王教授：……

主持人：我还发现很多人以前买房子单纯看物质属性，但是现在很多人买房子更关注非物质属性，例如，我和怎样的人群住在一起？小区周围有否公共文化设施？也就是说，除了选房子还要选邻居和文化环境。社区氛围的概念开始在购房者的购买行为中发挥它的作用，这是不是也是一个趋势呢？

李先生：……

王教授：……

主持人：这几年房地产界力求推广一种理念，即房子会改变人们的居住环境从而引领一种新的生活方式。二位怎么认为？

王教授：……

李先生：……

主持人：很多老百姓在买房子的问题上，其实是很无奈和矛盾的。有的人面对自己满意的房子，却对价格生畏；有的年轻人面临结婚成家，却难以承担买房的经济重负……这些人都在期望房价下降。那么，老百姓到底应该怎么办？有什么其他的解决方法吗？

李先生：……

主持人：在房价居高不下的情况下，租房子也是一种趋势。国外在此这方面有何可借鉴的制度保障吗？我们国内就此问题的政策发展趋势如何？

王教授：……

主持人：我们国家廉租房制度才刚刚起步，很多人还不太了解。那么，在我们国家到底哪些人具备申请廉租房的条件呢？

李先生：……

主持人：李先生，您能不能给想买二手房的朋友们一些建议？

李先生：……

主持人结束语：

房价和股市有很多共同点，不到它发生的那一刻，我们谁也不知道它究竟是什么样子。但今天和两位专家的谈话的确给了我们一些启发，给了我们一种新的安居思路。同时，我们也希望国家尽快完善政策保障房的购买和廉租制度，让老百姓的生活能真正享受到国家政策的实惠。

好，感谢两位专家！观众朋友，我们明天再见！

三、机位布局与各机位任务

倒三角形三机位布局。

1 号机、3 号机负责顺侧嘉宾的小全景及对侧嘉宾近景或中近景镜头。2 号机负责提供场面全景和主持人近景镜头。

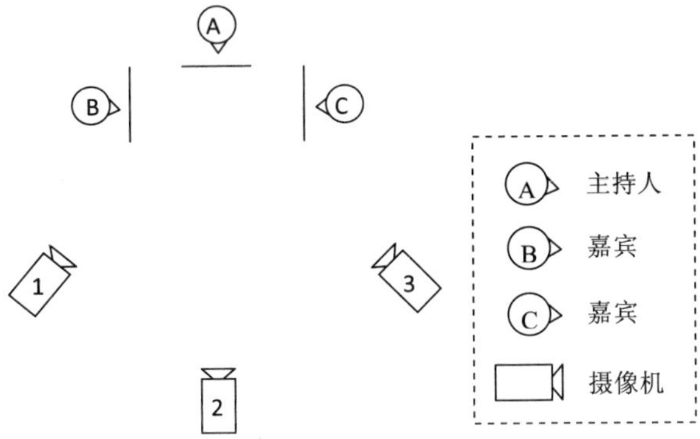

图 6-7　场景与机位示意图

四、切换依据

(1) 关照说话人。

(2) 根据节目内容，切换频率会较快，需准确切出两方辩论者、他人反应和激烈辩论场面的全景。

(3) 在 1 号机、3 号机调整过程中，切 2 号机场面全景来进行过渡。

第八轮导播实习方案

一、话题介绍

《情感花园》

现在很多年轻人到了适婚年龄依然单身，同时离婚率也呈逐年上升趋势。面对这一现象，本期节目请来心理学专家和情感专家与大家共同探讨“中国式恐婚”现象。

二、节目脚本

《情感花园》

——"中国式恐婚"现象

节目脚本

主持人开场白:

《情感花园》给您一个自由呼吸的情感空间!

今天我们要讨论的话题是"中国式恐婚"现象。据专家介绍,所谓"恐婚"是一种婚前不适症状。婚前不适症状第一次出现是在谈婚论嫁阶段,主要是对婚姻持久性的怀疑和恐惧。这种恐惧一是来源于社会舆论对婚姻生活的负面影响,使有结婚意向的人感到一种无形的压力,以致产生对婚后生活的过分忧虑和对婚姻失败的恐惧;另外,有些人对结婚对象在某方面不甚满意,对其缺点在婚后能否改变、自己又能不能适应等心存疑虑。

"恐婚"的第二个阶段是结婚之前的一个月或一个星期。与第一阶段不同的是,这时产生"恐婚"的原因,可能是由于准备婚礼的繁杂和疲劳而对婚后生活困难程度的认知有所放大。

主持人:今天我们请来了一位"恐婚"的"落跑新娘"邵女士。欢迎你!

邵女士:大家好!

主持人:坐在她旁边的这位林先生是来自 XXXX 大学的心理学教授。欢迎您!

林教授:大家好!

主持人:邵女士,先给我们大家说说你"落跑新娘"的事情吧。

邵女士:……

主持人:你当时为什么要跑?

邵女士:……

主持人:后来怎么跟男朋友和家人解释的呢?

邵女士:……

主持人:那他们能理解你吗?

邵女士:……

主持人:在你近期的生活打算上,还有结婚这一项吗?

邵女士:……

主持人:林教授,像她这样的"恐婚"现象在年轻人中多不多?

林教授:……

主持人:男性多还是女性多?通常在年龄上有什么特点吗?

林教授:……

主持人:您觉得到底是什么原因造成"恐婚"现象?

林教授:……

主持人：您看邵女士的“恐婚”情况严重吗？她现在应该如何调整心态克服恐惧呢？

林教授：……

邵女士：……

林教授：……

邵女士：……

主持人：林教授跟你聊过以后，你感觉如何？

邵女士：……

主持人：我建议林教授开个“恐婚族”热线或心理互助俱乐部吧……

林教授：……

主持人结束语：

结婚是大部分人要经历的人生阶段。如果您对婚姻的持久性抱怀疑态度，甚至恐惧婚姻，建议您尽量保持开放的心态，多跟亲人朋友沟通交流，进而化解这种疑虑；或者您还可以求助心理医生，获得专业的辅导。

祝福天下有情人终成眷属！感谢邵女士、林教授今天的分享！观众朋友，如果您有什么情感方面的困惑，欢迎您和我们节目组联系。《情感花园》给您一个自由呼吸的情感空间！我们下期再见！

三、机位布局与各机位任务

倒三角形三机位布局。

1号机负责女嘉宾；2号机负责主持人；3号机负责男嘉宾。三个机位都可能被随时调用去拍摄场面全景。

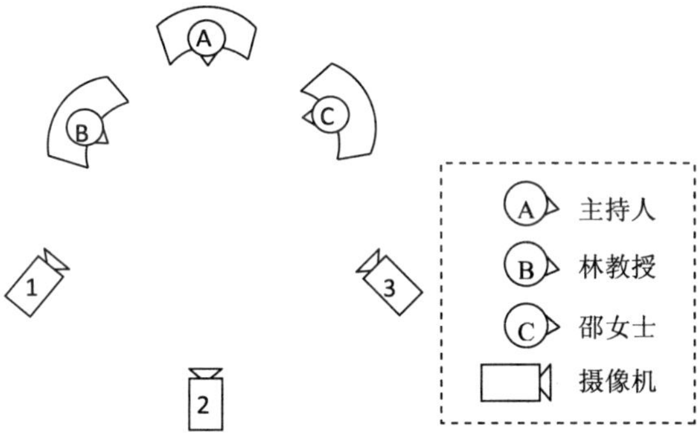

图 6-8 场景与机位示意图

四、切换依据

（1）关注说话人，并适时切出听者反应。

（2）关注人物关系，适当切出关系镜头。

后　记

这一天,正值立春,新的一年开始了;这一天,正月初七,恰逢笔者农历生日,正式步入中年,新的生活令人期待地在眼前展开……

近来又是过年、又是贺岁,热热闹闹,收到很多礼物、很多祝福,而我却在每个早晨屋内屋外都还安静的时候,专心伏案,字字句句,诚惶诚恐……因为,心里总会想,下一次再来修订这些文字又是何时?业界现实已然发生翻天覆地的变化,从事相关专业的门槛不是没了,而是变得和以往不同。作为一本专业教材,本书立在基础,并携带着一份不变的心意,但不知它还能否在时光中透露出纯真的价值?

本教材在使用九年后重新修订,得益于中国传媒大学"十二五"规划教材建设项目的推动;也要感谢中国传媒大学出版社欣雯女士的厚爱与敦促;感谢我的研究生闫婧、刘蔚、万文飞、林渊等小朋友们,他们既已毕业,有的成为一线导播,有的则从事文字编辑、图文设计工作,他们对本教材的这份感情也许还会延续在更长远的未来。

还要重申的是,书中涉及的视频节目资料,有些无法联系到版权方,在此表示歉意,并希望得到您的理解——过往的经验与得失,在此仅为教学之用,授渔于学生,伴随他们的长成。

郑　月

2017 年 2 月 3 日

4K 技术 VS 多讯道电视节目制作

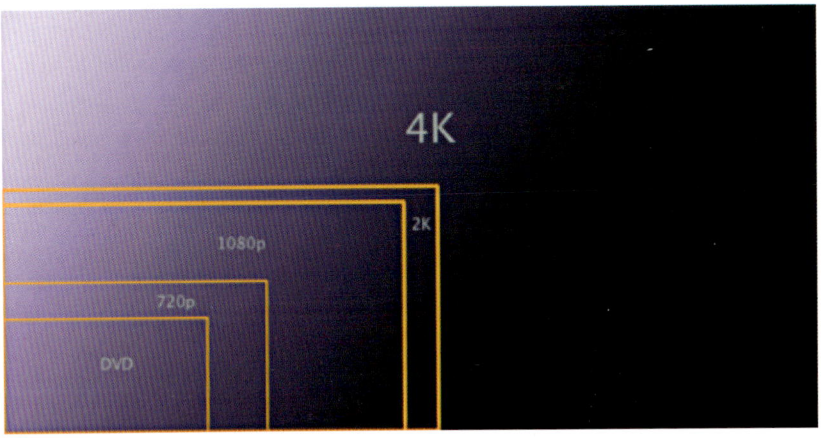

高清分辨率与 4K 分辨率对照图

什么是 4K

4K 是一种超高清显示规格，因符合此种规格的显示设备的横向分辨率约为 4000 像素（(pixel)，故而业内将之称之为 4K。按照国际通讯联盟（ITU）定义的标准，4K 显示设备的分辨率为 3840×2160，长宽比为 16 ∶ 9，在该规格下显示设备的逐行扫描线可达到 2160，其像素密度可达到全高清显示规格（1920×1080）的 4 倍。

4K 电视转播系统与高清电视转播系统相比并无本质不同，其构成更像是高清电视转播系统的一次全面强化与升级。由于 4K 信号的像素密度达到了全高清的 4 倍，因此对前端摄像机的镜头与画质、视频信号的给送与处理、后端数据的记录与存储都提出了更高要求。

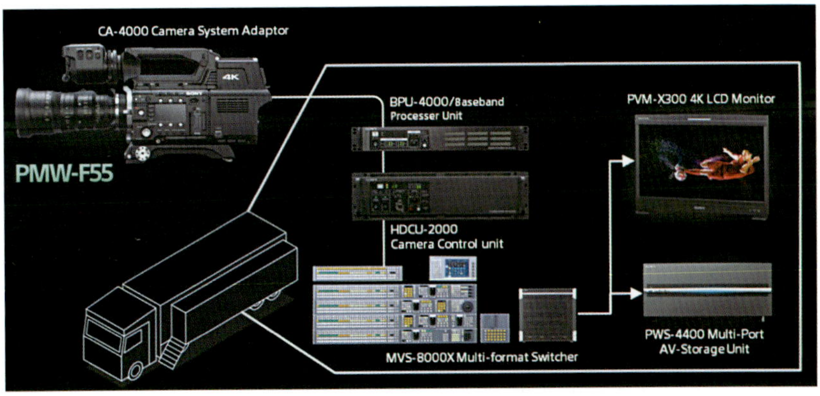

4K 电视转播系统全流程图

4K 电视转播系统的构成

以中央电视台 2015 蛇年《春晚》的 4K 节目制作为例，承担此次 4K 节目制作技术支持的索尼公司设计并应用了一套 6 讯道 4K 电视节目制作系统。该系统中的前端摄像拾取设备为搭载了富士 Cabrio 系列全伺服变焦电影镜头及配套讯道系统的索尼 PMW-F55 摄影机；在视频信号的给送方面，通过加载索尼 CA-4000 光纤传输，摄像机适配器实现了 4K 信号的远距离光缆传输，并通过 BPU-4000 基站处理单元将视频信号传输到切换台；视频信号的监看与切换使用了索尼 PVM-X300 监视器进行 4K 信号的审看，并在支持 3G-SDI 输入和 4K 模式的索尼 MVS-7000X 切换台上进行视频信号的选择与切出；后端数据的记录与存储应用了索尼 PWS-4400 服务器，将 4K 信号封装成 XAVC 文件，以数据的形式直接记录到硬盘上，记录码率为 500Mbps（10bit 4 ∶ 2 ∶ 2，3840×2160/50P）。

4K 电视转播系统的特点

1. 高品质 + 新眼光

对于多讯道电视节目制作者而言，4 倍于高清分辨率的 4K 电视转播系统不仅仅是单纯提升清晰度那么简单。4K 电视转播系统的应用使得以更大的画幅、更广的宽容度、更宽的色域、更高的信号指标以及更加富有层次的细节去还原进而塑造现场成为可能，这将使多讯道电视节目制作者能够以全新的眼光去考量拍摄现场，以“大片”的视野关照拍摄对象，以高品质的画面呈现出更多细节与精彩。

2. 沉浸感 + 新体验

4K 电视转播系统在带来更加清晰的影像的同时，也带来了更加惊艳的色彩与更富有魅力的细节，使得电视机前的观众能够享受到接近于人眼解像力极限的独特收视体验，进而产生身临其境的观感。即使没有 4K 电视等宽屏显示设备，观众同样可以在普通电视或网络上感受到 4K 画面出众的色彩还原与细节呈现，欣赏到电影般细腻而富有层次的画面。

3. 完美兼容 + 裁切变换

4K 电视转播系统可以完美匹配传统的高清电视转播系统。在 4K 多讯道电视节目制作中，高清机位可以通过上变换的方式接入 4K 系统；同样，在高清多讯道电视节目制作中，4K 机位可以通过下变换的方式接入高清系统；甚至通过裁切画面的方式，一个 4K 机位可以同时提供两路或两路以上的同机位、同角度、不同景别的高清信号。基于此，法国著名的 AMP 节目制作公司已经进行了 4K 机位裁切出多路高清信号的演播室实际测试，其效果令人满意。

法国 AMP 公司在演播室测试 4K 裁切功能

巴西世界杯 4K 电视转播车外景

[案例精选]

※ 国外应用案例

- 2013 欧洲冠军联赛
- 2013 Channel 时尚秀
- 2014 巴西世界杯

※ 国内应用案例

- 2014 NBA 中国赛上海站
- 2015 江苏卫视跨年演唱会
- 2015 中央电视台春节联欢晚会

（资料提供：索尼中国专业系统集团）

实时慢动作硬盘录像机 VS. 多讯道电视节目制作

索尼实时慢动作硬盘录像机外观

什么是实时慢动作硬盘录像机

实时慢动作硬盘录像机是多讯道电视节目制作设备中的一种，其主要的功能是能够不间断地将音视频信号记录在录像机自带的硬盘阵列上，并允许操作员实时对记录在硬盘上的视频信号进行编辑打点与变速回放等工作。目前在各大电视台与专业影视制作机构应用最广的实时慢动作硬盘录像机是比利时 EVS 公司生产的 LSM-XT 系列，故而业内也将此类设备统称为“EVS 慢动作系统”，将操作此系统的人员称之为“EVS 操作员”。

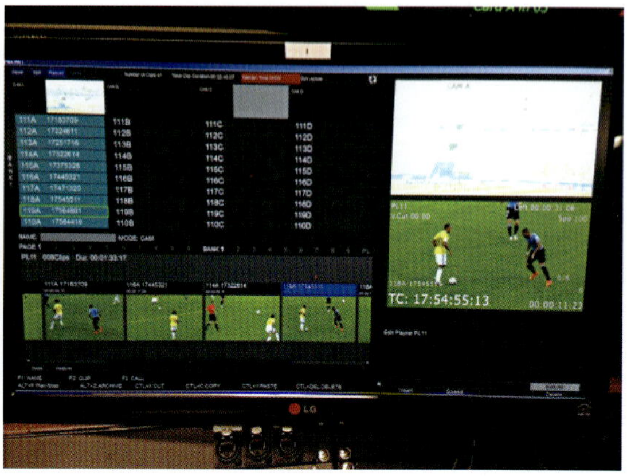

实时慢动作硬盘录像机在 2014 巴西世界杯电视转播中的应用

实时慢动作硬盘录像机的特点

1. 无带化记录

由于其存储介质是硬盘阵列而非传统的磁带，故而其对于素材的记录与播放都可摆脱磁带的线性约束，可实现在多讯道电视节目录制过程中对视频素材的实时监看预览、即时调用与非线性编辑。

2. 不间断记录

实时慢动作硬盘录像机在对已有素材进行编辑处理的同时，不会中断对正在进行的节目信号的记录，并可同时记录除 PGM 信号外的多路音视频信号。因此，在最大限度地保证素材供给的同时，它可以规避因更换磁带所产生的信号中断或转录等问题。

3. 实时慢动作编辑与回放

实时慢动作硬盘录像机可对选中的素材进行减速、加速、剪接等智能编辑，并可通过切换台将编辑后的视频片段直接插入 PGM 信号中进行播出，且这一系列操作均不会影响节目的正常录制。

实时慢动作硬盘录像机在《澳洲之声》（The Voice）录制中的应用

实时慢动作硬盘录像机的应用

1. 体育赛事慢动作回放

在体育赛事中使用实时慢动作硬盘录像机对精彩瞬间进行慢动作回放，可以让观众捕捉到放缓的动作细节，从而看清运动发生的全过程，同时享受到播放速度变化所产生的独特美感，从而极大地提高赛事转播的观赏性与趣味性。另外，高倍速的慢动作回放也为裁判的执法判罚提供了有力的直接依据。

2. 综艺节目中播放插播片

实时慢动作硬盘录像机可播放多张图片和音视频的功能也被广泛应用于综艺节目的制作当中。通常，制作人员将节目进程中要播的插播片、静帧等素材提前导入实时慢动作硬盘录像机中，并按照播放顺序进行播放列表的建构；在节目录制过程中，系统既可以为现场的 LED 大屏幕等显示设备提供信号，系统中的插播片又可以被导播无缝切出到 PGM 信号之中。此举既提高了工作效率，也保障了播出安全。

3. 在大型直播节目中充当延时系统

在多讯道电视节目制作中风险较高的一类便是直播，由于制作保障和播出安全实务的需求，节目制作者在条件允许的情况下往往选择延时直播，即现场时间比实际的播出时间要早一至两分钟，从而为处理突发情况预留时间。实时慢动作硬盘录像机因具有实时不间断录制并可即时编辑素材的特点，因而在大型直播节目中便充当了延时播出系统。这样，一旦直播过程中出现了如 PGM 信号闪黑等突发情况，导播便可利用此系统迅速完成对此闪黑片段的替换剪辑，从而有效地规避播出事故的出现。

（资料提供：索尼中国专业系统集团）

讯道摄像机的构成与使用

作为视频图像的拾取与供给者，讯道摄像机在多讯道电视节目制作中扮演了重要的角色。有人形象地将讯道摄像机比作导播的眼睛，而坐在监视器前的导播正是通过一台台讯道摄像机提供的画面去观察、考量拍摄现场并将其以画面组合的形式呈现出来的。

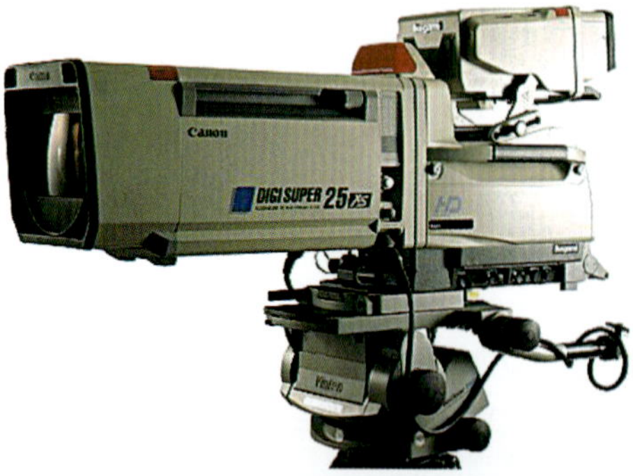

讯道摄像机的主要构成

讯道摄像机发展至今，种类繁多、型号各异，但它们的基本构成和工作原理都是大致相同的。讯道摄像机大体可以分为镜头系统、机身系统、寻像器、通话系统、传输适配系统和摄像机控制单元等几个部分。

大型演播室座机与便携式讯道摄像机

箱式镜头与便携式镜头

1. 镜头系统

讯道摄像机的镜头一般都是变焦距镜头，它将拍摄到的物体成像在 CCD 上，完成从光信号到电信号的转变。按照外形尺寸的不同，讯道摄像机的镜头分为箱式镜头和便携式镜头两种，一般来讲箱式镜头的成像品质要优于便携式镜头。按照视场角的不同，镜头系统又分为广角镜头、标准镜头和长焦镜头。

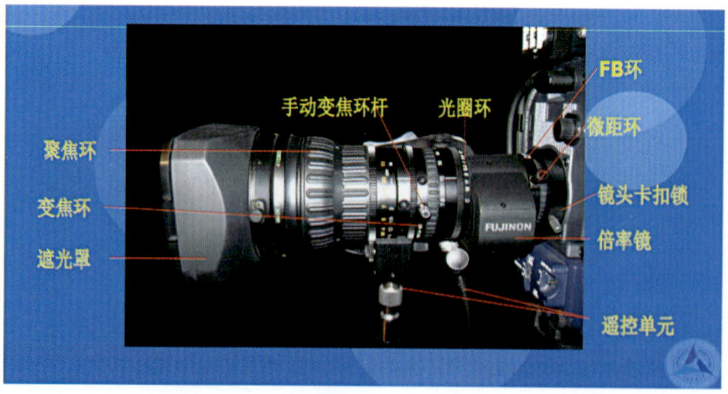

便携式讯道摄像机镜头系统示意图

讯道摄像机的镜头系统包括聚焦环、变焦环、光圈环、倍率镜以及镜头遥控单元等，主要起到控制构图与焦点的作用。

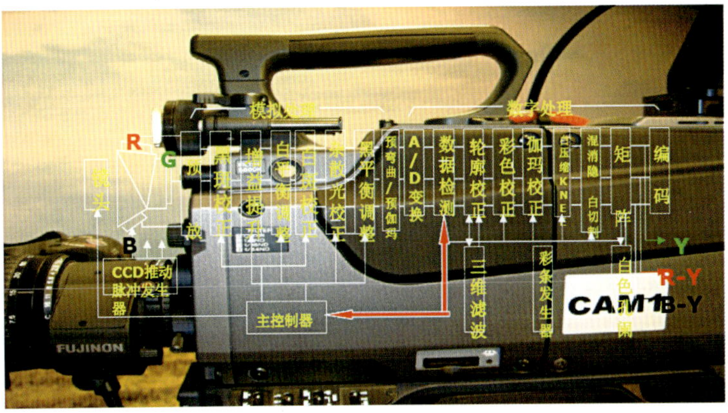

2. 机身系统

讯道摄像机的机身系统主要承担视频成像以及参数调整的任务。可以说，它是整个机器的心脏与中枢，也是决定画面品质的关键。

2 英寸小型寻像器与 7 英寸大型寻像器

3. 寻像器

讯道摄像机的寻像器主要起到取景寻像与监看机器工作参数的作用。讯道摄像师通过寻像器既可以看到本机实时拍摄的画面，也可以通过寻像器外部顶端的 TALLY 灯和寻像器里的 TALLY 显示观察到本机位在讯道系统中的使用状态，还可以通过操作返送按钮在寻像器里观看到导播实时切出的 PGM 返送信号。讯道摄像机寻像器分为黑白与彩色两种，且根据尺寸的不同，分为 2 英寸、5 英寸、6 英寸、7 英寸等多种型号。

4. 通话系统

通话系统是位于拍摄现场的讯道系统与位于导播间的监看切换系统之间进行沟通的桥梁，也是导播在录制过程中下达调机口令的重要通道。

便携式讯道摄像机的传输适配器与多芯同轴电缆

5. 传输适配系统

传输适配系统主要承载连接讯道摄像机与摄像机控制单元的功能。它在为讯道摄像机提供电源的同时，将讯道摄像机所拍摄的音视频信号以及返送监看、监听信号和通讯联络信号进行双向传输。

6. 摄像机控制单元

摄像机控制单元（CCU）将通过传输适配系统送来的各个讯道摄像机摄取的信号进行解调和编码处理，由专业的视频工程师对各个摄像机的主要技术参数如黑白平衡、光圈、快门等进行遥控调整，从而使多讯道制作系统中的各个讯道摄像机的参数都能够互相匹配。这使得讯道摄像师能够专注于完成画面的构图与焦点的控制。

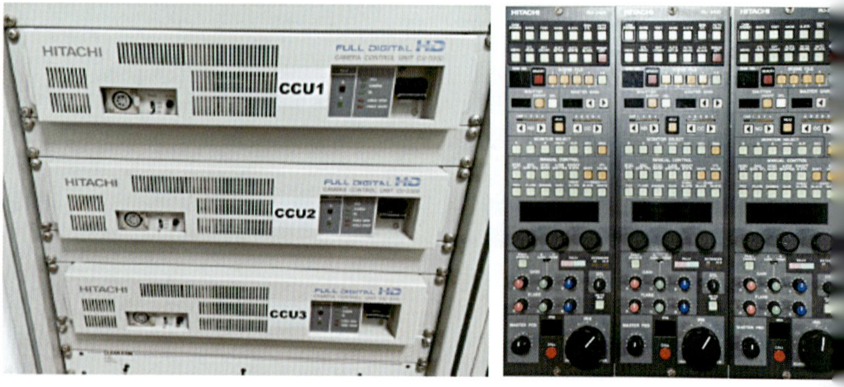

摄像机控制单元的主基站与操作控制面板（OCP）

讯道摄像机的使用要领

1. 开始拍摄前摄像师首先要戴上耳机，检查内部通话系统是否正常；然后，要检查讯道摄像机脚架、云台是否平稳平滑，镜头的变焦、聚焦功能是否正常，后焦是否准确；还要检查寻像器的工作状态，调整好寻像器的亮度与对比度，检查 TALLY 灯是否正常工作以及返送画面是否能正常给送。
2. 拍摄过程中摄像师要注意画面的构图与焦点，运动镜头要保证起幅落幅的平稳，在移动拍摄时尽量使用镜头的广角端。同时，还要随时注意通过耳机接收导播的调机口令，并实时关注 TALLY 灯的状况。
3. 拍摄结束后摄像师要锁定摄像机的云台与座架，放开移动脚轮制动装置，将通话耳机归位，在和导播及视频技术人员确认后方可离开机位。

讯道摄像师工作照

3D 技术 VS 多讯道电视节目制作

什么是 3D 技术

3D 技术也叫视差立体技术，即利用人双眼间的距离所形成的视差，使大脑得以获得空间深度信息，最终使得双眼均可获得有空间感的立体影像。3D 技术便是对这种独特的人眼视觉观看习惯的模拟与还原。具体来讲，就是使用两台摄像机或两个镜头模拟人的左右眼进行拍摄，通过对摄像机与被摄体之间距离的调整以及对摄像机间水平间距的调整，最终形成两个具有一定视差的图像，从而还原出纵深感与空间感。

3D 电视转播系统的构成

3D 电视转播系统主要包括 3D 采集、3D 信号处理、3D 显示与切换以及 3D 信号收录。

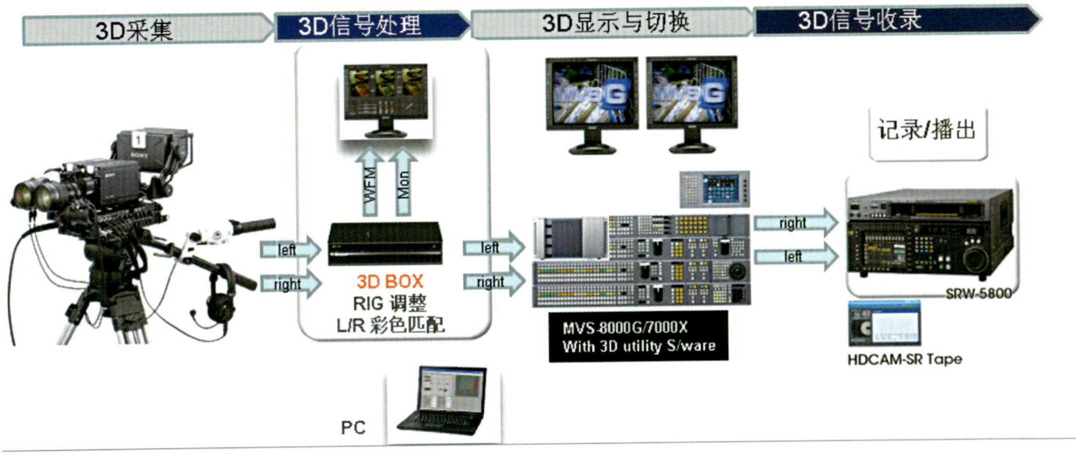

3D 电视转播系统全流程图

1. 3D 的采集

3D 采集的前端便是 3D 讯道摄像机。目前 3D 讯道摄像机分为两大类：一类是在特制的 3D 支架上架设两台 2D 高清单镜头摄像机，其体积大，操控复杂，但画质出众，在应用中较为主流；另一类是便携式的 3D 双镜头摄像机，其体积小，操控较为简易，但画质也随之受限。3D 采集的后端是光纤适配器，摄像机通过此设备完成视频信号的输出及电源供电、通话给送、信号同步与控制单元（CCU）的控制。

3D 讯道摄像机

2. 3D 信号处理设备

3D 信号处理设备主要完成对讯道摄像机所给送画面的色彩、亮度及光轴的实时校正与调整。这道工序在传统的 2D 电视转播中没有，是 3D 电视转播系统所特有的。为此，3D 转播车上甚至在技术控制区增加了一个全新的工位——3D 效果调整工位（3D PULLER）。

3D 效果调整系统工作运行

3. 3D 显示与切换设备

3D 显示与切换设备主要完成对 3D 信号的监看与切出工作。由于 3D 的特殊性，显示设备需要具备如实还原 3D 视频信号的能力，普通的 2D 监视器无法胜任，必须使用特制的 3D 液晶监视器辅以 3D 眼镜来完成对 3D 画面的监看。而作为 3D 电视转播系统的核心，具备 3D 信号处理能力的视讯切换台的门槛并不高，任何一款具备 2 级 M/E 系统且支持绑定功能的切换台均可支持 3D 的制作，但要想使用视差校正等 3D 高阶功能，则必须使用能够兼容升级 3D 软件的大型多级切换台。

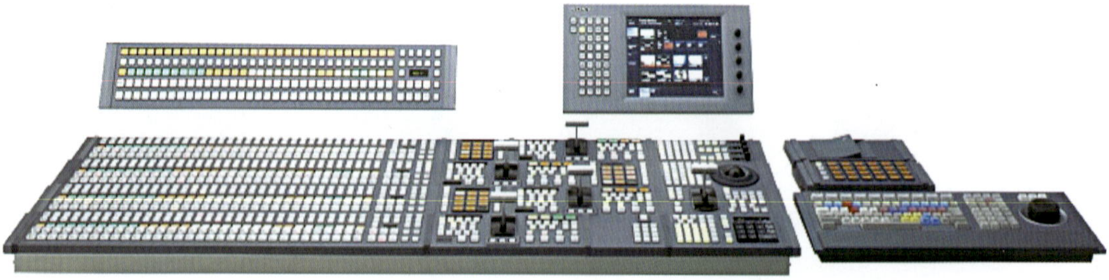

索尼大型多级切换台

4. 3D 信号收录设备

3D 信号收录设备主要完成对 3D 信号的记录与发送工作。目前业内常用的记录方式有两种：一种是将 3D 信号中的左右眼双路视频合成为一路，封装成视频文件，以固态硬盘或光盘作为存储介质进行存储，但这样处理会带来画质的压缩与损失；另一种方式是利用 3D 信号的双路双通特点对视频流进行直接记录，即录像机具备双视频流录制能力，可在一盘磁带上同步上载记录两路高清信号，从而实现 3D 左右眼图像的同步记录，极大地提升画面质量。

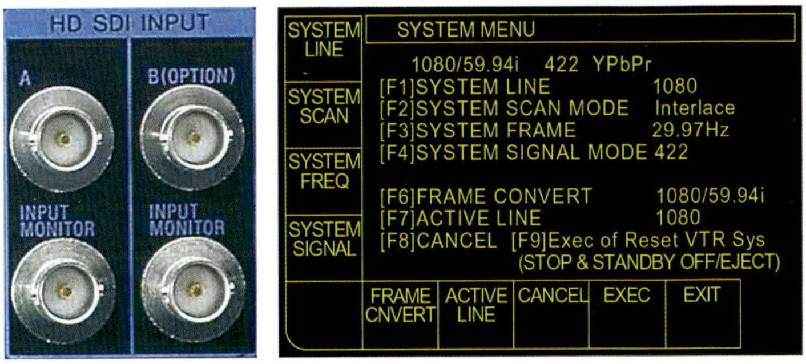

索尼 SRW-5000 双通道录像机的 3D 接口及工作运行图

3D 电视转播系统的特点

1. 新视角 + 新可能

3D 电视转播系统在行业内的应用突破了传统电视转播技术仅仅对二维空间进行还原的局限，为电视转播工作者提供了以全新的视角去审视被摄主体的契机，使其开始考量被摄主体的空间方位布局与景深位置关系对画面呈现的影响，极大地丰富了电视的表现样态，为大型体育赛事及综艺节目的电视转播提供了全新的可能，也对既有的摄录手法与经验提出了一定的挑战。

2. 立体感 + 新体验

3D 电视转播技术将演播现场更加真实、更加立体地呈现在普通观众面前，使其拥有了突破传统 2D 平面的全新视听体验，改变了其对电视画面的既有认知，使其感受到了因空间层次感增强而产生的视觉冲击，使得观众足不出户便可享受到扑面而来的现场感与既视感。

3. 高科技 + 高成本

3D 电视转播系统依赖于稳定且高性能的制作设备与成熟的技术服务团队，这意味着 3D 电视转播系统的运行成本要两倍甚至多倍于高清电视转播系统。且获得高质量的 3D 画面呈现的前提是要有较长的设备架设调试周期与高精度的灯音美等硬体条件的支撑，这无疑会大大增加节目制作的时间成本与经济投入。因此，3D 电视转播系统的应用门槛也相应较高。

[案例精选]

※ 国外应用案例

- 2009 日本滨崎步演唱会
- 2010 韩国 Super Junior 演唱会
- 2010 南非世界杯

※ 国内应用案例

- 2008 北京奥运会
- 2010 上海世博会纪录片《世博之光》
- 2011 北京电视台《环球春晚》

（资料提供：索尼中国专业系统集团）

CuePilot 电子脚本控制系统

什么是 CuePilot

CuePilot 是一套以电子化分镜脚本为基础，能主动控制视频切换台，完成画面同步自动切换的全新的导播控制系统。

CuePilot 由丹麦电视导演 Per Zachariassen 先生创意研发，经过 11 年的不断升级改造，目前的系统不仅可以用于脚本编写（Shotlist Creating）和多屏显示（Multi-Display），更重要的是，它能够实施远程控制（Remote Control）。它通过一个硬件控制单元（Control Unit）来遥控导播的视频切换台，同时，通过相应的同步系统来实现脚本运行和现场表演的贴合一致，从而在现场制作中代替人工切换，实现可以精确到“帧”的“完美切换”。

CuePilot 适用于中大型现场直播（或准直播录制）的综艺表演类节目的多讯道现场制作，能极大地提高制作水准，保证节目品质的稳定性，并能提高生产效率。

CuePilot 系统运行界面

CuePilot 系统的主要构成

1. CuePilot 项目软件

用以管理项目、上载音视频文件、编写 / 修改脚本、标记 Cue 点等。

2. 监看单元

通过有线方式，为摄影师或现场相关工种提供电子脚本的实时监看。

3. 控制单元

即所有硬件系统的连接和传输中枢，用以控制视频切换台完成自动切换，或传输给灯光、音频、舞美场景、特效等其他设备控制指令。

4. CueApp

一款专用 APP，用以在场地内使用无线设备监看脚本，便于个性化选择需要监看的内容。

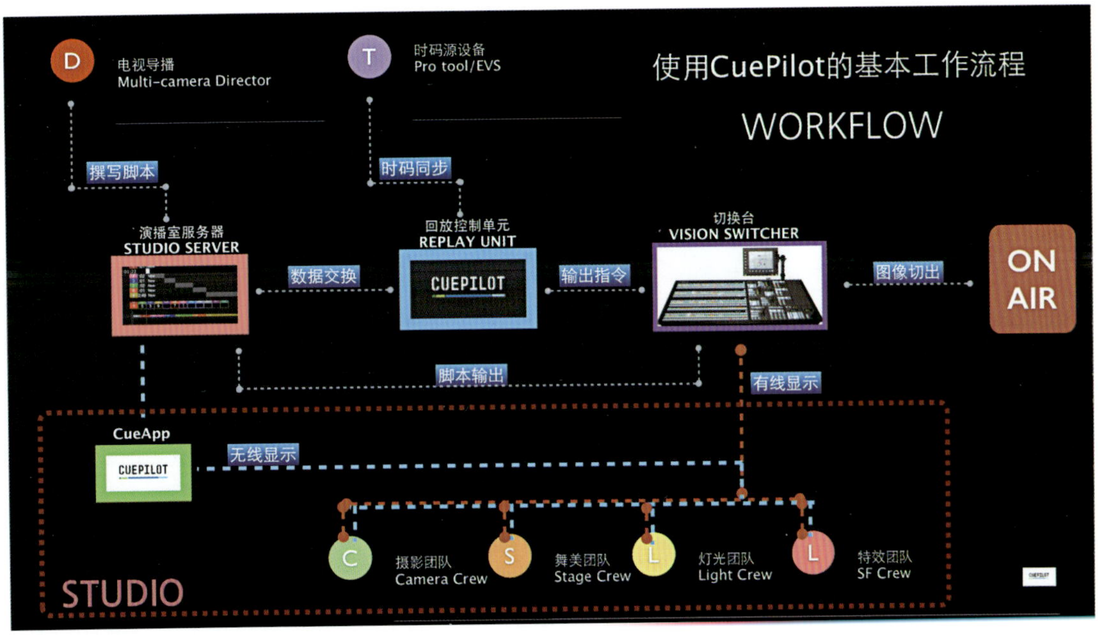

CuePilot 系统工作流程图

2015 欧洲歌唱大赛直播中讯道摄像师通过平板电脑实时查看电子脚本

CuePilot 系统的主要优势

1. 无纸化 + 易分享

将动辄数十页厚厚的分镜头脚本轻松转化为能够在电脑、平板、手机上实时浏览的电子页面，也可以随时打印。这极大地减轻了前期的脚本制作负担，同时也方便了随时复制与多用户的数据分享。

2. 一致性 + 同步性

以往的脚本在制作中需要人工翻阅或者记忆，每个工种阅读脚本的习惯和顺序都不尽相同，往往缺乏一致的沟通。现在则可以通过有线或无线的多屏互联模式，使所有工种所看到的脚本进程一致，从而实现所有指令的完全同步。

2014 X - Factor 节目录制中 CuePilot 系统所实现的电子脚本实时共享

3. 实时性 + 准确性

脚本运行及切换控制都能与现场节目保持实时同步，所有切换指令都如预先设计的那样精准，不会存在延时或人为产生的切换误差。所有指令都将与节目进程完美配合，使一场节目即时成为一次完美的画面呈现。

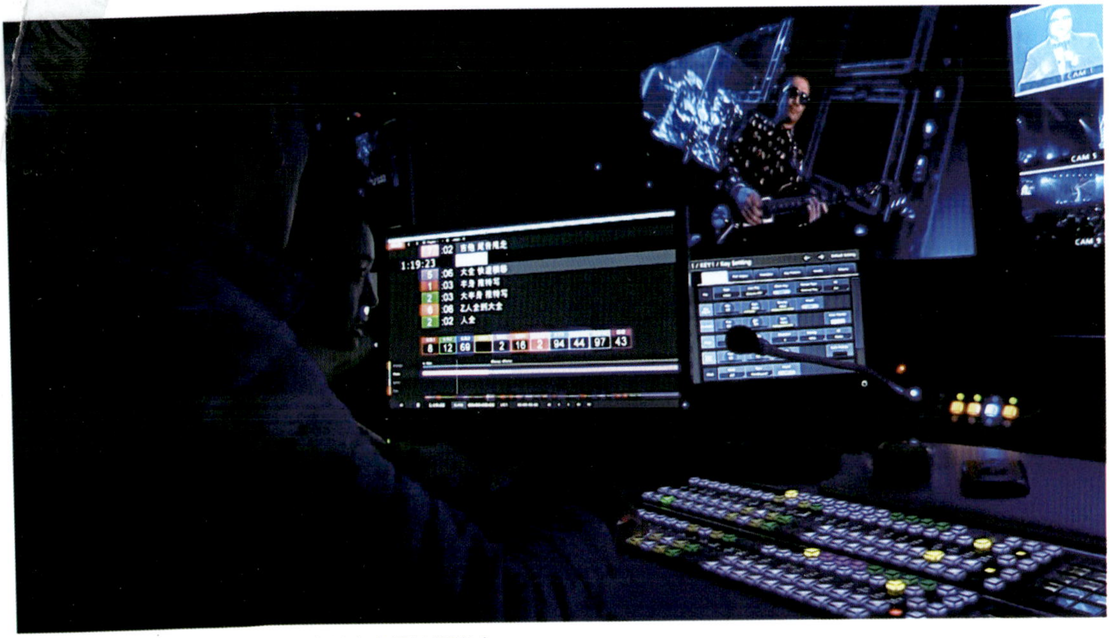

CuePilot 系统应用于韩红 2014 演唱会电视转播当中

4. 创新性 + 控制力

该系统通过解放技术层面的限制、排除人为操作的不确定性，极大地激发了创作者在镜头设计和画面组合上的创新性及控制力。依托技术力量的保证，创作者可以设计更为复杂且需要精准实施的画面组合，可以在前期有更多的空间来设计节目呈现的整体艺术效果，而最终将其交给控制系统来实施完成。

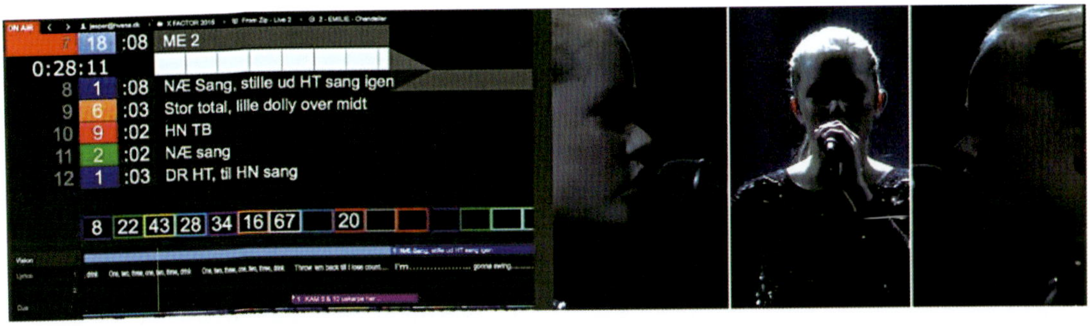

CuePilot 系统所实现的复杂画面组合

[案例精选]

※ 国外使用案例

- 2014 Eurovision Song Contest （2014 欧洲歌唱大赛丹麦）
- 2015 Eurovision Song Contest （2015 欧洲歌唱大赛奥地利）
- The X-FactorDR （X 元素，丹麦版）
- 2015 MelodiGrand PrixDK （2015 欧洲歌唱大赛丹麦赛区总决赛）
- 2015 Melodi Festival Sweden （2015 欧洲歌唱大赛瑞典赛区总决赛）

※ 国内测试案例

- 2014 《唱给你的歌》韩红跨年演唱会北京站
- 2015 上海东方卫视《妈妈咪呀》总决赛
- 2015 中央电视台《胜利之歌——纪念中国人民抗战胜利 70 周年》大型音乐会

（资料提供：CuePilotChina——大中华区总部）